新知文库 119

XINZHI

The Essence of Style:
How the French Invented
High Fashion, Fine Food, Chic
Cafes, Style, Sophistication,
and Glamour

Copyright ©2005 by Joan DeJean
This edition arranged with The Martell Agency
Through Andrew Nurnberg Associates International Limited

时尚的精髓

法国路易十四时代的优雅品位及奢侈生活

[美]琼·德让（Joan DeJean）著

杨冀 译

生活・讀書・新知 三联书店

Simplified Chinese Copyright © 2020 by SDX Joint Publishing Company.
All Rights Reserved.

本作品中文简体版权由生活·读书·新知三联书店所有。
未经许可,不得翻印。

图书在版编目(CIP)数据

时尚的精髓:法国路易十四时代的优雅品位及奢侈生活/(美)琼·德让著;杨冀译.—北京:生活·读书·新知三联书店,2020.6 (2022.3重印)
(新知文库)
ISBN 978-7-108-06820-0

Ⅰ.①时⋯ Ⅱ.①琼⋯ ②杨⋯ Ⅲ.①法国-中世纪史 Ⅳ.① K565.3

中国版本图书馆 CIP 数据核字 (2020) 第 063508 号

特邀编辑	樊燕华	
责任编辑	黄新萍	
装帧设计	陆智昌 刘 洋	
责任校对	安进平	
责任印制	卢 岳	
出版发行	生活·讀書·新知 三联书店	
	(北京市东城区美术馆东街 22 号 100010)	
网 址	www.sdxjpc.com	
图 字	01-2019-6377	
经 销	新华书店	
印 刷	三河市天润建兴印务有限公司	
版 次	2020 年 6 月北京第 1 版	
	2022 年 3 月北京第 2 次印刷	
开 本	635 毫米 × 965 毫米 1/16 印张 16.75	
字 数	196 千字 图 34 幅	
印 数	08,001-10,000 册	
定 价	38.00 元	

(印装查询:01064002715;邮购查询:01084010542)

新知文库

出版说明

在今天三联书店的前身——生活书店、读书出版社和新知书店的出版史上，介绍新知识和新观念的图书曾占有很大比重。熟悉三联的读者也都会记得，20世纪80年代后期，我们曾以"新知文库"的名义，出版过一批译介西方现代人文社会科学知识的图书。今年是生活·读书·新知三联书店恢复独立建制20周年，我们再次推出"新知文库"，正是为了接续这一传统。

近半个世纪以来，无论在自然科学方面，还是在人文社会科学方面，知识都在以前所未有的速度更新。涉及自然环境、社会文化等领域的新发现、新探索和新成果层出不穷，并以同样前所未有的深度和广度影响人类的社会和生活。了解这种知识成果的内容，思考其与我们生活的关系，固然是明了社会变迁趋势的必需，但更为重要的，乃是通过知识演进的背景和过程，领悟和体会隐藏其中的理性精神和科学规律。

"新知文库"拟选编一些介绍人文社会科学和自然科学新知识及其如何被发现和传播的图书，陆续出版。希望读者能在愉悦的阅读中获取新知，开阔视野，启迪思维，激发好奇心和想象力。

生活·讀書·新知 三联书店
2006年3月

谨以此书纪念

Marie Aline Achee Genin（1881—1970）和 Georaes May（1920—2003），

他们把对法国的热爱传给了我。

目 录

Contents

1　引　言　生活在奢侈中

1　第一章　怎样才算是太多？
13　第二章　时装女王
37　第三章　时装奴隶
59　第四章　灰姑娘的拖鞋和国王的长靴
79　第五章　从法国厨师到脆皮布丁
103　第六章　世界上第一杯高价拿铁咖啡
117　第七章　发明香槟酒的那一夜
125　第八章　钻石之王
139　第九章　象征权力的镜子
161　第十章　明亮的灯光，大城市
175　第十一章　防雨的漫步
187　第十二章　新型购物

203　第十三章　"最甜美的花朵国王"

217　尾声　"最辉煌的派对"

223　鸣谢

227　参考书目

引 言　生活在奢侈中

Introduction: Living Luxe

　　为什么全世界的人都在遵从着这样一种规则，即只有在打开香槟酒的那一刻，具有特殊意义的场合才能真正地特殊起来？而当这泡沫四溢的酒是法国货时，这一场合就显得更加特殊了？为什么钻石这种象征着地位的宝石能够如此凸显财富、权力乃至忠贞的爱情？是什么使服装迷们如此确信某一种名牌饰品——比如一款时尚提包——能够成为他们时装品位的最佳明证并让他们愿为之四处搜寻，还不惜等上数月的漫长时间并花费不菲的钱财？为什么一位声名远播的传奇发型师对头脑健全的大多数人来说如此重要，仿佛宁肯付出一切来阻止那些缺乏魔力的剪刀碰一下他们的头发？

　　所有这些困惑以及时尚生活中的其他谜团，都是在同一时期第一次成为我们所谓的"问题"——这个时代也是历史上关于优雅、风格以及奢侈品的重要时期。那时候，路易十四，这位年轻英俊、魅力十足的国王有着极强的时尚意识以及更加强烈的历史感，他决心使自己以及国家成为传奇。在统治初期，他的国家与优雅及高端毫不沾边。而到其统治末期，他的子民在整个西方世界眼中是时尚与品位的绝对权威，他的国家则担负起了一项经济使命——开始统领奢侈品贸易的各个方面，并始终在这项贸易中独领风骚。

本书按时间顺序记述了时装与烹饪的起源，以及法国如何将奢侈品及奢侈生活体验带到整个西方世界的过程。本书讲述了年轻的国王如何成功地给予他的民族文化一个特殊的定义。本书还描述了他怎样成功地取得了卓著的成就：他为美食、时装、室内装饰制定了新的标准；这些标准至今仍是我们界定格调的框架基础。

其后的内容将是追溯奢侈品历史上最重要的时刻。从迈出家门到时尚的地点用餐，到去时髦的精品店里购买必需的时尚装饰品或钻戒、香槟酒等奢侈品，以及令我们垂涎的几样美食（比如焦糖布丁）——所有这一切都在同一个时期出现了。在17世纪最后几十年里，路易十四着力将巴黎打造成世界时尚之都。而且，也是他第一次将时尚变成与许多人息息相关的事。

在路易十四的统治下，非同寻常的创造之风席卷了法国，人们的各种欲望被激发起来。这一切在现在看来是非常重要的。如果没有他重新将法国定义为奢侈与充满魅力的王国，也就没有斯托克俱乐部、波道夫·古德曼百货公司、潘尼斯之家餐厅或者贝弗利山庄的克里斯托弗（克林顿总统的梦想便是能够让"空军一号"在洛杉矶国际机场跑道上停上一个小时，就为了让克里斯托弗的手在他头发上施展魔术）。

路易十四以及法国在这个历史关键时刻的故事，从1660年开始延展到路易十四去世的1715年。这半个世纪完全是一部史诗。我们不禁自问，一个国家或城市是如何拥有一种性格或特征的？很多情况下，国家形象不能归于一个人身上。一个民族的特点——如荷兰人的清洁、德国人的准确——是人们共同的社会心理特点的结合。

但在法国，国家性格则是一种惊天动地的形象塑造行为，这是好莱坞和麦迪逊大街所引以为豪的。在16世纪，法国并不是人们心中最优雅、最先进的欧洲国家，但到了18世纪早期，全欧洲的人都说"法国人很时尚"，"法国人最懂美食"，就像他们说"荷兰人很干净"一样。法国已经在文化、时尚、奢侈生活等方面取得了某种垄断，并从此开始把持这一地位。同时，巴黎战胜了同时代的劲敌——威尼斯、伦敦、阿姆斯特丹——从而成为公认的优雅、有魅力乃至浪漫的地方。从17世纪晚期开始，游客们便说着小说家和电影导演现在仍旧重复的话：去巴黎旅行保证能够为每个人的生活添加魔力。

最令人惊叹的是，从那以后，这种魔力成为许多人渴望的事。法国的优雅、奢侈以及时尚不仅统统得到了承认，而且还达到前所未有的高度。在少数人的上流社会圈子里，时尚大餐、高雅服饰一直是被人们所追逐的。有些风潮是有前例的，比如古罗马。在不同的时期里，某些国家对于奢侈生活要比其他地方懂得更多，比如文艺复兴时期的意大利就为美食和服装定下了标准。

但早期这些高尚生活的代表和化身与17世纪的法国有三个很基本的差别。首先，它们的影响非常有限。在意大利之外，很少有人会像意大利人那样去穿着或就餐；即便是在意大利国内，最新的奢侈品也极难进入宫廷以外的普通人的生活。其次，尽管我们定然会赞同当时的豪华大餐或者华美服装确实有它们的过人之处，但现代没有人会去效仿那样的时尚。最后，没有一座城市可以对时尚王国拥有长时间的统治权。17世纪60年代，巴黎开始了对奢侈生活的统治，这种统治一直延续到三个半世纪后的今天。这是因为法国人深深懂得市场营销的重要性。于是，当时装成为法国式，便开启了时装这个行业，随之而起的是时装季等至今依然作为时装业基础的各种理念。

路易十四时期,时尚业的机制、价值观以及商品与以前的奢侈品世界发生了迥然不同的变化。第一次,高尚生活的新标准不再有任何的羁绊和障碍,无论是曾经羁绊过它的地理原因还是社会因素。法国的购物女郎肯定买不起整整最新一季的服装;但即便她只想买一件配饰,也希望能够买得对——即最时髦的款式、最时髦的颜色,还有最时髦的配戴方法——而且她希望这件配饰能够很好看。

全欧洲所有城市里的人们都为法国大餐、时装和设计所俘获,而美食、时装和设计也要极力仿效巴黎的款式。德国律师和哲学家克里斯蒂安·托马修斯在1687年宣称:"今天的我们希望所有的一切都是法国式的。法国的服装、法国的菜肴、法国的家具。"甚至在美国独立之前——北美新城市的人口数量刚刚可以达到市场的规模,一个由消费者组成的社会便形成了——在品位和格调方面,美国早期很多的消费者一样开始梦想着跟随法国的鼓点而跳动。

由于新法国文化处于极强的统治地位,尽管本书讲述的种种现象首创于法国,但其中的故事并不只局限于法国历史。路易十四不仅仅改变了他自己国家的形象——法国的新形象对于西方其他国家也有着深刻的影响,甚至波及更加遥远的地方。

至少在今天,法国人确实具有与其国家形象相符的特点——他们喜欢谈论食物,特别是当他们享用豪华大餐的时候。有超级多的法国妇女拥有姣好的身材,这就让她们无须在健身课上流汗便可以成为时装的代言人。17世纪的法国是否真的如此,这并不重要。至少有一点很清楚:将法国变为饮食和时装王国的远远不只是法国人的国民共性,而是一桩(从上至下发动的)国家大事。

1676年夏天,路易十四推出了令很多人困惑的美化巴黎的计划。他用重金买进白天鹅来为塞纳河作点缀,他下令就在巴黎著名的王后大道正对面的小岛上给天鹅们安个家,因此巴黎人以及观光客们可以来此漫步,炫耀他们最新的服饰,同时还可以欣赏异国的鸟类。这些天鹅的放置地点很巧妙,每个从巴黎到凡尔赛的人都可以在沿途欣赏它们。有人批评说,这些高贵的天鹅并不适合受到污染的拥挤河道。当时的塞纳河上往来于巴黎的商船络绎不绝。国王对此并不在意。他追求的是一种格调,而且他决心已定。并不令人吃惊的是——尽管通过了很多法律来保护它们的巢穴,国王的天鹅还是死了很多。但很令人吃惊的是,有很多天鹅存活了下来;半个世纪以后,巴黎警察局局长依然饲养着它们。

从一开始就是这样,一直延续到今天。路易十四好像很确切地知道他希望将巴黎和法国塑造成什么形象——优雅高贵,富丽堂皇。为了实现这一目标,每一个细节都没有被他放过——从天鹅到为首都设置的街灯,再到男人的鞋跟。"路易十四把一切都想到了。"他的最大崇拜者伏尔泰说道,"在他统治时期不仅发生了一些伟大的事情,而且是他使这一切变成了现实。"在绝大多数情况下,他不仅仅是成功实现了目标;这些被他成就了的目标一直是我们心目中法国精华以及时尚精髓的同义词。

甚至他的方法也仍然是我们的方法。在我们生活的时代里,从超市到药店再到咖啡馆,开门迎宾的时间越来越长,正如我们所说的24/7。白天和夜晚的界限被打破了,我们拒绝为想要得到的东西等待。只要芦笋味美,花朵美丽,我们不在乎是在哪里栽培的。评论家或许会批评我们统治自然的欲望,但这就是今天的生活。这就意味着我们今天即刻满足的社会能够理解像路易十四这样的人。和我们一样,当他想要的时候即刻就要得到:香甜的豌豆、明亮的街灯、前所未见的大钻石。当大自然与他为敌时,他会发明技术让自然在他面前屈膝。他的一生以及他这个人就是为追求完美艺术所做的广告，而他自己成功地将其演变成得到广泛认同的价值观。法国时装、大餐以及设计的最早拥趸们也希望拥有"太阳王"的点滴风格。

1660年，巴黎决心在西方世界留下自己的印记。在17世纪，尤其是最后的几十年，巴黎的面积扩大了一倍多。到1700年，巴黎和伦敦的规模基本相当（大约拥有55万人口），成为君士坦丁堡、江户（今东京）和北京之后的世界第四大城市，欧洲第一。它们把很多欧洲城市远远地甩在了身后——威尼斯、布拉格、拿波里、罗马。而在17世纪初，这些城市的规模只比巴黎略微小一些。同时期，阿姆斯特丹也有相当的扩大，但从未能与巴黎和伦敦匹敌。路易十四即位后，巴黎迈开了发展的脚步，进入了历史上最大的一个发展时期。到了18世纪，伦敦仍然大规模地扩张着，但巴黎的发展却停滞了。

路易十四在法国历史上被认为是最有作为的一位国王，他让法国实现了现代化。早在17世纪60年代，在统治伊始，他便有意识地将法国变得与欧洲的对手们不同。他尤其希望能够超过被他蔑视为"小店主国家"的荷兰——当时欧洲的贸易和船舶业强国。（他将荷兰在这些方面的死敌英国也归入了同一类。）路易十四决心将法国变成一个超级的贸易大国，并完全凭借自己的实力。在首相让－巴普蒂斯·科尔贝（此人撰写过关于经济保护主义与贸易大战的著作）的帮助下，他决心为自己的国家圈出一份庞大而又利润丰厚的市场——奢侈品贸易的市场。

痴迷于时尚格调的国王与嗅觉灵敏的商人仿佛就是天作之合，二者一起构成了法国创立新的国家形象这一关键时期（1661—1683）的领导力量。他们还携手创造了艺术与商业的完美结合。国王要求纯粹的完美格调，而科尔贝则坚定地守着底线。两人一起开创了由时尚和品位推动的经济。由于他们的联手,奢侈品行业达到了前所未有的商业化高度。科尔贝与法国的商业精英们保持着紧密的关系,以确保高端贸易的每一个方面——从贸易法规到进口税——都有利于法国的经济。

科尔贝的法国经济政策奉行一条很简单的基本原则:一个国家的繁荣和强大与黄金、白银的储备量息息相关。为了提高黄金、白银的供应量,进口要尽量低价,出口则要尽量高价。科尔贝在任的这几十年正值法国17、18世纪最严重的货币危机时期。在发现新大陆后的几个世纪,贵金属通过西班牙进入了法国的流通市场;17世纪中期以后,贵金属的来源突然枯竭了。

在这种经济情况下,科尔贝有着很明确的底线。首先,凡是路易十四认为可以推动其欧洲最富有、最时尚、最有权力的国王形象的物品都要在法国制造或者由法国的工人制造;其次,确保尽可能多的人成为"太阳王"的狂热拥趸,并只买国王在凡尔赛宫里使用的法国奢侈品。科尔贝的使命完成得极为成功,他18世纪的继任者、日内瓦的银行家雅克·内克尔,也就是1789年法国大革命前最后一位财政大臣,从商业角度给科尔贝以高度的评价:"对法国人来说,品位就是最大的商业成果。"国王为奢侈品创造了被人们很自然地认为是"很法国"的新标准,而科尔贝则确保与此有关的每一项物品都得到尽可能广泛的市场。这让我们想到了今天的好莱坞与麦迪逊大街的结合。

因此,在皇家敕令下,法国开启了历史上最富有创造力的时代。到17世纪末,两个对法国后来的名声和贸易平衡有着至关重要影响的概念被发明了出来,并迅速与法国的国家形象紧紧联系在了一起,它们就是法国大餐和法国时装。与此同时,直到今天都对法国重新定义了优雅与格调的国家形象至关重要的好几项职业也都出现了:世界第一次认识了明星大厨、明星裁缝——甚至还有明星发型师。那些构成了巴黎美妙体验的各种场所也纷纷建立起来。其中有遍布各处的咖啡馆，今天跳蚤市场的雏形——巴黎的跳蚤市场，最早的餐馆，还有花样繁多的高档精品商店——比如今天的游客们仍会光顾的旺多姆广场（the Place Vendôme）附近的珠宝商店。

法国的国家形象得益于一位颇有远见的国王与一群优秀的艺术家、艺人以及工匠的合作——这些天才的男男女女们开创了酿酒、服饰、家具、烹饪以及美发业等形形色色的领域。此外，还有另一种组合：路易十四与多名伟大的发明家联手，共同打造了从玻璃制造这样革命性技术到富有创意的一双靴子。每一个领域都看似微不足道，而加在一起则构成了一个奇妙而又庞大的新整体。如果人们想要了解并获得奢侈生活的体验，那么，法国是世界上唯一的并且以此闻名的地方（这要感谢路易十四）。从那时起，西方世界的人们（乃至来自更遥远地方的人们）开始模仿同一个地方的文化时尚风格，那个地方就是巴黎。感谢路易十四，法国才赢得了可以为高尚生活背书的名声。

有人可能会怀疑，是否仅凭皇家的支持便激发了这种不同寻常的强大创造力？能够确定的是，"太阳王"狂热的欲望激励了创业者们的本能，基本在同一时期，从珠宝设计到菜单设计再到室内设计，各个领域都经历了一场革命。这样大范围的才华涌现离不开法国宫廷对于格调和审美的执着追求。伏尔泰说："路易十四时期几乎让一切都被重新发明，或者从无到有地创造出来。"

在格调和时尚方面，正如路易十四所愿，法国迈出了第一步；他们也走在最前列——并且以最为奢侈的方式。他们造出了路易威登（Louis Vuitton）手包、爱马仕（Hermès）围巾、香奈儿（Chanel）西装、莱俪（Lalique）水晶、唐培里侬（Dom Pèrignon）香槟，这些一直都是最令人疯狂的商品，而且从来都不便宜（便宜货是英国的保留节目）。法国已经成为人所共知的商业强国，没人敢称它为"小店主国家"。

在这些领域里，法国不仅是做得最早的，而且也是做得最好的，他们树立的典范不需要后人的改进。后来的餐馆也是对于路易十四时期巴黎咖啡馆的外出就餐形式的模仿，并将其演化为行为艺术。全世界的精品店依然追随着17世纪后期圣宝莱（Saint-Honorè）大街那魅力无限的时装模式。路易十四深知奢侈品的运作方式，因此当我们了解到高端商品在17世纪时是怎样被巴黎重新发明的，便能够懂得为何今天的我们在就餐和购物时会因为某些东西而疯狂。

路易十四还最早开创了能够发掘装饰潜力的文化。到17世纪末，法国成为世界室内装饰业的中心——确实，可以说在凡尔赛时期，现代意义的室内装饰就已经诞生了。在凡尔赛时期，室内装饰成为新型生活艺术的重要组成部分，并成了高品质生活必不可少的背景。17世纪晚期，法国的建筑师和设计师整理了不少关于室内装饰的咖啡桌画册：他们收集了大量精美的版画，比如讲怎样利用镜子的摆放来使房间显得更为明亮的新方法。这些书风靡了整个欧洲，而书中介绍的内容很快就被设计师们命名为"皇家风格"或者"法国风格"。

巴黎之所以能够变成我们今天心目中的"巴黎"，是因为不少男男女女将各种不同的领域做了转型。他们懂得这样两个重要的理念：坚持高端，忘记低端；绝对不能低估装饰和氛围的重要性。咖啡馆就是一例。17世纪五六十年代，咖啡馆在英国、荷兰和德国出现。最初的咖啡馆粗陋不堪，男人们去那里喝咖啡、啤酒，抽烟。这样的概念在法国却是行不通的。在1675年，低俗的英式咖啡馆得到改造，并很快成为新兴的首都巴黎的重要组成部分。

弗朗西斯科·普罗考佩（Procope）使咖啡馆完成了转型，并使它变得豪华起来。同时代的人称他为"艺术家"：他最终使咖啡馆变成巴黎的一种生活方式。在别处，咖啡馆高攀不上室内装饰，而在普罗考佩的咖啡馆里，餐桌采用了大理石，屋顶挂着水晶吊灯，四周墙壁上装饰着华丽的镜子，而咖啡则由银壶盛放。这些优雅的场所是不卖啤酒的；顾客们可以啜饮各种富有异国风情的鸡尾酒，还可以品尝各种精美的甜点，如琥珀味和麝香口味的点心。普罗考佩的咖啡馆就是现代时髦咖啡馆的雏形。

普罗考佩的咖啡馆被迅速效仿：到 18 世纪初，在圣日耳曼这个新兴的时髦街区出现了全世界最早的咖啡馆。和欧洲其他的地方不一样，巴黎咖啡馆吸引着截然不同的主顾——优雅的女士。她们才不会去涉足那些粗陋的咖啡馆。而来到巴黎的咖啡馆，她们只为了欣赏和炫耀最新的时尚。正如全欧洲人所说，巴黎比其他地方都更加高雅、时尚。

"既时尚又昂贵"，这条金科玉律还开创了一项被认为是法国精髓的行业——为富人和名流服务的发型师。这一新行业是由一个人开创的——人们发明了"发型师"一词来描述他的工作。最早的时候，人们干脆称发型师为"尚帕涅（Le sieur [Monsieur] Champagne）先生"。尚帕涅为他的顾客们灌输了全新的理念：好的发型师可以带来奇迹；头发可以有各种款型，完全可以超过任何人的想象；而时尚的女性则一定要变换发型紧跟风潮。正因为有尚帕涅，发型也随着时装季而变换着，而妇女会为糟糕的发型而担忧——事实上，发型变得如此复杂，第一次，人们有了为之担忧的理由。

如同后来许许多多传奇的发型师一样，尚帕涅成为他顾客心中的王：有权有势的公主贵妃们会胆战心惊，生怕他会把自己从核心名单中除去；她们去旅行也会求他同行。尚帕涅做得非常成功，后来便开了一家发廊。到世纪末,最有名的发型师们仍然去他们重要的顾客家里,但他们也有店铺,都集中在卢浮宫附近,这样一来,那些富裕的游客就可以做一款巴黎最流行的发型回家去炫耀了。

早期的发廊只是时尚如何改变了一座城市的面貌和作用的一个例证。席卷法国的创造力对购物也起到了重塑的作用。在路易十四之前,时尚是很私人的事:商人们带着各种样品去顾客家里推销。即便去公众场合购物,当时的条件也不允许人们在此逗留。路易十四之前,商店就是摆放物品的仓库,没有人会顾及装潢。商店百叶窗的下部放下来,就变成摆放物品的桌子,而上半部折上去就成为保护性的帘子。顾客站在街上,并不会走进去购物。那些将时尚变成一种行业的人们同时想到了可以展示他们日益庞大货物的一个革命性的方式。他们不仅创造了现代意义上的商店,还创造了现代的购物体验。

在 17 世纪的最后 20 年里,顾客们第一次走进商店里去购物(图1)。早期现代意义上的商店是今天时髦的精品商店的雏形。这些商店展示着华丽的布料和名牌配饰,很快便使巴黎成为西方世界的时尚之都。各种新款的奢侈品在商店里展示着,并附以与之相配的购物环境,而室内装潢设计也第一次被商家采用,以激发人们的购物欲望。英国物理学家马丁·里斯特尔(Martin Lister)在描述他 1698 年的巴黎之行时,让人们注意他所发现的这种新商店。他说这些店铺有着"华丽的装潢",使商店具有一种"伟大的气质"。他还提及了另外的一项发明——最早期的商店橱窗。设计精巧的橱窗展示着店铺内货物的样品。此外还有购物史上的另一个里程碑——最早的那些吸引眼球的门廊。

当时装迷们被诱惑着走进早期的高端商店时,精品购物的体验便开始了。到世纪末,这些商店都聚集在同一条街道的附近,这里直

图1 这幅画作于1678年,是最早描绘商店内购物的画作。画中两位追随时尚者正在欣赏丰富的奢侈商品——华丽的布料、鞋和长靴、手套——这些商品都摆放在早期装修华丽的精品店里

到今天仍然是引领时尚潮流的精品店街——圣宝莱大街。在这些精品店里,凡尔赛的时装女王们获得了许多新的快乐,比如展示最漂亮的衣服;看到别人在她们之前戴上了漂亮的饰品,她们下决心一定也要买到。

同时,另一类商人同样也在将购物转化成有钱人希望在公共场合进行的活动。今天,我们称其为古董商,但当这一职业在17世纪刚刚萌芽的时候,人们还不知道它的名字。他们的店铺可以称为家居时尚店,出售的物品颇丰,从高端家具到古典绘画以及来自东方的外国货——那时还不过是一小部分收藏家的钟爱,只在个人博物馆里摆放。突然,这些物品被爱美的人们买去装点自己优雅的家。为了吸引这一新类型的买主,商人们创造了同样美好的购物体验。顾客们徜徉在装潢奢侈的商店里,琳琅满目的货物被摆放得很有艺术品位,而招待他们的则是身着最新款时装的售货小姐。这一观念是巴黎所独有的,一个世纪以后,去巴黎旅行的美国记者在看到巴黎商店的这番情景后仍然惊诧不已:"法国没有男售货员。无论买什么……你看到的总是小姐,大都很漂亮,并且穿得非常时尚。"

而路易十四就像一个伟大的编舞家一样,是所有这些变化的主持者。正如意大利外交家维斯康蒂在参观完凡尔赛宫后所得出的结论:"他在各个方面都知道该如何做一个国王。"在统治末期,他有种私人警察的意味,沉迷于检查身边的一切是否达到他的审美标准。当一切都如他所愿时,他便享受着这种曼妙的感觉。比如1697年12月7日,已经59岁的路易十四举行了那个时代最为豪华的典礼来庆祝自己长孙布戈涅公爵的婚礼。某个晚间的招待会上,凡尔赛镜厅里点燃了4000盏蜡烛,将那里变成了一片光的海洋。

在回忆录里,对凡尔赛宫廷了如指掌的圣西蒙(Saint-Simon)写了一篇酷似汤姆·沃尔夫风格的庆典报道。他写道,国王"高兴地检查着每个人的着装。他在欣赏着各式各样的材质以及各种奇思妙想时,满足之情溢于言表。他称赞了……最奢华的服装"。圣西蒙继而描述了由路易十四的个人爱好所掀起的这一波"大被高估了的现代主义"消费狂潮:"人们的衣着一个比一个奢侈华丽。几天里,巴黎的所有店铺都被一扫而空。整个城市被疯狂的奢华风气掌控了。"甚至有人说两位公爵夫人绑架了她们喜欢的裁缝,只为保证她们能够穿着想要穿的衣服参加庆典——而且再没别人可以得到他的服务。[你能想象两位女明星绑架唐纳·卡兰(Donna Karan)并把她藏起来,以便在奥斯卡之夜走红地毯时无人能比她们更加光鲜吗?]圣西蒙总结道:"在这种疯狂的状态下没有人可以控制自己。有几套全新的行头是必需的；圣西蒙夫人和我一共花了20000里弗尔[①]。"——大约相当于今天的100万美元，确实够得上奢侈。

同样，国王也知道自己创造了一个怪物，因此他想知道"到底有多少丈夫发疯到为了给妻子买漂亮衣服而破产"。而皇家婚礼当然只是凡尔赛时代奢侈消费的沧海一粟。路易十四的批评者们指责他大手大脚地花钱，并说他的做法会使国库空虚。在某些时候好像确是如此。下文将会介绍国王对于时尚的热情怎样激励他的臣民们去创造各种美妙的发明，而不再去讨论妻子们如何沉迷于奢侈品中从而导致丈夫们破产。这一切都是值得的吗？国王很可能会说，没有他的奢侈消费就不会有国家直到今天仍在享受着的奢华体验；而商人们则会补充说，如果没有这些，旅游业就不会成为今天法国的第一产业。

事实上，现代旅游业正是和法国的新时尚一起诞生的：仿佛路易十四给了它存在的理由。"旅游业"一词最早见于1872年出版的《牛津大辞典》中。该词典对此的总结恰如其分："旅游业产生于17世纪，由英国人最先尝试。"年轻的英国贵族是现代意义上最早的旅游者，他们由于极尽奢侈而引来无数的关注。意大利历史学家格里高利·莱蒂（Gregorio Leti）在17世纪90年代的一本书中写道：这些贵族们以"奢侈的方式"去旅行，并且"花费惊人"。他补充说他们最喜欢去大肆消费的地方就是巴黎。大批来自德国、荷兰和北欧的游

[①] 17世纪法国使用的基本货币是里弗尔或镑（与当时在英国使用的英镑不同）。1里弗尔等于20苏。路易十四以来，法国货币系统经历了许多重大改革，在理论上很难做到我刚才所做的：将里弗尔换算成今天的美元。20000里弗尔大概相当于100万美元——这种换算是基于唯一的一个可比较之处：劳动力的价值。1690—1695年，巴黎一个非熟练工人每天的平均工资是15苏。圣西蒙的服装（20000里弗尔）相当于17世纪晚期一个拿着最低工资的工人工作25000个工作日。在今天的美国，8小时工作一天最低工资是41.20美元，25000工作日的价值是1030000美元。20000里弗尔=100万美元，这一等式适用于以后的换算。

客很快便加入了英国游客的行列，大批意大利和西班牙的游客也与之在巴黎会合——于是这种被称为"欧洲垃圾"的自由消费咖啡店社团就形成了。为了适应这种情况，旅行业的基本设施很快便应运而生。

为了向外国游客介绍法国首都及各种新设施，1690—1720年，最早的现代导游指南出版了。关于大城市的导游指南在以前便有，但只介绍主要的景点，从没有在必去参观的景点之外还提供如此大量的其他信息，而这些信息正是我们今天所期待的：在哪里住宿，有哪些美食，去哪里购物。这些最早的导游书里有很多在常规的旅行线路之外为游客精心设计的在巴黎街区漫步的路线；有些旅游书体积很小，可以在漫步时揣在口袋里。1694年，一位很有事业心的出版商开始销售小型的巴黎地图，为徜徉于巴黎纷乱街道里的外国游客和商人们指明方向。

这些导游书还为游客们提供了以前所没有的信息：去法国首都玩的时候要去哪里购物以及买哪些商品。以前的导游书之所以从未提供过购物的信息，是因为根本就没有足够的信息。而路易十四的巴黎成了第一个真正意义上的购物之都。导游书强调说，单是商品的数量就大大超过了从前：琳琅满目得令人眩晕，而顾客则很容易失去理智，并陷入1698年一位英国游客所说的奢侈品"旋涡"，不知道该看什么才好。"无论你在哪里，都能看到精品店。"一本德国导游书这样说道；而意大利导游书则称巴黎为"欲望王国"。

另外，导游书注意到了一种新的发展，这也是今天消费者很熟悉的现象。他们充分意识到我们不断购买囤积的东西其实毫无用处。法国商人成功地说服顾客去购买各种各样他们根本不需要的东西；他们将这些东西变得高雅华贵，于是便获得了成功。正如一本德国的导游书所说："有卖基本用品的商店，而绝大多数卖的是漂亮但根本不是日常所需的商品。"而写给英国游客的书则警告说："到了巴黎，你常常会买以前从没听说过的物品。"我们今天所熟悉的用美丽和奢侈来吸引消费者的推销方式开始了。

巴黎商人之所以能够如此成功地说服人们为购物而购物，是因为他们将购物变得太有魅力，太有趣，甚至颇为性感。购物是"小店主国家"永远无法理解的；购物成了舞台，在那里，消费者感到花钱使他们的生活得到某种形式上的改变。

今天的巴黎在时尚方面依然代表着的一切都基于在路易十四的庇护下便已形成的奢侈商业的价值理念。价值主要依靠的不是价格和功能，而取决于各种无形的因素：这是关乎审美和高雅的事。那些在法国文化的标志性时代里取得成功的人们所销售的远远不只是美食和服装：他们"出售"着人们以及购物场所的外观和感觉，这为他们的商品增了值。他们将日常生活变成了行为艺术。

今天的绝大多数人也许会说他们和17世纪的法国人毫不相同，然而那个时代的审美哲学达到了前所未有的高度，并具有从未有过的活力。在现在这个时代，更加激烈的竞争出现在多个经济领域里，使得产品质量大幅上升而物价则显著下降。要想在美国这种时间至上的经济中取得成功变得越发困难：要用更低的价格销售更好的商品。越来越多的人开始念起路易十四时期法国的生意经。成功的饭店不仅以低廉的价格提供美食，还需营造一种氛围。仅仅提供优质产品是不够的，在售货的同时还要让人们感受到强烈的情感和戏剧性。

再没有什么比这则广告更能说明凡尔赛生意经是如何广泛地影响美国商业的："人就是一部艺术作品，因此穿衣服就是为了展示……那些不单纯是鞋，而是表演艺术。"保伦（Payless）这算不上奢侈的品牌并不宣传自己的性价比，而是告诉人们买了这样的鞋便可以改变生活的质量，其广告策划便是对法国人审美观的模仿。时尚生活显然不再是有钱阶级的专利，更多的人可以更加紧随凡尔赛人的时尚。

路易十四所给予西方世界的已经超越了他的臣子们制造并推销的奢侈品。那是更加永恒的财富。他成功地将我们今天的许多基本活动做了重新的定义：我们必须要做的这些事不再是平庸的日常重复，它们被推崇为自我放纵的纯粹乐事。正因为有了凡尔赛时期，许许多多生活中所谓的奢侈品不再是单纯的物品，而成为更加美妙、更加愉快的审美体验。

每一次，我们不只享用巧克力美妙的质感，也同时享受着它们装在盒子里的漂亮模样；每一次，令我们欣喜的不只是每一种新的美食所带来的味觉享受，而且还有那完美的就餐环境；每一次，我们对一款名牌手包垂涎欲滴，而其实更加普通牌子的皮包就足以装下我们的东西——好了，每一次我们都在表达着凡尔赛时代为我们创造出来的渴望。我们正在按照路易十四的文化定义着自己生活的质量。我们希望凡尔赛统治者们驾轻就熟的那一点亮光也能为我们今天的生活增色。

因此接下来便是鞋匠、发型师、天文学者、烹饪书作者、大厨、钻石商人、服装师和时装女王们、折叠伞的发明者……还有香槟发明者的故事。他们一起创造了一种格调，至今依然影响着我们对于优雅、时尚以及奢侈的观念。

第一章

怎样才算是太多？
—— 明星发型师的规则

佛迪力·菲凯（Fredèric Fekkai）在纽约和洛杉矶穿梭忙碌着，因此大西洋东岸和西岸的主顾们都能享受到他天才的发型杰作。1993年5月18日，"空军一号"停靠在洛杉矶国际机场，四条跑道中有两条被关闭了。近一小时里，各航班被迫转到其他机场起降。这个时候，贝弗利山庄的克里斯托弗正在修剪着美国总统的一缕缕头发。（《华盛顿邮报》称这次理发为"自参孙之后最为著名的一次理发"。）我们也许会认为，在纽约步入繁华时期以前，这种"虚荣的篝火"①式的对格调的过分追求是不可想象的。但那已经是在世界上存在着的一

---

① 《虚荣的篝火》是1990年上映的美国电影，改编自汤姆·沃尔夫的同名小说，由汤姆·汉克斯主演。影片讲述一个华尔街的经纪人，在无意中惹上了官司，从而把自己的生活搞得天翻地覆。

种方式了——至少是少数人所尊崇的一种方式。从17世纪中期的法国开始,一种新的行业出现在时尚前沿:女士们的发型师。自此,发型有了自己的名称,发型款式也经常变换,一群顶尖的发型师涌现出来,有些发型甚至以发明这种发型的人的名字命名,比如当时的名人——法国国王的情妇。第一次,发明了最新发型的人可以对外宣称今年的发型将是卷发,或者说在今年只有长发才是流行的。

在那之前的发型业有着严格的性别区分。最早的理发师是医生,或者说是现代手术师的前身。后来在1659年发布了一条皇家敕令,开创了"理发师及假发制作者"这一行业。这一行业的从业者们由此不再和医学打交道,而是专心对付男人的胡须和头发。他们在巴黎开店,只为男人们服务,而女人们的头发依然由她们的女仆打理。没有人会想到很快便有了专门为妇女服务的理发师,更不会想到男人可以得到许可,做出抚摸女人头发这种亲密的举动。妇女的发型相对而言比较简单,根本没有流行风潮的概念,更提不上很广泛的影响性。没有人能够想象某一种发型一旦成为当季的流行款后,人们便马上争相效仿的情景。然而,尚帕涅先生打破了上百年的成见并成了发型业最早的品牌。从此,大牌发型师创造出来的发型,成了能够享受到这种魔力的少数幸运儿们得以炫耀的资本。

尚帕涅所开创的妇女发型革命,是促使法国最经典的时装业诞生的至关重要的一步。时装业的一个重要理念是,当妇女穿上某一款服装后,将会被同道中人很迅速地认出来这是哪位设计师的杰作。而这一理念是由时尚发型创造的。第一次,发型师的名字——尚帕涅——决定了发型的价值。有一部描写尚帕涅生平的戏剧,剧中主人公的台词正好说明了这种情形:"其他发型师也许有他们自己的主张,但我一直知道我的风格将会决定所有人的发型时尚。"

在时装出现之前,在珠宝商出现之前,就已经有了走红的发型师。如果某位女士的发型梳成某种样式，其他女人便都能认出这款发型出自尚帕涅这位富人和名人专属的发型师之手。当发型打上它们的创造者的印记后，这就意味着法国女人承担起了被全世界女人自此认作的首要角色——永远都知道该如何将自己装扮成每一季最流行的样子，并且知道哪位发型师能够确保她们可以迅速让人知道自己掌握着关于流行风潮的信息。时尚的统治由此开始了。

尚帕涅的这个行业有了一个新的名词：coiffeur（发型师），这一词至今仍然在法语里使用着。coiffeur 以及它的阴性形式 coiffeuse 反映着一个新行业的存在：最早的只服务于妇女的发型和头型的男女发型师。我用"头型"一词，是因为 17 世纪发型师的工作不仅仅在于头发；发型师，现在仅指"发型"，在当时却指头上的一切，包括头发在内的很多内容。

在中世纪和文艺复兴时期，全欧洲的妇女都戴着头巾。她们会戴着女式头巾和帽子，或者用布料盖住头的大部分甚至全部。（把头包住被认为是妇女谦逊的表示。）在 17 世纪 60 年代末期的巴黎，coiffe（头巾）一词开始被用来指称一个全新的现象以及一种全新的生产行业。发型一词则开始指称我们今天所熟悉的发型师们的杰作。确实，头巾通常仍用来指某种织物。但是，织物，特别是蕾丝的功用不再只是包住头部，而是要让头部显得更加漂亮；蕾丝变成一种时尚的头饰，可以让头发显得很多，还可以让那缕迷人的秀发看上去是自然地垂下的。这一新行业迅速地发展着：发型师一词最早见于 1663 年，是专门对尚帕涅的一种描述；到 1694 年，法国科学院颁布的法语词典正式认可了妇女发型师行业，词典中提到："发型师及女发型师是一种时尚。"

这一新行业的从业者是最早一批真正的发型艺术家：他们的工作不只是让主顾看上去漂亮时尚，他们还不断探索将各种头发与布料梳在一起的新方法（当时的头巾包括假发，以及我们今天所称的接发）。他们成功的明证便是17世纪末最后十几年里法国一个又一个的令人目眩的发式。当第一个妇女梳上某一种发型后，这种发型马上便有了名字，而其他人则竞相仿效，首先在巴黎，随后是全欧洲。第一次，发型有了发型季的概念，正如时装季决定着女人们在下一年将要穿什么衣服一样。

最初，理发师是一个人的职业。关于尚帕涅本人我们所知甚少，甚至他的真名我们也无从知晓，而关于他作为理发师的一生，我们知道得太多太多了。巴黎当时的名流对尚帕涅的魔术如此痴迷，同时代的男人们写着他与名流雇主之间的讽刺剧。其中最著名的是喜剧《尚帕涅理发师》——这好像是理发师一词第一次出现在印刷品上。这部喜剧于1663年在马拉斯剧场上演，就在尚帕涅本人死后不久。

据说，尚帕涅很可能是几世纪后沃伦·比蒂在《洗发水》里所描写的那个善于床戏的理发师的原型。尚帕涅显然不断吹嘘过自己得到贵妇主顾们的喜爱，并很以此为乐。这部喜剧将尚帕涅描写成很招女人喜欢的人，他说服一位富翁的独女伊利斯和他私奔，而伊利斯显然是早期发型师的追星族。喜剧作者布彻开出了一连串明星发型师的名单，而伊利斯每天都要拜访他们，以保证自己永远站在时尚的前沿。在其他方面，这部戏里的尚帕涅也和现实生活中的原型相似。他不断炫耀着贵妇和名流对自己是如何依赖的。在临近结尾处，作者用相同的讽刺笔触细致地描述了与今天的克林顿和克里斯托弗类似的情形。

玛丽·德·刚萨格公主离开巴黎，去华沙与波兰国王瓦拉迪斯罗四世完婚，她年过三十，根据17世纪的标准，被认为是上了年纪的美女，已经接近风华的尽头。她在巴黎举行婚礼时，尚帕涅帮这位准新娘戴上了王冠，以防她的新发型被弄乱。随后，根据尚帕涅自己的记述，公主恳请他随她一起去波兰，以保证她至少随时都能保持发型的完美。这显然是人们第一次认识到发型这样的小事也能成为国家大事。无论是当时的报纸还是热代翁·塔拉门特·德斯·雷奥这样的法国讽刺作家，都用很大的篇幅对尚帕涅进行报道或描述，使他赢得了为别人头发服务的人所无法想象的地位。那部戏剧便是一例。在那里，他被尊称为尚帕涅先生。

明星的地位意味着经济上的巨大回报。在戏剧里，尚帕涅说他跟随公主去了波兰，"希望赚大钱"，并补充说，"他的辛苦获得了很好的报偿。"塔拉门特则称现实中的尚帕涅和当时的其他理发师不同，他拒绝接受报酬——但与克里斯托弗对克林顿一家的做法相同，他与那些明星主顾们签有合同。尚帕涅的猜想其实很准确。他的做法会使那些追求时尚的公主们一个接一个地争相用贵重的礼物来笼络他。"当他为一位女士做发型时，会告诉她另外一位女士送给他什么礼物。如果他对礼物不满意的话，他会再说一句：'她现在会央求我去的：她无法笼络我了。'""那个愚蠢的女人，"塔拉门特总结道，"恐怕他会同样地对待自己，便拿出两倍的礼物送给他。"800美元做一个发型的时代开始了。

据说尚帕涅会以侮辱来回报顾客们对他的忠心；他有着与今天最走红的发型师相似的做派。他会突然径直走出去，置做了一半头发的顾客于不顾。一天，他在为一位长鼻子女士做头发时，突然对她说："你知道，长了这样的鼻子，你不会漂亮的，不管我给你做出什么样的发型。"为了增加侮辱的分量，他称呼她的时候还用了"tu"这种亲密的形式。

尚帕涅高调的发型生意为妇女发型业带来了革命。在那之前，如果一位女士想做一个新发型，被称为perruquière的女商人会为她买回各种头饰并送到家里。到17世纪末，最著名的男女发型师们虽然仍然为他们的名人主顾们上门服务。他们还拥有自己的店铺，因此拥有了更广泛的顾客，还可以炫耀各种各样的头饰和发型款式（图1.1）。

很快，巴黎就已经发展到我们今天在任何一座大城市都能看到的情形：有大约六位发型师相当出名，他们店铺的地址出现在了巴黎的导游手册上，富有的游客们若想做一个巴黎最时髦的发型回家，就知道该去哪里找。从17世纪90年代早期尼古拉斯·布莱尼（Nicolas Blégny）的业内人旅行指南里，我们知道珠宝商聚集的地区就在皇宫花园附近，卢浮宫旁，这里也是时尚发型师的地盘，那里有三家当时最时髦的理发店：堂·热韦尔小姐、勒布兰小姐的理发店，以及最时髦的卡尼亚特小姐的店铺——几十年来她始终是明星们的发型师。

早在1678年1月，最早详细地报道时尚业的报纸《梅屈尔·加朗》（Le Mercure Galant）宣布，卡尼亚特是所有宫廷舞蹈家的御用发型师。（路易十四热衷于芭蕾舞，因此为国王做发型是一项万众瞩目的差事，可以与为《时尚》杂志的超级模特做发型相媲美。）大约二十年后，卡尼亚特的发廊仍然是受明星们欢迎的地方。1696年出版的一部描写时尚的小说中，有一个人物便被作者安排到她那里做了一次头发。其他的时尚街区也有他们引以为豪的发型师：在圣奥诺雷，妇女将头发交给博伊特尔斯小姐照管；而像弗朗西斯·奎廷这样的名人，业内人称之为拉维耶纳，是路易十四的四大男仆之首，在圣日耳曼大街也开了自己的店。当明星发型业刚开始时，女人占据着这个行业，但男人们追随着尚帕涅的榜样，将古老的避讳一点点清除干净。

不同的发廊有着不同的特色，在今天也是如此。熟悉凡尔赛的人会去找科索伊斯，他的发廊开在玛黑区附近的奥布雷勒布彻。科索伊

图1.1 此图为最早的美发沙龙之一。理发师正忙于一款繁复的发型,她身后的墙壁、桌子上以及地板上,都摆着这些明星发型师施展魔法的各种头饰。这是现代意义上发型业的真正开始:离开家在公共场所做头发,就是如此简单

斯擅长用直发和假发做出一种很大的发型,非常适于参加大型宴会。博得和马丁在1671年曾名噪一时,当时的时尚迷们决定与传统的发型彻底分道扬镳。他们只用自己的真发,希望头发更加卷曲,并且比以前要短得多。这是一种很疯狂的观念,其影响力让我们今天的人很难想象;20世纪20年代的爆炸头也无法与那时的风潮相比。在现代史上第一次,贵族妇女认为短发比长发更有魅力,她们敢于在公开场合抛头露面,不用任何物品把自己的头部遮住。

1671年3月18日,塞维涅(Marquise de Sevigné)公爵夫人在信中给她远离巴黎的女儿描述了当时巴黎女人的发型。她说女人们看上去"完全一丝不挂",就像一个个"洋白菜头",并说国王这个最终裁判者看过后"笑弯了腰"。塞维涅公爵夫人还详细描述了梳这种洋白菜头需要花费怎样的功夫:女人在睡觉时"要戴着上百个发卷,这使她们整晚都饱受煎熬"。她称这些妇女的头发"就像小孩",这句话在当时极其推崇优雅和女人味的时代里,就是最大的嘲讽——可可·香奈儿那参差不齐发型的最早的拥趸也有过类似的经历,她们的运动发型就被人称作"假小子"。

这种极端、激烈的反响并没有阻止妇女们追求时尚的步伐,她们迅速梳起了这种激进的新发型。这就是时尚的力量。仅仅三天后,塞维涅公爵夫人就被"彻底征服了"。她对女儿说:"这种发型很适合你的脸型。"并许诺给女儿寄去一个梳着这种发型的时装娃娃,以保证发型的准确性。这种新发型——被称为"乱发"或者"混合型"——成为第一个一夜走红的发型。"圣日耳曼街区的人们不再谈论其他的话题。"塞维涅公爵夫人写道。到1676年7月,她用了很多笔墨来描述国王的情妇蒙特斯庞公爵夫人在参加凡尔赛大典时"头上全无遮盖,还有着上千个卷",并宣称她"以动人的美丽令所有外国大使侧目"。很显然,这种卷发头型已不再是孩子头了。(塞维涅夫人自己也加入了激烈的辩论中：她和最好的朋友、那个世纪中最著名的小说家拉法耶伯爵夫人进行了长谈，这两个女人——1671年时一个45岁，一个37岁——她们认为这种发型很适合年轻姑娘，但并不适合她们这样的成熟女性。）

当法国时尚的追随者们宣布废止一切陈规时，款式即成为发型业真正的精髓。美发业也像初生期的其他时尚行业一样富于变化。款式变化得很频繁，因此对于17世纪的绘画，我们可以通过妇女的发型去判断这些画的具体创作年代，正如我们现在会通过妇女身上迪奥（Dior）或者圣洛朗（Saint Laurent）的款式，便可以知道照片的拍摄时间一样。这样，我们便可知晓早期著名的发型是何时并如何流行起来的。

1680年的一个晴朗的夏天，路易十四结束了他最钟爱的打猎运动后，看到他当时的情妇、17岁的漂亮的玛丽·安格力特·德斯科拉勒——方当伊伯爵小姐将自己的头发用一根发带扎了起来，头上的卷发散落在额头，于是就让她以后一直这么梳头。第二天，宫廷里所有的妇女都模仿了这种新发型，这一发型又很快风靡欧洲，并被命名为方当伊（fontange）。

方当伊高饰头一直是17世纪最后几十年的流行发型，并经过多次改良。布尔索描写时尚的喜剧《流行话》（1694）中的所有幕次都以最新的发型款式命名：从波甘地到"花匠"，从"老鼠"到"无耻"再到"伤心"。最有想象力的要属17世纪90年代，当时刚刚发明了五屉柜；而头发的款式则沿头布盘绕，一层接着一层，形成一组组的"抽屉"。在凡尔赛最盛大的典礼上，只有"蝴蝶"发型才能配得上这样的场合：被称为冠毛的亮丽的羽毛状珠宝装饰布满了妇女的头部；女士们头发上插满了玫瑰形状的钻石；椭圆形钻石明亮地摇曳着。每一次转头，蝴蝶状的发型都会在烛光及镜子的照耀下熠熠发光，这种发型于是成为法国发型装饰的亮点。方当伊在其后的30年里依然有着不同的变化：在1711年7月22日的《观察者》报中，约瑟夫·艾迪生依然在打趣这种以路易十四早已死去的情妇命名的越来越夸张的发型。

在发明了方当伊发型的其后几十年里，法国流行的发型成了名副其实的"高发"——讽刺家们说，梳着这样的头发，很多门廊妇女们都无法穿过。高高的头发主要由一种奇怪的布料做成网状的底盘，头发可以从这个底盘开始向上盘起，而蕾丝也可以由底盘开始一层层地垂下。到17世纪90年代末，这种有着底盘的发型依然被称为方当伊，但是很显然它们与1680年发明的休闲发型相去甚远（图1.2）。由方当伊主导发型主流的时期相当漫长。在末期，复杂的发型可能会超过两英尺高。1713年，圣西蒙说最高的发型是真正的"庞然大物"，还打趣说妇女的脸"长在了她们身体的中间"。高出来的头发大多是假发、发卡以及接发。假发在17世纪刚刚时兴，一直都饱受争议。（假发是适合牧师呢，还是仆人？）

对假发的疯狂只是从17世纪70年代才开始的；在其后的10年里，为了做出更大更复杂的发式，头发的需求量激增，"头发商人"向全欧洲派出了职业的剪发者。需要至少24英寸长的头发，才能做出一款最时兴的发型。据说荷兰人的头发最好；而在法国国内，日耳曼人的头发是众所公认的好头发。灰金色的头发是17世纪法国美女的标志，毫无疑问，这是因为在法国很少有天生的灰金色头发，因而价格非常昂贵。准确地说，灰金色头发要比一般的棕色头发贵38倍。一磅灰棕色头发要价150里弗尔，大约相当于7500美元。（在海峡另一端的英国，那里的金发女人比法国要更常见，但男士们并不喜欢金发，而喜欢深色头发的美人。这便是物以稀为贵的道理。）

很多人喜欢假发带来的控制感：梳了这种发型以后，头发在任

图1.2　17世纪90年代的方当伊发型的几款变体。只有右边妇女的卷发是垂在额前的，和1680年这款发型发明时的最初样式相同。所有这些发型都使用织物来加重头发的重量。左边的妇女选择了较低的发型。她使用了蕾丝和丝带，而右边的妇女则喜爱传统织物的发盘。中间妇女的发型是一层层的"五屉柜"造型

何时候都不会乱，而且也不会显出秃顶，至少在公开场合里。在整个欧洲，假发开始成为社会地位及权力的象征，特别是这假发是在法国制作的，因为法国的假发制造商同法国发型师一样，成了这个行业的统治者。国王的假发师M.宾内特在佩蒂斯尚普斯开了一家店铺，欧洲的时尚迷们都从他这里订货。关于国王本人——宾内特曾经说过："我愿意把全国所有人的头发拔光来效忠国王。"——他对于假发近乎疯狂了。在他凡尔赛宫卧室、旁边有一个假发室，里边满是各种有着躯干和头部的人形塑像。每个塑像都戴着真人大小的假发模型，展示着各种各样不同的假发——打猎时戴的假发，居家时的假发，国家庆典时的假发。到世纪末，假发业已经在法国如火如荼，使得真发出现了严重短缺，有些假发商不得不用马鬃来代替人发。（任何看过加里·格兰在《战地新娘》里戴着马鬃做的假发男扮女装的人，都会知道假发业已经堕落到何种程度。）

而到了1713年，高大的发型便消失了。几乎在一夜之间，所有高的、重的、夸张的发型都不再流行了。在那年的年初，什鲁斯波里公爵被任命为驻英大使。他的妻子嘲笑了当时很流行的方当伊发型，而她的这段话标志着高大发型的第一个黄金时期已经过去。圣西蒙称

宫廷中的妇女们都"极其迅速地"摒弃了方当伊发型，并投向了另外一个极端——"一种非常低平"的发型。在"太阳王"统治末期，圣日耳曼街道上的靓女们被一种全新的风潮所掌控：低低的，明显更加自然的发型流行了起来，而高发则被丢到了九霄云外，直到法国大革命前的几十年，高发才又卷土重来。但对于发型的最初疯狂为时尚界留下了一笔遗产，这笔遗产在今天仍然是鲜活的：人们相信，这个行业里最伟大的艺术家一直都是法国人。正如孟德斯鸠在他1721年的著名小说《波斯人信札》中所说："妇女无论在欧洲的哪个地方做头发，她都会奴隶般地遵从着法国发型师的法令。"

今天，不是每一位来巴黎的游客都希望做一个最流行的法国款式——但是，我在一家小发廊做完头发后几个月，在《城镇规划和景观设计》报上读到了一篇小文，上面说前去理发的老顾客们会预约不上，因为有太多游客在去巴黎前几周便纷纷打电话预订。自从公主们请求尚帕涅打理秀发的几个世纪后，记者们在报道时下最走红的发型师时，总会不断地指出法国腔依然是发型师们的一大优势。

第二章

时装女王
——时装的诞生

Fashion Queens: The Birth of Haute Couture

　　时装是永恒的,从古至今总有人穿得很时尚。然而时装的市场营销却有着明确的形成期,即17世纪70年代。从巴黎,我们可以找到现代时装业的起源。而在现在,时装业已经成为设计师、制造商、商人和购物者组成的庞大系统,这些人掌控着时装潮流的改变,决定着每一季流行服饰的方方面面。17世纪70年代将时装变为时装业的诸多发展因素都汇聚在了一起:渴望时尚物品的顾客群体越来越庞大;有越来越多的方法来满足顾客新的需求;最新潮流的信息第一次被广泛而又迅速地传播着,使人们对时装的着迷程度越来越深。也许,最重要的是那时的时装迷被灌输了一个在现在仍然是时装市场的基本概念:17世纪70年代晚期,时装季开始了。

　　在17世纪70年代,时装第一次有了它的

现代身份：衣服开始向时装转型，成为一种工业，既满足着路易十四宫廷对时装越来越强烈的渴望，同时也满足着宫廷以外更加广大的民众。从一开始，新兴的法国时装以及法国时装业就清楚地知道它们的定义和使命。但时装形成时期更令人吃惊的是，在17世纪的最后30年里发明了太多的理念，而这些理念仍然是今天的我们对于时装体验的关键所在。

在那个时候的整个欧洲，人们开始用法语指称时装为 la mode，并认为时装是天生且毫无争议的法国货。最早的一个关于时装迷的记录，是1690年出版的《时装词典》(Fop-Dictionary)，其中收录了"时装律条"(the Law of Mode)，并解释其为"法兰西王国"的一部分。时装确实成了 la mode，成为经常并迅速变化的一种现象，而其中的每一种变化都被人们关注并且追踪着。那些梦想变得真正时尚的人相信，为使他们的梦想成真，就应该紧随巴黎的脚步，应该去买法国货；如有可能，还应该亲自到这个全世界的时装之都去。

现在，我们很了解沉迷于时装会有怎样的影响：无论是电视剧（《欲望都市》）还是小说（《B.B公主》），或是时装媒体，它们都让我们知道了对名牌的疯狂可以使人陷得多深。对于早期的时装女王以及她们怎样追逐时尚和豪华服装，我们所知并不多。但是那时留下了很多资料，让我们知道她们当时穿什么，会在什么时候穿，以及她们是怎样得到这些服装的。这些资料告诉我们17世纪晚期的巴黎时装界与现代设计师经常回顾并获取灵感的那个时装蓬勃发展的时代——两次世界大战之间（那时的时装被重新定义了）——有着很多的相同点。这两个时期都是由女性设计师主宰的。在这两个时期里，女设计师们都深谙她们的女性顾客的需要：出自女性设计师之手的时装，无论17世纪还是20世纪，都颇具革命性，因为这些衣服都太过舒服，太具有体型意识，而这些都是女性们在以前所没有经历过的。

路易十四末期的一件小事就足以让我们看到时装的雏形是如何建立起来的。1715 年 7 月的巴黎异常活跃，时装版画嗅到了这种改变。"每个人都在说女装很快就会发生剧变。"了解凡尔赛宫的蒙太古公爵如是说。果然，宫廷中的妇女们开始行动了。贝里公爵夫人——刚刚结束了为她过早离世的丈夫、国王的曾孙服丧，便在自己家里召集了一个晚餐后的私人聚会，邀请了当红的时装版画家，以及"最聪明的裁缝和最有名的女设计师"。就像将军计划军事行动一样，热爱时装的女人们和设计时装的女人们策划了一场时装政变：她们合力确保新时装能够一炮打响，并获得西方世界引领时装潮流的人们——法国宫廷女人们的宠爱。6 月 25 日，聚会开始了："王妃们聚在一起……她们要求新款服装一做好便给她们送过去。"

据我们所知，时装只有在这样集中了集体智慧的情况下才能涌现。今天我们认为量身定做是最奢侈的，而对于最早的时装迷来说并不新鲜。在 17 世纪 70 年代前，量身定做（英国人称之为"one-off"）到处可见。每个妇女的衣服都出自私人裁缝之手。这些裁缝既选材料又选款式，这意味着每套服装都是独一无二的——但这并不有趣。高端时装的刺激在于模仿：到哪里去找在香榭丽舍大街上散步的那个女士穿的漂亮上衣？如果在其他女人身上看不到同样的穿着，你怎么知道什么才是最新的款式？如果你打算当作冬季主打的大衣或者配饰别人根本买不到的话，你怎么知道你是站在潮流最前端并且是引领时尚的人？

为了能够让这些新的乐趣存在下去，所有时装业的关键元素都被发明了出来。时装世界有了自己的第一批知名设计师、品牌、时装季，还有最重要的——最早的时装女王。而且，早期的时装女王还愿意抛弃量身定做的服装而去追寻更加现代的乐趣，比如向每一时装季的领潮者学习，或者乐于看到她们刚买的饰品很快成为全城的时尚。

而这些新的满足感的唯一坏处是———一件新衣服不能穿得太久，如果到处都能看到它就不能再穿了——但这又有一项好处：你可以出去再买件新的来取代它。在这个再多也不算多的时代，这个概念开始了。没有它，时装业永远都不会发展。

当凡尔赛的妇女和第一代设计师在17世纪70年代联手，使时装大众化并变成 la mode 后，有些被我们忽略的关键概念也很快出现了。首先是外观，以及从头到脚的总体效果和一些细小的时装魔术，比如最新一季的围巾应该怎么系。其次便是时装季，比如1678年冬季的款式一定要与1677年冬季的不同，而当季流行的灰色也绝对要不同于去年夏天的当红颜色。第一次，更多的人同时沉迷于在当今来说仍然是时装媒体关心的核心问题：什么是当红的？什么是过时的？今年夏天最当红的夹克是哪一款，到哪里去买？

到路易十四末期，这些概念已经被广泛接受，巴黎时装界的弄潮儿让从伦敦到圣彼得堡的女人们疯狂地期待着关于时装潮流的最新资讯。大概十年以后，法国时装界有任何动静，波士顿等美国大城市的报纸都会大肆报道。这样，新大陆的女人们就可以因为自己同最早的时装女王——凡尔赛的女人们保持着相同的步调，而彰显她们的不凡品位了。

法国时装业不仅缩小了地理上的差距，也缩小了社会差别。正如今天所发生的一样，裁缝们将自己的创意变成了价廉物美的商品，并把它们放在中档商店里出售。17世纪中期之前，时装是少数富有贵族的专利：只有很少数的贵族才能拥有时尚的服装，但他们的衣服数量也很少，而且也很少换。时装因为太过昂贵，所以其款式在很长时间里都没有变化：时装更多是财富和社会地位的象征，而非对于时尚个性的宣扬。[1666年7月，拉格维特·德·美奥拉斯的报道《历史的缪斯》（*La Muse historique*）证明了衣服有多昂贵：一个被绑架的孩子被发现时是赤身裸体的；绑架者因为他穿得太好了而脱去了他的衣服。富有的父母们被警告不要让孩子穿着最好的衣服出现在公众场合。]

当时大多数人的衣服都是由家织的粗糙布料做的。那些带点颜色的衣服，也是由贵族们淘汰下来的。自从巴黎成为世界时尚之都以来，时装慢慢地在法国社会传播。社会底层不可能有太多时装，但却可以拥有像丝带和袜子这样的配件——最重要的是能够生产出具有同样花纹和颜色的廉价布料，法国大众的穿着便开始出现改观。到路易十四时代末期，时装已经开始成为很多人生活中的大事。

法国时装业改变了时装购物的方方面面，首先便是性别。在17世纪50年代之前，男人和女人衣橱的差别并不显著。从那时起，女人在时装购物上开始以越来越快的速度超过了男人。(这一潮流从未被扭转过，并慢慢形成了今天的局面：女人在服装上的花费是男人的三倍。)当时装传媒在17世纪70年代形成时，还有对男人服装的报道，不过封面故事主要针对女性读者，当时她们就已经被认为是迅速增长的时装市场的驱动力。从那以后，时装越来越被妇女的欲望所占据了，而妇女的欲望从未止歇。几十年来，早期的服装业说服了顾客，让她们摒弃了只有几套服装并且极少更换的概念，而倾向于衣服越多越好并且换得越快越好。法语也迅速认识到妇女与时装的亲密关系。"时装奴隶"的说法最早于1694年出现（在法兰西学院最有名的词典的第一版）；"时装女王"则出现在1719年。

在1650年，款式是人们私下讨论的事；裁缝去雇主家帮他们试衣服，这个过程极大地阻碍了创新和变革。他们能拖着多少新衣服或新配饰去各个雇主家？如果一次只有一个顾客，那么怎么能向她灌输拥有其他人穿的衣服的观念呢？到了世纪末，购物越来越成为一种公众活动：贵族妇女首先迈出家门，去一年一度的圣日耳曼集市摊位上购物。特别是高档时装店，这些商店最初聚集在胜利广场附近。而后越来越多的商店出现在至今仍与法国服装密切联系的一个街区——圣宝莱大街的旁边。

服装买卖成了公众活动，这也是由女性主导的。17世纪中期以来的几十年，原来只是做些小修小补的女裁缝，开始争取设计和做服装的权利。1675年，给予她们正式资格的行会成立了。女服装师这个词第一次出现了，女性被郑重地视为高档时装的创造者和制造者。使用这个新称谓，这个时装业的第一个词，同样也意味着认可了这样一个事实：妇女在将时装改变为时装业上扮演着关键的角色。在17世纪，裁缝作坊（ateliers de couturieres），而不是现在的设计师工作室（ateliers de couture），用来指称制作服装的工坊，在那里，心灵手巧的女工们——著名的"小手"女工们——将普通服装变成了梦幻般的时装。早期的巴黎旅游指南高度赞扬了这座城市里"知名的女服装师"；第一批主宰着国内外顾客时装的女服装师有：商店位于胜利广场的维伦纽弗夫人（Madame Villeneuve）；商店全部开在佩蒂斯尚的雷蒙德夫人（Madame Rémond）和普雷瓦特夫人（Madame Prévot）；在蒙特古尔开店的沙尔庞提。当妇女们引领潮流之后，时装便有了全新的面貌，并成为法国的精髓。

服装设计师，即现在女性服装的上帝，直到19世纪末期才出现。第一位服装设计师是英国人查尔斯·弗雷德里科·沃尔斯（Charles Frederich Worth），而第一位巴黎服装设计师（这一词最早出现在20世纪初期）就来自著名的沃尔斯家族。在沃尔斯短暂的成功之后，原来的服装师就丢掉了其核心地位，服装设计师接替了他们的位置，成为时装世界的艺术家。在英语里，服装设计师一词直到1948年才出现。

也许，要知道时装最初是如何发布的有些困难。今天，很容易说服时装迷们对新衣服产生需求，或者告知她们新一季开始了——夏天流行过长裙了，因此冬天则要时兴长裤；如果 2001 年不可或缺的裙子是到腿肚的，2002 年冬天的则可能就刚到膝盖。在 17 世纪，这些极端的变化都是不可想象的；出于谦虚以及当时行为规范的限制，服装的变化非常小。评论家们常说 17 世纪的服装款式几年都没有变化过。其实其中的变化要比我们通常认识的多得多，但因为总体来说变化细微，那些习惯于大胆变化的人们经常察觉不到。也许以后的服装史学家们也会对今天信奉极简主义的设计师们说出类似的话：想一想吉尔·桑达（Jil Sander），她简约主义的审美观以及对布料和细节的注重都与第一代设计师们异曲同工。

今天，配饰成为时装业的支柱，其原因很好理解：更多的妇女买得起一个名牌皮包而不是名牌衣裙，而皮包的利润又高得多。配饰的出现就是让妇女购买多余的物品，并且单纯为变化而变化的明证。配饰第一次扮演起服装业的主要角色也是由妇女推动的。

在 17 世纪的法国，最初销售配饰的只有男人，被称为 mercerie（男子服饰商）。今天，mercerie 一词指销售与缝纫有关的小物件的商店。但在 17 世纪，mercerie 指的是百货商店，其中最高档的商店出售各种高档配饰。第一位有名的配饰商人是服饰商佩德里奇翁。在 17 世纪中期，佩德里奇翁的名字在莫里哀的《千金娇女》(1659)，以及在其他那些想要讽刺妇女对完全无用东西的欲望的作家笔下都有提及。

之后，妇女决定闯进男人的领域，正如女服装师占胜了裁缝：正因为有了这个以妇女为主的亚分类，配饰成了高档时装的中心。为了这一新事物，人们又发明了一个词：配饰商人。在法律上，她们的活动领域被严格限制着。她们制作并修饰妇女们头上和肩上戴的东西，还制作衣服上的配饰，比如腰带和领边。但不用为她们难过：她们很快便将配饰变成了时装界最火热的东西。另外，她们学会了如何推销被称为配饰的一种新的时尚魔术，也教给人们如何佩戴好每一件新饰品才能使别人一眼就认出来这是新款。"配饰商人"使配饰在高档时装业也有了一席之地。

到世纪末，配饰商人已经取代了服装商人在讽刺剧里的角色——她们被描写为充满诱惑力的女人，引诱着女人们爱上奢侈品。在1692年弗洛朗·当古的喜剧《中产阶级的时装妇女》中，公证人的妻子安格里克认为自己比任何贵妇都要聪明，因此决定像那些天生的庄园主们一样生活。这显然意味着她打算当时装女王了。安格里克于是便深受配饰商安美琳的摆布。我们看到安美琳到安格里克的家里收取所谓的"提醒费"，这让我们了解到当时向贵族要钱是不礼貌的，剧中安排这样的情节也合乎情理。而安格里克和她所效仿的贵族一样，已经债台高筑。她感谢安美琳，"帮我装点了我的左肩"，还"替我出主意做了漂亮的发型"。

"提醒费"意味着配饰商创造了一项新的职业。对于这些大量销售的配饰，她们知道该戴在哪里、怎样戴才对——比如左肩应该怎样装扮才能出效果——这些都是至关重要的知识，至少她们同时代的人认为这种知识是女性独具的。（现在依然如此。就在最近，一家我喜欢的巴黎精品店里，一位售货小姐劝我买下一款新腰带，她说着安美琳可能会说的话："配饰成就了服装。"）

布尔索在1694年的喜剧《流行话》里用了大量的新词，极大丰富了法语，这都是配饰商人对配饰大肆宣传的功劳。丈夫看到家里的女人厚厚的账单吓了一跳，不断重复念叨着最近买的新东西——从"翻筋斗"到"过去摸摸"。当时的观众对于绝大多数物品，就跟这位丈夫一样感到莫名其妙——今天的读者也是一样。对于深谙时装潮流的人来说——这部喜剧是《穿普拉达的女王》这部电影的鼻祖，是为他们写的关于时装业的故事——这些神秘的名字确实有着双重含义：所有时髦新款的名字多少都和性有关。

在服装上，有一个指称妓女的俚语成了一种紧身胸衣的名字。这种紧身胸衣可以让人隐隐地看到内衣，这无疑是高档时装第一次在公共场合对隐私的展示。再以"天真"为例，那不过是宽宽的无腰带居家服装，用两侧的丝带系束。这是路易十四的情妇蒙特斯潘侯爵夫人的发明，据说是为了隐藏怀孕的腰身。她一系上这些丝带——国王的嫂子及时记录道——每个人都开始说："蒙特斯潘侯爵夫人穿上了宽松的衣服，她肯定是怀孕了。"这套衣服变成了广告，与发明它以掩盖风流韵事的初衷背道而驰。有些人认为，没有什么比"天真"更能鼓励婚外孕的，但法国的时装迷们很快便让这种想法过了时。在17世纪80年代末，这一服装成了最流行的女款时装之一，不管穿着者是否真的怀了孕。

"天真""订婚""婚外情"——精明的配饰商人确实大肆宣传着这些，而在17世纪90年代尤为如此。那几十年里，时装尽展所能，特别是向逃避现实主义者展现性感的款式，好像是为了给时装小世界之外那个可怕的大世界做出某种补偿——连续几个寒冬法国郊区大面积的饥荒、可怕的战争眼看要掏空国库，但"太阳王"一直在炫耀着他的钻石；作家们转向了逃避现实主义，童话成为主要的文学体裁。而时装业也从来自前线的新闻里找到了时尚宣言的基础。

据说1692年8月，在奥格斯堡同盟对奥伦治的威廉的战争中，法国将军们因敌人的突袭而从梦中惊醒，斯廷凯尔克战役打响了；他们在匆忙间披上外衣，松松地系上围巾（现在男人的领结，在当时是一种小围巾）。其后一季的巴黎精品店为纪念这一战役，推出了宽松低垂的女式围巾（图2.1）。斯廷凯尔克也许只是这个创意的起源，法国妇女们凭借本能就知道如何让围巾低垂以达到效果。图中的荷叶边

图2.1 1693年,一位贵族妇女炫耀着时髦女郎应该有的饰品,包括从脖子宽松垂下的围巾,以及当年流行的荷叶边

指的是裙子下摆宽宽的褶边。出于某种原因，荷叶边被单独拎出来，人们称其为将普通衣服与时装区别开来的无数奢侈装饰中最傻的一种。在现代法语中，荷叶边（falbala）意味着愚蠢而浮夸的装饰，英语中的"荷叶边"（furbelows and flounces）也跟着受了连累。

时装业的头几年是配饰的天堂，如此多的创造发明使妇女可以很坦然地说她们担心自己跟不上潮流的变化。在1677—1678年冬天的报纸上有一幅插图（图2.2），图中用文字将一套衣服的各个部件逐一说明，这样时装弄潮儿们就知道该如何穿戴所有的新配饰，并将要点一一记下。图中的时髦女郎正展示着一款新衣，风韵无限。她浑身珠光宝气，黑色天鹅绒长裙上系着镶嵌着钻石的蝴蝶结，黑色底裙配着貂皮，而皮手笼上可爱的软毛与之形成鲜明的对比。最耀眼的是她的毛皮围巾——这是一款时髦的毛皮披肩，有些像今天的紧身衣，这里用的是貂皮，这种围巾得名于路易十四的弟妹帕拉丁公主。这幅画表现了这个概念是怎样被透彻理解的。每一个细节都对整体形象起着重要的作用：皮手笼和黑色天鹅绒长裙同等重要——只有当你懂得如何穿戴它时才如此，否则帕拉丁披肩全无用处。

今天，如果没有时装媒体报道它的每一个举动，时装业就无法运转。如果缺少了第一位懂得时装业在现代社会中的角色的记者——让·多诺·德维兹（Jean Donneau de Visé），时装女王、服装设计师和配饰商们就可能无法创造时装。1672年，德维兹创办了报纸《梅屈尔·加朗》。一方面，《梅屈尔·加朗》不同于其他早期报纸；另一方面，《梅屈尔·加朗》有着我们今天时装报刊的感觉。德维兹报道时事新闻，同时也报道社会的方方面面，包括艺术、文学、装饰与时尚的潮流以及所有热点新闻。他还是第一位报道时装动态的记者。因此，他推动了时装的产生。17世纪60年代，他的报道成为时装业形成的证明：只有当设计师和时装系列等概念开始成为生活中的事实

图 2.2 1678 年 1 月的版画,表现了当年冬季的热门饰品;图中是当季走红的时装。图片说明详细介绍了新款服装的基本组成部分,从做发型用的绣花丝绸,到貂皮围巾,再到钻石手镯,以及镶嵌了钻石别针、与黑色天鹅绒裙子形成颜色呼应的手笼,一直到黑色底裙的貂皮裙边

时，时装才具有新闻价值。

德维兹甚至设计了特殊版面来表现时装所应具有的重要性。1678年1月，他第一次不在普通的版面而是以一种崭新的增刊来长篇报道时装，他将这种增刊称为"特刊"。这是报纸做特刊的第二次。发明这一概念的提奥普雷斯特·雷诺多特用特刊来报道事实性新闻。而德维兹则利用他的增刊——美国新闻界所说的"特刊"的鼻祖——来做时尚报道。想想报童的叫卖："特刊，特刊，都来看看。"不是刺杀行动，而是秋天的新装。

从一开始，《梅屈尔·加朗》就吸引了一个此前媒体不曾吸引过的群体——妇女，其中一个关键因素就是时装报道。作为一个市场推销的天才，德维兹吸引的并不是那些能够自己发现新款时装的妇女，而是艾玛·包法利的祖先们——那些住在巴黎城外，梦想着能够变得同创造了时装的巴黎人一样时尚的妇女。

德维兹是第一个将时装业基本元素落于纸端的人，其中最重要的一个元素就是时装和气候一样，也有季节之分。时装季于1678年1月正式开始。在他报纸的第一份特刊里，德维兹宣布，从现在开始，他将在每个时装季开始时尽量提供所有的时装信息。他在文章中说，为了追求时尚，换装并不跟随天气的变化而变化，而仅仅是当你看到另一个妇女穿着不同款式的衣服的时候。1678年，德维兹报道说，时装季比自然界的四季还要强大："当人们还没有感觉到春季的来临，妇女们却已经换上了春装。"——也就是说，天气还没有暖和起来，时装迷们便忍不住穿着新款春装招摇过市了。

德维兹的报道让人感觉每个时装季都截然不同。"看看袖子，"他宣扬道，"我敢保证此前从未有过类似的衣袖。"如果说1678年的春装与以前的服装截然不同，这肯定是不真实的。但有一个观念被树立起来了，那就是这种绝对的新款不仅是可能的，而且是令人渴望的；

而那些不走运的没有住在巴黎的妇女,则应该读读《梅屈尔·加朗》,从而了解时装的发展,并更换自己的着装,以跟上巴黎街头的时尚款式。

从此开始,一切都顺理成章。每一新时装季的"走红"色也应运而生：1678年秋天是暗灰——鼠灰和珍珠灰,但绝对不是夏天流行过的麻灰色。但到了随后的冬天,时装媒体的创立者宣布"每个人都在穿黑色"。(所有这些变化都意味着法国染料匠们的收益,他们在18世纪晚期之前一直垄断着利润不菲的时装业。)流行的颜色变化如此之快,令很多颜色都无法保持整整一季：1680年11月,时装迷们准备好去拥抱色彩,而到处都是深红色,但到了12月又流行起了黑色。1678年10月的《梅屈尔·加朗》上,德维兹给出大块篇幅严肃讨论了这个问题。"在过去几年中,"他写道,"出现了两种颜色。"——我认为他的观察是对的,"这种情况是很罕见的"。其中的一种新颜色是麻秆色,看上去直接而明快；而另外的一种黑色系则令人难以捉摸：它几乎是黑色,却又有着一丝午夜的蓝和红色的火焰。(黑色系显然有着持久的魅力,到18世纪中期依然走红。)

有了时装季的概念,配饰也被重塑了。1679年5月,《梅屈尔·加朗》警告说窄条丝带将"统治"夏天的时装；那些还系着去年夏天流行过的宽条丝带的人们应该开始改变了。甚至皮手笼每个冬天也都有所不同：1692年走俏的是小狗皮手笼,上面设计了一个兜,让小狗也能够和女主人的手一样得到温暖。在尼古拉斯·布莱尼的巴黎旅行指南里,最好的皮手笼可以在巴克街的桂林小姐开的店里买到。

随后便是对漂亮丝袜的热衷。有段时间,女人不能当众炫耀她们的双腿。丝袜仿佛是早期时装业成功的明证,即商人们成功地劝说时装迷们：一些浮华的东西是绝对必要的。1673年春,最早的时装记者德维兹这样宣布道，不仅有从中国远道而来的漂亮丝袜（中国那时是所有高级进口货的来源地——比如高级瓷器而不是廉价的仿冒品），完全手绘，绣有"最诱人的图案"，而且"穿着这种丝袜的妇女应该下决心来秀秀她们的美腿——不然这些丝袜就全无用处了"。

很快，条纹丝袜得以走红，而中国模特却被人们遗忘了。后来到了1694年冬，走红的是单色丝袜，而且颜色必须和衣服相配——绿色成了最抢手的颜色。那时的妇女们想出了各种聪明的办法来炫耀这些漂亮的丝袜。1694年有一幅版画，画的是德奥罗内伯爵夫人在教堂里如何利用身份之便的事。宫廷里最尊贵的妇女被称为垫子女士（dames à carreau），因为她们不用跪在硬地上，而是有一块天鹅绒垫子，由仆人为她们拿着。德奥罗内伯爵夫人改良了垫子的作用，让自己侧跪在垫子上，这样就能让人一眼瞥见那双绿色的丝袜（还有那双大红色的高跟拖鞋）。

这一举动现在早已是老掉牙的伎俩，但当时可能刚刚被伯爵夫人发明出来，她也许还是利用地位为自己打广告的最早的明星模特。17世纪60年代早期，伯爵夫人是一位桃色女郎，不守妇道，还有着"令人艳羡的酥胸""令人垂涎的身材"，这些都被《法国的爱情生活》大肆报道过。这是一本内部流传的文集，因为太猥亵，路易十四将作者布希·德拉布廷赶出了宫廷。但在1694年，德奥罗内伯爵夫人肯定已经风华不再。她那时已近六旬，一个妇女不再会炫耀自己的年龄了，难道这位夫人打算凭借绿色丝袜重返青春吗？

从所有17世纪时装媒体对于奢侈服装的描述中，我们能够看出时装如此昂贵的关键：时装需要高度手工技巧的细节装饰。第一款真正的冬季时装出现在1677—1678年。这款服装以刺绣为特点，这一直都是法国时装最大的亮点之一，最近勒萨热刺绣工坊又将其复兴。那一季，裙子上全部都是刺绣。那一年的春夏款沉迷于奢侈的女性风格，所有没有刺绣的地方都配上了蕾丝。而那时候，蕾丝是时装里最为昂贵的。这种大肆装饰的服装非常昂贵，身在外省的妇女肯定不会乱花钱。德维兹则加了一幅插图，用说明文字标出所有昂贵蕾丝的准确配戴方法（图2.3）。图中模特的扇子配了蕾丝，手套由蕾丝做成，而她的裙子则是最为奢侈的，完全是蕾丝和褶边，这意味着要用两倍的蕾丝以及最后一道工序——宽宽的蕾丝荷叶边。这套装束便是为时尚打的最好的广告。

每一季的时装都凸显了走红的布料。1678年夏，"几乎每个女人"都有一身由薄绸做成的衣服，这种布料被称作"隐形"（就是图2.3所指的薄纱）。于是，裁缝们对于轻薄透明布料的钟爱由此开始。而这种布料使一种新的分层法成为可能：用坚硬的材料制作衬裙，比如织锦或平纹绉丝锦，配以很有女人味的丝绸做的"隐形"裙子，通常采用对比色。（这就是裁缝们用对比鲜明的衣料所做的第一次尝试，今天的加利亚诺等设计师很偏爱这种服装。）有时候，面料季还会有某些特殊的活动：1678年冬，时尚的巴黎人穿起了"阿拉安娜"和"暹罗国王"——一种带条纹的暹罗布料，以纪念当年第一位派驻暹罗的法国大使。

有些时候，时装迷们为类似于今天的城市时尚而疯狂。1677年春，一种叫作"格里塞特"的廉价灰哔叽布成为全城热点。格里塞特通常是贫穷的售货小姐的穿着。她们因为穿这种面料的服装而被称作"格里塞特"。宫廷里的妇女们把这种与其社会地位相差悬殊的面料做成漂亮华贵的衣服。裁缝们赋予了这种原本很平凡的面料富贵和奢华的气质。这就是高层与底层、权贵与大众的结合。这正是今天的希萨克·麦兹拉伊及其他设计师所极力推崇的——好比牛仔服成了参加凡尔赛舞会的着装。

这种花费不多的衣着是罕见的：通常，只有最为昂贵的材料才能

图 2.3 1678 年 4 月的一幅版画,画中描绘了新一季的春装。正如配图文字所说,这套服装在各处都用了蕾丝——裙子上,手套上,还有扇子上。这幅画还凸显了 17 世纪最具革新性的服装,也是裁缝们最重要的一项发明——外套,亦即穿在裙子和女士上衣外的宽松的长款夹克或外衣

接触到法国贵族娇嫩的肌肤。1681年4月，德维兹不得不向巴黎之外的时装迷们解释她们之所以无法炮制当季极尽奢华的着装，是因为当红面料全部是进口货，昂贵得只有贵族才买得起。统治巴黎的时装女王们并不会因这些许小事而气馁：她们知道奢侈的面料体现着地位和权力，特别是当衣料要花一大笔钱才能得到时。从一开始，过度奢侈才能体现品位，这成为时装的一个主导原则，这条原则在昂贵面料上最为突显。而早期时装迷们那训练有素的眼睛绝不会错过任何一种昂贵的布料。

1679年11月10日，塞维涅公爵夫人详细描述了卢瓦小姐（国王的长期情妇卢瓦夫人的女儿）将要与塞维涅的密友罗什富科之子举办的婚礼。"人们要去观赏她的衣着，就好像要去剧院看歌剧一样。"她这样写道。17世纪也许并没有T型台，但却有它自己标志性的时装旅游。而人们要去看什么？大量的"黄金"面料，用金线缝制，用更多金线做成的刺绣，这是令其他所有衣料却步的衣料。"最便宜的镀金布料，"塞维涅公爵夫人计算道，"一码要20路易。"——将近7000美元一码——而当时最昂贵的天鹅绒和丝缎也只有1000美元一码。

对于未来的新娘，这样的衣服则是多多益善，而对于法国财政以及路易十四那时刻保持警惕的大臣科尔贝来说，则更是多多益善——只要这些昂贵的布料都是法国生产的就好。有时，法国设计师形成使用外国面料制作服装的风潮，这样他们虽然能够赚钱但却不能使法国的纺织业受益，这种做法与国王的意愿是背道而驰的。1683年，巴黎警察局长向国王报告说，女工们在17世纪70年代末流行穿中国制造的面料。而科尔贝的反应是什么？他下令将出售东方进口货视为非法，同时还颁布了一系列法令，责令法国的纺织商"模仿并最终消灭"外国布料。于是，时装获得的所有利润全部落入了法国人的腰包里。时装由此受到了在资金上的双重束缚：形成了使用最昂贵面料的风潮，但同时要确保这些昂贵的材料是由法国生产的。

奢华的时装最终填满了那些出售奢侈衣料的商人们的腰包——而个中的高手要数高缇耶。他与今天的时装业名人高缇耶同名——这位高缇耶是早期时装业最伟大的一位先驱。德维兹将发明黑色系这一神秘颜色的功劳给予了他（1678年10月，高缇耶告诉时装传媒的第一位著名记者：他发明了另一种新颜色，但却拒绝透露其秘密——而我们现在也无从知晓）。高缇耶拥有众多最受欢迎的布料，并且开创了那个世纪里最令人难忘的风潮。

第一次，西方妇女的时装受到了民族风情的影响。1673年冬，《梅屈尔·加朗》报道说最时尚的巴黎人热切盼望着从中国进口的外套，上面有手绘的异国花卉。这种新外套给很多法国消费者从未见过的东方情调，其结果可以想见：德维兹宣布"巴黎的大街小巷到处都是中国外套"，《梅屈尔·加朗》补充说不是所有的外套都是从中国进口的真货：人们应该注意不要上当买下制作精良的假货，假货的图案是印上去而不是画上去的。为了保险起见，人们应该去高缇耶的店里购买。《梅屈尔·加朗》就这样将高缇耶树立为最早的品牌。第一次，时装媒体指导时装迷们要注意某一款服装的细节，而高缇耶的商店则要优于其他人。这同时也是时装迷们第一次经历现在奥斯卡之夜的紧张：这么多妇女出席聚会都会穿着同样的外套？成衣时装的时代到来了。

高缇耶独独把外套挑出来作为自己时尚发明的代表并不偶然。外套是17世纪法国最富有创新精神的服装，也是早期时装业对时装史最重要的贡献。它还是前景广阔的一项服装发明的雏形：休闲装。1678年1月，德维兹冷静地宣布时装世界将会转型："法国的每个人都向往舒适，人们不会再喜欢盛装。人们想穿的衣服只有外套，而正装则只是在庆典场合才会穿……去朋友家做客或者出门散步则不会再穿了。因此，在我描绘今春女装的时候，将会留意外套而不是裙装。"外套（manteau）——后来称之为 manto、mantoe，在英国被称为 mantua（女式外套）。在英国，外套的走俏被艾迪生和斯蒂尔写在《观察者》里——他们称外套不只是一件衣服，而是一种新的生活方式的开始。

1675 年女服装师行会建立时，规定她们只能为妇女和孩子缝制衣服，而且也规定了她们能做什么样的衣服，特别是不允许她们设计当时作为贵族妇女标准装束的正装裙。正装裙是当时最为复杂也最为昂贵的女装，是男裁缝们的专利。在女服装师确立了正式地位之后，外套便被发明了出来，成为她们对这种分工的报复——也是对于利润分配的报复。外套成为女服装师们时装王国的根基。这种时装革命无疑来自女服装师，她们从这种服装里获得巨大利益；它同时也来自宫廷妇女，她们是女服装师积极的同盟者。

几个世纪以来，"外套"一词指代好几种不同的服装，今天仍然指外衣或者外套。德维兹给这个词发明了新用法。女服装师以及她们的顾客先是将这种外套变为居家穿着。这种外套最先是贵族妇女在家里穿的晨装，是一种家居服——但法国贵族的家居服装非常奢侈华丽，所以我在用家居服装这一称谓时很犹豫；那是去看歌剧的穿着，而不是电视里五十多岁的家庭妇女的形象。这种新款外套和时装一样，还在不断演变着：由家居服变成了外套，我们也许该称之为夹克衫，但却是很长的夹克衫。外套作为新一季时装的当家服装又出现在了公众场合，这就是德维兹所描述的外套——"舒适的"日装，是"人人都想穿的衣服"。

外套是一种全新渴望的最重要表现。贵族妇女第一次不愿穿着她们最正式的服装出现在公众场合，而愿意以她们所认为的休闲形象亮相。在法国，这种渴望有着广阔的前景：想想绝代艳后曾在凡尔赛宫扮过挤牛奶的女工。在时装业出现的那一刻，亦即当早期的女性服装师发明了高档休闲时装这个被可可·香奈儿在20世纪20年代完善起来的概念后，她们还发明了后来被香奈儿发扬光大的两项财富：运动服装以及分隔的概念。

但不是所有的外套都是一个样子——有一些更像系了条带子的裙子。但图2.3显示，只需稍做改动，主流外套仍然可以用到今天（在加利亚诺最近为迪奥设计的女装里能够看到惊人的相似之处）：长、柔软、宽松的外套，套在紧身胸衣或者长裙的外边。外套装所带来的小变化在今天也许不能说惊天动地，但对17世纪的时装业却有着重要的意义：它的波及面如此之广，成了一种对大众消费的公开诱惑。妇女们常常束起裙裾以塑造出一个圆形的轮廓，这是卡尔·拉格斐"城市形象"的雏形。外套的袖子可以在手腕处拉紧，或者在上臂处蓬松，或者相反。外套与裙子还可以使用极为不同的面料（图2.3），这样就凸显了新款时装各个部分的不同。于是，17世纪70年代的这款便于改动的休闲装便成了法国时装业发展的动力。

外套是一种简单的外观上类似和服的服装，比宫廷里正式穿着的裙装要简单得多。那种裙装是男裁缝们的专利，全部由手工缝制，而外套则重在剪裁和对华贵材料的使用。发明这种服装的人也可说是玛德琳·薇欧奈等现代革命性设计师的先驱。

这种服装重在流动而非约束，其意义远超出了时装界。外套是第一款法国式的服装，这一观念到现在仍为时装媒体所倡导：女人们应该穿得像法国女人一样。外套很快风靡全欧洲；基于外套的服装继续在欧洲时装界统治了将近四十年，这是法国时装第一次取得绝对长久的统治地位。

另外，外套并不需要绝对合体，也不一定要量身定做，这就向成衣跨出了一大步。由于制作成本不高，外套成了第一款非贵族妇女可以企及的高档时装。她们可以不用奢侈面料，但她们可以——也确实如此——穿上最新的款型。外套使女装第一次不再成为阶层的标志：自此以后，人们很难一眼看出穿衣人来自哪个社会阶层。

最后，这是最早的现代意义上的时装革命，第一次，服装，如同以后所有革命性的款式一样——想一想香奈儿如何将妇女从胸衣中解放出来——给予妇女们更多活动的自由，至少给人以她们喜欢更多自由的印象。宫廷的正装有缝在衣服里的很硬的胸衣，而外套则只用布料。妇女们仍然穿紧身胸衣，但那是与其他衣服分离的女式背心。这两种服装代表着对胸衣的不同观点：在正装裙里，胸衣显露在表面；在外套里，它则隐在衣服里成为"小秘密"。在这种衣服里，外衣成了焦点。事实上，妇女们里边穿的是女式汗衫，既无装饰也不诱人。外套的整体形象是宽松、柔软、不坚硬、更体现曲线——一句话：更加性感。

这种新款衣着开启了亲密感这一现代观点。1678年的休闲装同时也开启了性感内衣的时代。宽松、无支架的外套吸引着旁观者去想象里边的内衣——确实，外套和胸衣通常都留有缝隙，诱惑着人们去窥探——甚至衣服下的身体。《观察者》说外套使妇女看上去"很大胆"（意思是具有挑逗性），也很"轻松和无拘无束"。这样，在它们出现的那一刻，女服装师们便赋予法国时装一个全新的内涵：让最新款的时装象征财富、地位和品位——现在还添上了女人的诱惑力。在女人手中，法国时装很快便具有了体形意识。

1678年的巴黎时装在今天依然扮演着同样的颠覆性角色。在今天的伊朗，伊斯兰的着装准则要求妇女只要离开家就必须穿外套；这些衣服不能显出体型。但是，妇女们再一次发现外套可以随心所欲地摆弄：一些最新流行的伊朗外套在腿部束紧，以体现出臀部的曲线，或者在胸部下面加个松紧带以彰显出胸部的曲线。蒙特斯潘夫人的"天真"装又回来了。

1678年走红的新款服装标志着服装向品牌迈进了一大步,这是时装业所一直依靠的。德维兹在他最早报道外套时,便指导读者如果想确保穿得像宫廷妇女,她们就绝对该到杜克雷克斯开在特雷瓦斯的店铺去买。这番话并不是偶然的。他在告诫读者,一个真正的时装奴隶应该学会辨认出所有杜克雷克斯家外套所特有的细节。外套于是将时装引上了现代之路。时装不再是最初的个人行为,而有了款式,可以被模仿并被推销到更广大的人群里去。

当《梅屈尔·加朗》开始时装报道时,它推广了两个信息。首先,款式变得比以前更快,你必须跟踪时装的信息,不然便有完全跟不上潮流的风险。其次,在法国销售和穿着的服装有一种"情调",这在其他地方是没有的——只有在巴黎才能把时装穿对。在路易十四统治末期,西方世界的所有人都说这样的话。一本德国导游书建议人们到时装的发源地去领会法国服装那种"特殊而微妙的感觉"。这本书还告诉人们到法国的第一件事便是"去买当季最流行的新衣服"。在伦敦,《观察者》告诉读者,他们就该去亲身体验"法国的风情"。可以想象科尔·波特的歌词——当"一切都在流走",而"你则在顶峰"的感觉。

第三章

时装奴隶
——宣传时尚

Fashion Slaves: Marketing la Mode

今天，我们在各个地方都可以看到时装。即便是最著名的报纸上，时装广告也占据着很大的篇幅。每个月在报摊上都会出现一种新的时装杂志，而高大的广告牌——宣扬着当下最流行的款式以及穿着它们的模特们——组成了我们城市中一道亮丽的风景。也许我们很难想象没有广告通知我们著名的设计师在这一季特推出何种新装的时代，而在1675年最早的服装师所在的城市里，唯一可以看到的新装广告是在时装迷的身上，她们会穿着最华丽的衣服出现在时尚晚会上。

在17世纪最后30年的巴黎，当时装业刚刚起步时，其创始人很快就学会了许多今天的广告人士们以为只是在20世纪才发明的道理。首先，时装必须打广告。没有广告就没有时装。没有广告，谁会想到去买劳力士手表而不是一块普通的手表？如果没有名牌，没有当季必须拥有的配饰，没有当红的流行色，如果这一切不能被追求时装的人们很快认知的话，那么时装游戏以及时尚业就失去了意义。只有广告才能保证大范围的认知，才足以撑起这个行业。其次，就时装而言，那句著名的格言"形象抵过一千个字"是绝对的真理；没有哪位记者描述一套时装细节的能力抵得过最简单的形象呈现。最后，推销时装没有比性加明星更有效的组合了。

如果不是早期时装创造者迅速且十分灵活地掌握了这些道理，巴黎就不会成为时装业的发源地；而其他城市——比如16世纪的威尼斯——在巴黎之前扮演着西方世界时装中心的角色，但没有一个城市曾尝试去推销时装，因此它们的统治只能是短期的。没有人比17世纪晚期的巴黎时装商人更早地意识到时装是联系着欲望与陌生人想象的媒介。

这里的"陌生人"是一个关键词。只有不断扩展客户，时装业才有望大规模生产以支持其生存。法国最初对新时尚的宣传方式，只是时尚的巴黎人去早期的时装店铺购物，时装的客户从来都不多。尽管现在也仍然如此，但时装的魅力很快便证明了它能够强烈推动各种奢侈品的生产，并使这些产品的销售范围大大超越时装设计师们的核心顾客。

时装设计师只有打动了巴黎以外的主顾后才能存在。受众在最初只能看到德维兹提供的法国时装报道。德维兹是最早认识到在巴黎出现的这一新现象的报人。但他也看到，报纸在时装报道方面是有局限性的。17世纪70年代，他在每一期关于新一季的时装预告中都加入插图来凸显其中的新意。当时将文字加入版画非常费时费工，所以这种有远见的做法很快便被放弃了，但时装的视觉文化就此开始。到17世纪末出现了两种新的推销方法，即通过时装娃娃和时装画，服装被传播给了逐渐扩大的外国顾客群。

时装娃娃是第一个专为国外顾客设计的推销手段。最早穿着法国最新款时装的娃娃只是为了私人使用。1600年，亨利四世就把小雕像打扮起来，以便他的未婚妻玛丽·德·美第奇在入宫时能穿上法国最新款的衣服。17世纪70年代初，塞维涅公爵夫人担心自己对最新时装的描述还不够清楚，使她远嫁到普罗旺斯的女儿非但学不像时髦的巴黎人，反而弄巧成拙，因此给她寄去了一个娃娃。在17世纪70年代末，德维兹准备在新一季的时装报道时，设计师们给他寄去穿着最新款式的小服装模特；德维兹请路易十四钟爱的设计师让·巴里安画出这些娃娃，作为文章插图的版画蓝本。

然后，在17世纪最后的几十年里，早期时装大亨们认识到可以把这些小模特送到全世界的商店里，向外国妇女们炫耀新一季的时装——这是一种迷你时装秀。人们总是急切地期待这些娃娃的到来，而当时报纸对此的报道就好像真实生活中的超级模特来了一样。

早期的时装娃娃完全是木质的，留到今天的已经非常少。有些学者认为这些娃娃在完成了时装使命后，就给孩子们当作玩具，所以才会短命。有一个法国时装娃娃（图3.1），两英尺高，木质，有真人的头发——有时会加上真人的头发使之同时为巴黎最新的发型打广告。娃娃的眼睛是玻璃材质，她的发型是18世纪60年代早期的法国式，她的服装——即便裙边的装饰和最小的细节也都是精确的——是贵族着装的完美代表，也是早期法国服装师们所着力宣传的。这个娃娃的服装是时尚的日装，但却是棉制的，一种只有在非正式场合才采用的面料。但这套服装却非常奢华，印有上等丝绸上才会有的图案——即使是在她漂亮的棉制手套上。所有的一切都说明这个娃娃在张扬着一种高度个人化的时装观，即在正式服装上增添了一种现代运动感。

图 3.1 这个 18 世纪中期的法国时装娃娃身穿棉制服装和手套——带有休闲感觉的正式宫廷服装。这套衣服是贵族的运动装

很多早期的时装娃娃在英语中被称为"接缝娃娃"。(它们也被称为人体模特,"娃娃"一词在 1750 年后才出现。)还有一个更早期的法国娃娃,即 18 世纪早期的娃娃(图 3.2),有 14 英寸高,完全木质,与 1712 年 1 月 17 日《观察者》上的描述一模一样。《观察者》曾经描绘过当时刚刚来到伦敦的一个娃娃。

这个娃娃身穿樱桃红的衣服,代表着"巴黎的时尚",是贝蒂十字绣坊(夏洛蒂·伍德)的新货。这家店铺在科文特花园附近,以出售蕾丝和布料闻名。追求时尚的人们蜂拥而至,仔细研究娃娃的每一个细节,特别是女士外套的"无拘束"风格。这两个娃娃都由金属环将它们的关节连接起来。(很显然关节的设计是为了给娃娃穿衣更加方便。)两个娃娃都有着符合解剖学的身体构造。(《观察者》的男记者承认说,他在看到华丽服装下的娃娃身体时会感到尴尬。)娃娃的木腿上画着吊带袜,穿着的方式"非常诱人"。正如 1712 年全伦敦人蜂拥观赏的"法国宝贝"一样,这个保存到今天的娃娃,身上的衣服无疑出自"巴黎最有名的服装师"之手。这个娃娃身上最早的衣服今天已经看不到了,现在的这身服装是 18 世纪后期加上去的(图 3.3)。

当时的报纸告诉我们,到 18 世纪早期,时装娃娃的运输很频繁,每月都有娃娃运抵伦敦。因为此前曾中断过一段时间,1712 年的娃娃引起了特别的轰动。在西班牙战争时期(1702—1713),英国和法国各自率领对立的联盟作战。军事冲突也影响到了商战。比如说,英国对葡萄牙(己方的联盟成员)出产的葡萄酒征收的税要低于法国,因此葡萄牙的葡萄酒成为不太昂贵还能体现爱国情怀的饮料。伦敦海关切断了法国时装的销售,时装娃娃在英国海岸突然消失了。用《观察者》的话说,这使得英国的时装奴隶们无所适从,"很莫名其妙地感到非常失望"。《观察者》报道说,追求时装的妇女们抗议战争中的这一做法,甚至花钱(贿赂?)让"木头娃娃"重返英国。

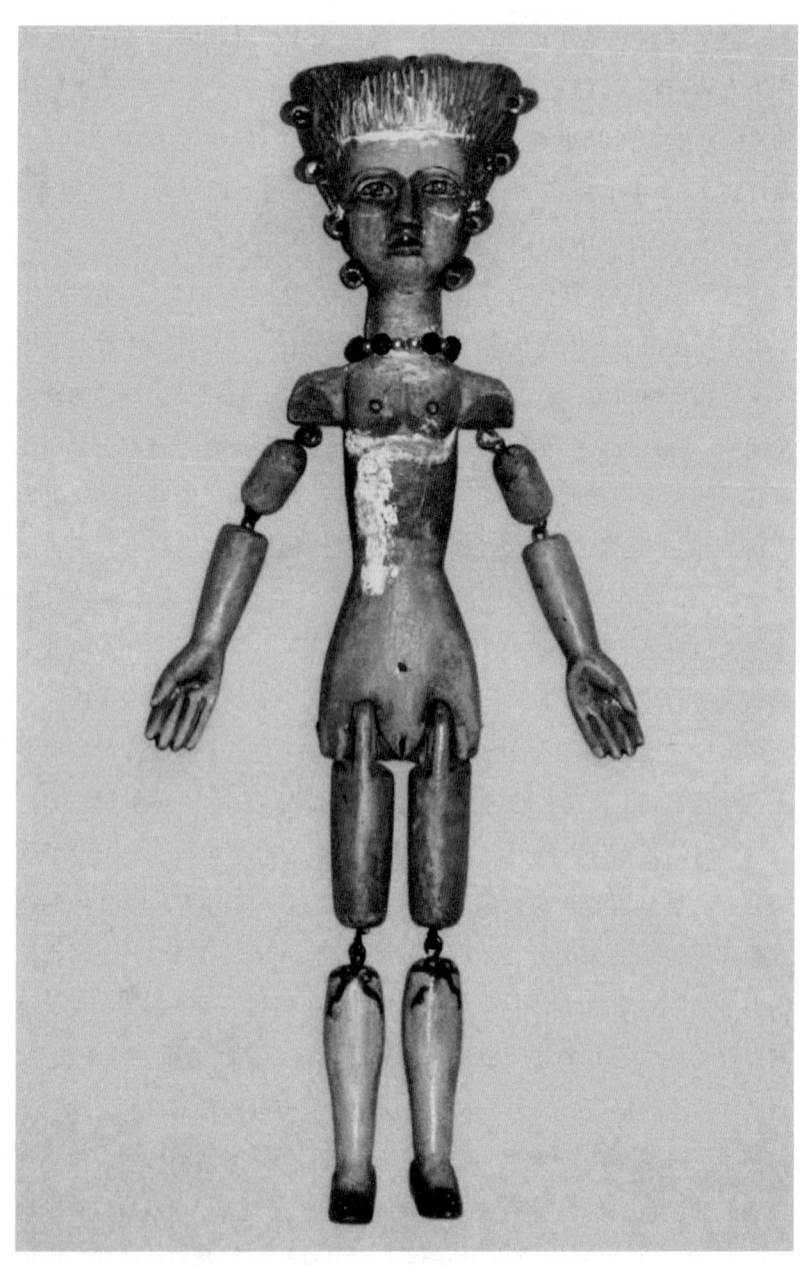

图 3.2 也许是现存最古老的时装娃娃,制作于 18 世纪早期,这个娃娃有关节,有着符合解剖学的身体。身上画有复杂的图案,其脸上妆容仍依稀可见

图 3.3 这个时装娃娃穿着她仅存的衣服。这套服装出现得比较晚,可能是在这个娃娃远赴英伦完成法国时装业的第一次任务后的半个世纪做出来的

根据艾迪生和斯蒂尔的法国同行阿尔贝·安东尼—弗朗科斯·普雷沃斯特在《赞成与反对》上的报道，她们的努力取得了成功。尽管"所有英国作家都公开抨击法国的一切"，但英国大使给了英国妇女们一个特别的惊喜：时装娃娃获得"不被侵犯的护照"，在战争的最后几个月里，只有这种商品的通路得到了作战双方的保护。时装娃娃在战争结束的前一年回到了伦敦，这被法国记者看作法国外交的一大胜利。这些时装娃娃很快便踏上了更为漫长的旅程——随船长一起奔赴塞伦（Salem），然后到达波士顿和纽约的商店。在那里，时装迷们必须付钱才能见到这些娃娃，想带它回家看个仔细则需要三倍的价钱。

这种情形凸显了这些娃娃作为市场工具的局限性：它们无法接触到广大的顾客。为此，巴黎商人依靠起另外一个媒介：时装版画。时装版画可以被很快很频繁地更换，还能按需要被大量复制。它们起到了照片在今天的作用：告诉广大观众最新的时装潮流。正如时装摄影一样，每一位最有名的时装画家都有一套非常私人化的市场营销手段。17世纪的最后几十年，巴黎时装画正如最近半世纪里的时装摄影一样蓬勃发展起来。17世纪70年代，最早的时装版画只画服装。很快，衣服便不再是时装版画的明星。到了17世纪90年代，人们已不清楚这些版画到底要宣传一种产品还是一种方式——能够拥有时尚服装的上流人士的生活方式。

时装版画把广告的一切潜力都摆在了时装业面前：有了这些广告，我们今天的广告战就成为可能，特别是被设计师拉夫·劳伦等人运用得出神入化的宣传方式——推销一种纯粹的概念，一种生活方式，而不仅仅是服装。在17世纪70年代的《梅屈尔·加朗》上，德维兹向读者暗示说，如果他们去某些时装店购物，也许就能穿得像真正的宫廷贵族。17世纪末，时装版画更进了一步，即如果消费者得到了画中的一套新款服装，他们或许同时也得到了画中穿衣人的生活方式。时装版画由此开始扮演着宣传法国贵族生活方式的角色，这些画同时也肯定并宣扬着法国以及法国人在时尚和奢侈品上的垄断地位。在服装师最早的视觉文化理念中，穿上时装版画里的服装就拥有了完美的法国情调。

巴黎版画的黄金时期开始于17世纪70年代，那时这些版画第一次被用来指导人们的服装品位并改变着人们的穿着。到了17世纪80年代，类似《时尚》（*Vogue*）或者 *Elle* 的杂志诞生了——也许两种媒体在那时一并诞生了。妇女们会看《梅屈尔·加朗》的文字报道，也会去看版画以建立视觉印象，此外还有《沃奥依拉》（*voilà*），一本妇女专属的时装杂志。一种媒体甚至可以积极报道另一媒体在做什么。德维兹的文章可能这样开头："某某版画家刚刚发表了六幅时装版画。"然后详细描绘每种服装的细节。有一位著名的版画家（图3.4）曾描绘了贵族妇女坐在沙发里的情形（沙发在当时和外套装一样走俏，比扶手椅这种正式家具少些拘束，因此便具有了性感的寓意）。她穿着华丽的服装，读着1688年4月期的《梅屈尔·加朗》。当流行时装的形象第一次得到广泛传播时，这一新兴行业的每一个玩家都希望从中获益。

我们对时装版画的经济情况知之甚少。最早的版画都是对时装的直接描绘，布料商或者出售围巾、披肩或者裙子的商人显然是这些画的始作俑者。但在17世纪90年代，很多版画都更加注重传达一种生活方式或者一种格调，而不再是某件衣服，读者便很难猜测这种形象为何会被大肆宣传。想象一下今天时装杂志上据称是为了宣传CK、普拉达或者迪奥新款的照片，但这些照片更加鲜明地展现了夜生活或者上流社会生活的图景——如果只看图片不看说明文字的话，你能马上判断出这是要卖什么吗？

图 3.4 这一版画创作于时装媒体建立后十年间,是第一幅描绘妇女阅读时装杂志的画作。画中妇女穿着最新款的时装——请注意她的"五屉柜"发式以及时髦的小围裙装束,蜷缩在当时一种新颖的家具——沙发里,蜷起一条腿(展示最流行的鞋),成为 1688 年夏季新款服装报道的主角

正如现今的时装照片使摄影师们成了超级明星，版画家们通过推销最早的时装而使自己成名；正如爱德华·史泰钦（Edward Steichen）或者塞西尔·比顿（Cecil Beaton）这样的经典时装摄影师，时装版画的第一位明星人物让·迪亚乌·德·圣-让（Jean Dieu de Saint-Jean）是一位创造出内敛而优雅形象的纯粹主义者。圣-让将时装版画变成一种艺术形式。和史泰钦、比顿一样，圣-让注重所有能够将时装迷吸引过来的小细节。（见图2.1）《梅屈尔·加朗》称圣-让的画同时也是对时装的最准确反映。圣-让保持着背景的（通常都是室内的场景）单纯：他一般只用最简洁的背景，最多画上地板来表现远景。

世界时装插图的其他几位早期明星画家与圣-让的风格很不相同，正如赫尔穆特·牛顿（Helmut Newton）及盖伯丁（Guy Bourdin）不同于20世纪三四十年代的先驱一样。他们的名字成为法国时装插图的同义词。版画有时会被统称为"博纳尔"（Bonnars）。博纳尔四兄弟都是版画家，其中以亨利和尼古拉斯两兄弟的时装画居多。在时装业刚刚起步时，他们便开始创作版画，并在圣雅各大街上（当时波斯版画的中心）的店铺里出售他们的画作。

17世纪90年代，他们对时装版画进行了重塑。圣-让总是喜欢请神秘的无名之辈或者匿名贵族作为模特。与他不同，博纳尔兄弟则至少像着意于模特身上的时装一样地着意于推销时装模特；和他们在20世纪的继承者们一样，他们用图画讲述故事。

以前只有单独的版画——比如一位戴着暖手筒的妇女。博纳尔则推出了系列版画——法国宫廷的王子系列，法国宫廷的妇女系列——每一幅画都标有这样的说明："宫廷其他成员的版画，可在……处购买。"就这样，他们卖出了更多的版画——他们的做法有些类似于打牌——读者会想收集整整一套的牌。因此，他们将时装版画从单一版画变成了小图册或图书。确实有些商人已将不同版画家的作品结集成册——17世纪末出现了一则推荐一本有900页图册的广告。从这则广告中可以看出当时的时装版画的创作规模及销售潜力。最重要的是，这些系列版画将时装与具体的个人以及他们的生活方式，至少是读者想象中他们的生活方式联系了起来。每一款服装都穿在凡尔赛宫最重要的一个女人身上，仿佛伊夫·圣罗兰请来达依女士（Lady Di）作为其"著名烟雾"系列的摄影模特。

至少博纳尔兄弟希望时装迷们相信这样的事情。事实上，版画家不可能接触到这些时装模特。好一些，他们从肖像画中描摹她们的面孔；差一些，他们完全自己编造。但买画的人不会怀疑这是骗局。对他们来说，这些画能使他们近距离看到上流人物的生活场景。而这使博纳尔又开创了一项发明。与圣-让将无名模特置于单纯的背景不同，博纳尔则为其贵族明星们选取了豪华城堡或漂亮花园为背景——或者还有他们的私密卧室。其他画家纷纷效仿。

想想一边看着时髦服装的穿着方法，一边又可以看到梅利伯爵夫人（图3.5），一位真正的伯爵夫人，这是何等欣喜的观感。正如图画说明所言："等候萨沃伊王子"，伯爵夫人正坐在全新的梳妆台前忙着梳妆打扮、戴上珠宝首饰等很私密的活动。一家广告公司在20世纪曾推出过雅诗兰黛第一款高级香水的广告。广告里的劳德在自己家里，处在艺术品和挂毯的包围之中。这则广告与博纳尔的宣传方法如出一辙。画中的伯爵夫人姿态雍容，让观者感觉仿佛只有最亲密的朋友才能见到她这个样子。真正的要人不需要总以最佳姿态示人，穿居家便装一样可以楚楚动人。梅利伯爵夫人的画像便是成功宣传的范例；它也许还是拉夫·劳伦广告公司的一个模特。我们看到她周围有很多漂亮的镜子和瓶瓶罐罐。据我们所知，这些物件是每处豪宅里随处可见的东西，也正是最早的法国古董商所着意推销的。

这些版画间接地利用法国贵族来为时装打广告：无论梅利伯爵夫人穿什么都必须是高档而优雅的。热门服饰常常以宫廷人物或最走红的女明星甚至这些女明星扮演的角色的名字命名——烹饪也是如此，调料第一次以当时最有名的人的名字命名［比如贝尚摩尔（Béchamel）和科尔贝（Colbert）］。时装版画也为其拥趸提供了同样的东西。这些人无疑都是名流，即凡尔赛宫那个小世界的圈内人，而不是外面更广阔世界里的某个普通人。正由于这些版画，人们才更加熟悉了他们，他们也由于如此曝光而得到不少好处。

梅利伯爵夫人就是一例。版画发表时，她是一位富有且声名显赫的贵族夫人（当时就有一幅突显梅利伯爵身份的画《路易家族——梅利伯爵》）。梅利伯爵夫人同时还是一位真正的凡尔赛知情人：路易十四常常在自己的马车里为她留座，这是一种极大的荣誉。但一开始并不是这样。她初到凡尔赛时，只是圣赫尔缅因小姐，一个身无分文的外省女孩。她拥有的所有地位完全凭借其表亲麦特农夫人。麦特农夫人是路易十四公开的情妇，是法国当时最有权势的女人——她强迫梅利伯爵娶了自己年轻的表妹。当时有个笑话这样评价道："她带着所有的乡下气来到了凡尔赛。"对所有知情人来说，让梅利伯爵夫人成为优雅的典范看似一个笑话。17世纪90年代流传着她大把花钱的黑色幽默——她的每一分钱都是国王的钱，路易十四给她在凡尔赛购置公寓，包括一间漂亮的卧室，每年都要装修一次。由于她过度奢侈，1700年国王决定不再给她出钱。但从另外的一个角度看，伯爵夫人却成了能够洗清乡下味道的公众代表。

于是，时装画发明了我们今天再熟悉不过的概念——捧出明星。最初的服装业可能还没有自己的T型台，但却有第一批超级名模，比如梅利伯爵夫人；服装重新改造了她，使她从一个赤脚女孩变成了

图 3.5 以梅利伯爵夫人为主要人物的版画。背景为她的卧室，配上最后的妆容及珠宝，这则广告表现了当时的时装，同时也以一个局内人的视角展现了凡尔赛的宫廷生活

一个能够将她的形象四处传播、在家家张贴悬挂的明星，满足着人们关于奢华生活的幻想。时装画在开创现在已是非常普遍的现象中扮演着重要的角色，即对名人的关注：这些名人的画像就是现代名人报道的一个起源。于是，战争英雄第一次出现在了时装版画中。

1696年，法国正处于历时10年之久的大联盟战争末期，这场战争前所未有地残酷。当时的战争英雄让·巴特（Jean Bart）是一位海军英雄。他坚守敦刻尔克，抵挡住英军的多次进攻。而再向前追溯一年，法国受到了饥荒的威胁，他突袭荷兰海军中队，俘获了敌军的旗舰，为饥饿的同胞们带回130只满载波兰小麦的船只；他的战功拯救了上万人的生命。

1696年，时装业决定：让·巴特成为最新款男装的模特，很多版画家和时装插图画家一起将这位海军英雄变成媒体的焦点人物，正如他们20世纪的继承者将"二战"英雄奥迪·默菲塑造成电影明星一样。在博纳尔的作品里，让·巴特在船上休息，浑身充满了贵族气质（在夺粮一战之后，路易十四册封他为贵族），身旁有仆人为他倒酒。他头戴插有羽毛的帽子，围巾潇洒地垂下，此外还有一块怀表（一件昂贵的新玩具）。主仆两人抽的烟斗为画面增添了异国情调，并暗示出海上的生活氛围，正是最佳的轻松、雅致格调的展现。所有这一切，尤其他那身法式装束，正是刚刚被法国击败的国家中的男士们所梦寐以求的。

与博纳尔竞争的一位画家让·马里耶特（Jean Mariette）为此提供了富有动感的画面。他的画被其他版画家称为"我们海上敌人的梦魇"（图3.6）。（比起英国与荷兰的海军，法国有着深厚且值得拥有的优越感。）他笔下的让·巴特是一位迷人的传奇英雄——宝剑在握，显然刚刚击败敌人的一整支舰队（背景处的敌舰正在沉没）。而他取得赫赫战功时，身上正穿着最时髦的衣袖，纽扣扣得恰到好处，为他

图 3.6 画中表现了法国历史上最伟大的海军英雄让·巴特赢得最重要的一场胜利,即击败荷兰海军中队的情形。这幅画证明了战场上的英雄,至少是法国英雄,也可以上时装画:巴特准备与敌人一对一决战时也穿着全套宫廷装束——他戴着正式的假发,甚至穿着与国王在凡尔赛一样的鞋。只有他拔出的剑和握紧的拳头显示出他的作战状态

全套的宫廷装束增添了一抹潇洒的气息。17世纪90年代的时装版画传播着这样的讯息：如果你是法国贵族，你便很时尚，无论何时都衣冠楚楚，无论在自己家里还是在战场上。

那些聪明的广告人还善于利用所谓的"摇滚明星"——巴黎大剧院的歌手和舞蹈演员。当时女人登台表演被认为有伤风化；更糟的是，17世纪90年代，法国第一批芭蕾演员，亦即巴黎芭蕾舞团最早的明星们成为第一批在公众面前显露脚踝的女人（她们裙子转起来的时候，大部分小腿也会露出来）。于是，如卢瓦宗这样的歌剧明星或叙布利尼小姐这样的舞蹈演员，为她们身上的时装增添了一股叛逆的刺激感——比如1684年"走红"的衣袖被称为阿玛迪斯衣袖，以吕利于同年1月18日首演的歌剧《戈勒斯的阿玛迪斯》命名（这些衣袖为紧身，在上臂较高的地方缩紧）。但没有任何观念能够比deshabille（女士薄衣）更加令人兴奋的了。

女士薄衣（当时还是刚发明的新词）来源于动词 se deshabiller（脱衣），原指溜进自己的闺房时所穿的衣服，现被称为女士薄衣。贵族妇女们改变了这个词的用法，使之成为她们所倡导的休闲星期五运动的一部分。在她们的语汇里当谈到一位妇女穿上女式薄衣时，指她没有太多装扮，穿着比正式的宫廷礼服休闲得多的服装。

最早公开穿着的女式薄衣并没有脱衣服或者身处闺房的意思，但这一词语用在闺房时装或户外装束时，便提醒我们，在那个年代，如果人们看到贵族妇女上街穿着略微宽松的衣服，则不仅仅是一般的有伤风化。

女式薄衣是另一件由室内服装发展而成的户外服装，所有这些潮流都大胆地跨越了私密穿着与公众场合穿着的界限。国王的弟媳帕拉坦王妃在1712年4月这样评价走俏街头的闺房装："妇女们看上去好像马上就要上床睡觉的样子。"时装画家为这种衣服而疯狂，他们大肆利用这种叛逆的刺激感，因为他们深谙当今被广泛使用的广告玉律：性感才能畅销。

即便是最干净的女式薄衣也遵循了这一原则。有这样一幅画，画中的妇女穿着全副装束在室内读着《梅屈尔·加朗》（图3.4）。那时的贵族妇人在画中永远是仪态万方：后背挺直，双膝并拢——而这个女人却是放松而若无其事的：她的身体不是僵硬紧缩的，而是舒展的，特别是她分开双腿，在沙发里跷着二郎腿。

当女式薄衣成为 deshabille neglige，或者干脆是薄衣时，这种新鲜的"随意装扮"启发了大胆张扬情色的版画家们，而其实那个时候法国对图像的审查极为严格。当时的时装画已经预示出今天的时装摄影向伤风败俗地步的堕落。

在1693年9月号的《梅屈尔·加朗》上，德维兹写了一篇长文，介绍了他所欣赏的画家圣-让最新发表的一系列时装画。他在文章开头写道："贵族妇女们穿着薄衣。"而个中原因不难解释：在17世纪90年代，这是所能允许的色情尺度（图3.7）。事实上，此处的妇女已经非常暴露，因此德维兹感觉有必要对展示这种私生活和性感服装做一番解释。但在解释之前，他先借机详细描述了这套服装的各个细节。他还特别留意了画中这个女人所穿的被称为 respirant 的新型紧身衣。这种衣服上因有小孔而能透气，因此得名。（这款蕾丝服装就像今天的紧身上衣，很快便成为17世纪人们的新宠。）这时候，他才开始了辩解：如果你刚刚得知了一个伤心的坏消息，那么以这一半穿半露的状态示人便是情有可原的。"为了展示这一新款服装，"德维兹解释道，"画家想象这位妇女刚刚读到一封非常令人伤心的信件，这从她脸上的表情及其身体的姿势中能看出来。"

德维兹请读者们注意到圣-让一般不会使用道具或不相关的剧情，但他在此处确实创造了一个故事：他清楚地意识到这种薄纱将时

图 3.7 一位贵妇在展示紧身时装。在 17 世纪,这一形象与我们当今的时装摄影一样令人震惊:衣服的领子非常突出;交叉的双腿凸显了腿部线条,并露出了带有鞋跟的漂亮拖鞋

装及时装画带入了一个危险的新领域。但无论是听到坏消息的假说还是贵妇的新装都无法解释画家大胆的逾矩举动——当时，艾米丽·波斯特的先驱们有一条铁律：上流社会的妇女就座时不允许两腿交叉。而这位贵妇刚好逾矩。她还不是脚踝交叉（这也是大胆举动，但要好一些），而是大腿交叉——而且，由于这种坐姿压住了一部分长裙，刚好展现出所有上等衣料所着意掩盖的腿部线条。

在一幅类似的画中，圣－让将这种休闲时装风发挥到了极致。为此，他彻底抛弃了不用道具的室内画，不仅将贵族模特带到户外，还让她们置身于巴黎郁金香花园中。模特的服装可以更加随意——她们巧妙地让衣服滑下，从而露出不必要或不适宜更多露出的左胸——所有这一切都非常大胆。一位宫廷妇女在完全的公众场合里露出了一点点内衣——她甚至还摘掉了法国贵族妇女出现在公众场合时通常要戴的面罩——这对当时读者的震撼远比杜富尔等摄影师们伤风败俗的画面大得多。这是前所未有的形象。

在职业生涯的最后几年中，圣－让卖出的远远不止时装，他同时还推销着在今天仍然延续着的观念：时尚的巴黎不只更加性感，而且比其他地方的女人更懂得如何做到性感。还有最后一点。17世纪肖像画中的大多数美女虽然都和海峡那边的同样丰腴或者更加丰腴，但时装画却炫耀着现代时尚巴黎人的祖先以及她们充满魅力且无一丝赘肉的身材。时装业以及时装媒体从一开始就定下了时装业的基本律条：要穿最高档的时装，人就需要苗条。是不是以今天巴黎人为代表的典型身材就是按照早期时装版画的形象发展而来的？如果是这样，我们真该脱帽敬礼了。

据说20世纪八九十年代，意大利成为第一个对法国时装霸主地位发起挑战的国家。他们的挑战就是从市场推广开始的。据说，意大利设计师意识到时装是由打造出来的形象所决定的,而不再取决于服务,仿佛市场推广与格调在那个时候才成为密不可分的伙伴。任何说这话的人都不知道法国的时装业是如何开始的。

那些最早开创时装广告的人构想了市场推广所需要的一切,他们很快意识到贵族的优雅与平民精神是时装生存的基础——毕竟,谁最希望拥有宫廷成员的形象?不是宫廷里的人,这是肯定的。从一开始,每一季的当红时装都瞄准了社会地位较低的阶层。法国时装画家们本能地意识到麦迪逊大街现在才宣称的新发现:广告需要创造生活方式;消费者对品牌的喜爱表现了他们所追求的世界。这些早期时装的宣传者没有看过今天最性感的广告,但那些贵妇在公众花园里让衣服从胸部滑下的行为比今天全裸的广告更加大胆。如果她们知道今天的三级片明星可以变成下一个超级模特时,肯定不会吃惊。

他们发现,经过恰当宣传的时装可以成为法国新的经济增长点——而这一观念也鼓舞了时装画这一行业。时装其实是版画界早期一贯的题材。在欧洲大陆,有一组以传统眼光来描绘世界各地人们的系列版画(比如身穿外国服装的非洲人和狮子在一起跳跃等)。这一组版画提供了一种新的模式——欧洲人成了法国时装的奴隶。它完全模仿了法国时装版画的风格:画中人物是法国时装的奴隶,她身穿镶有荷叶裙边的皮革大衣,一边炫耀着她的衣服,一边炫耀着身边的城堡。图片说明则叙述着一个再典型不过的故事:"每一种新款时装都让钱从钱夹里源源不断地流入衣匠们的口袋。"时装广告所画的所有宫廷人物都仿佛依靠时装来给自己定位。这种时装画暗示着宫廷也允许这样的宣传造势。每个人都理解时装业的游戏是法兰西民族经济富庶之本。

没有比法国人更成功的市场营销策略了,他们可以被看作麦迪逊大街的始祖。根据我们现有的记录,时装宣传一经铺开,整个欧洲对法国时装的消费就变得很惊人。自17世纪70年代开始,英国从法国进口的奢侈品是出口法国的20倍,造成了两国贸易的巨大逆差。仅仅1682年的后三个月,伦敦的一位时装女王,庞布鲁克伯爵夫人(她是查理二世的法国情妇路易·德·凯鲁阿尔的妹妹)仅仅从一家巴黎饰品店[莱斯古夫妇在雅伦·洛朗特凯(Jaquillon Laurent)开的店铺]就买下了99双手套(其中一双镶有金银的手套价值近1500美元)、20件有着"各种刺绣和锦缎"的腰带、扇子、头饰、丝袜,以及"绣着银色云彩"的玫瑰色小围裙,等等。查理国王去世后,伯爵夫人从英国返回法国,用了好几只大船才将这些东西运了回去。

时装奴隶,确实如此。

第四章

灰姑娘的拖鞋和国王的长靴
——鞋、靴子以及穆勒鞋

Cinderella's Slipper and the King's Boots: Shoes, Boots-and Mules

　　钻石也许不再是女孩子们公认的密友：周仰杰（Jimmy Choo）和克里斯提·鲁布托（Christian Louboutin）的鞋也许更合她们心意。想想《欲望都市》里凯莉·布拉德肖答应交给劫匪珠宝和钱——"但我能留下我的马诺洛鞋吗？"

　　今天人们对鞋的迷恋就是这样开始的。如果没有路易十四时期的鞋匠——没有"太阳王"对时尚鞋的个人热情——凯莉·布拉德肖所不愿交给劫匪的就是其他东西了，而伊梅尔达·马科斯塞满衣橱的就会是迪奥的裙子了。制鞋业的转变开创了现代人对奢侈鞋的热情，这不仅仅是路易十四在位时期发生的一件事。而且，"太阳王"本人就是超级鞋迷。

　　路易十四有一双漂亮的腿。他同时代的人常常会这么说，他本人也肯定这么想，因为他从没错过任何显示双腿的机会，而他也很幸

图 4.1 路易十四的正式画像,表现了国王所有的服装。他脚下的鞋非常迷人:有着钻石纽扣,系着被称为"风车带"的鞋带,在画中为亮红色,与深红色的高跟相得益彰

运地生活在了一个男装把重点放在展示双腿的时代（自然，他鼓励这种风潮的传播）。奢华的刺绣和装饰繁复的紧身上衣和马甲不再流行，这对认为自己的双腿是最漂亮的国王来说再好不过——衣服足够短，正好可以展示一双漂亮的美腿。在他父亲的年代，无论是贵族还是资产阶级，都把双腿包在长靴里，而且还是过膝的长靴，在最豪华的场合里他们都会这么穿。路易十四让靴子退到次要的地位（直到今天依然如此），只为了骑马和打猎才穿。这样他就可以炫耀漂亮的裤装。1669年2月13日是他最后一次在公开场合跳舞。国王常常展示他的双腿和漂亮的鞋，而在众多宫廷舞会上，他脚下的鞋都会出尽风头。公认的"太阳王"最著名的画像（图4.1）是亚森特·里戈（Hyacinthe Rigaud）于1701年创作的。在画中，路易十四也穿着最漂亮的舞蹈装束，尽管按照那时的标准，63岁的他已经是个老年人了。

这样一位国王拥有历史上最漂亮的高跟鞋是最自然不过的。17世纪之前，鞋的性别之分非常明显：确实，由于女鞋藏在长裙里，常常不如男鞋有那么多的装饰。到了17世纪，女鞋的款式越来越丰富多彩。17世纪最后几十年以及18世纪的头几十年，是被广泛认可的鞋业历史上最辉煌的时期。

在17世纪上半叶，鞋子成为新法国形象最基本的组成部分，制鞋业也同时成了直到今天法国工匠们仍占优势的领域。在路易十四时期，几乎后来所有类型的鞋和靴子都发明出来了，从"路易"或者"路易法国"鞋跟——一种有着优美曲线的鞋跟，鞋底一直向上，直到脚弓处，在鞋头处再向下，使女鞋拥有一种轻盈、瘦长的感觉，到当时标志性的鞋——穆勒鞋（mule），所有年代里最受钟爱的款式全都出自法国鞋匠的想象（图4.2）。

制鞋商行会章程的第35条规定，行会成员所做的每只鞋都要

图 4.2 法国现存的早期奢侈穆勒鞋,正是灰姑娘穿去舞会的那种鞋,由白色皮革制成,辅以绿色皮革和绿色刺绣,带有曲线形路易鞋跟

加上一个"特殊标记,以确认此鞋出自哪家店铺"。这一标记可以看作现代品牌鞋的起源。17 世纪还不算是时尚鞋匠的时代,制鞋商们尚未大受欢迎到让自己的名字进入日常语汇,但有一位制鞋商是例外,他获得了非常高的地位,可以说拥有马诺洛·伯拉尼克(Manolo Blahnik)所享有的一切。他就是尼古拉斯·莱塔热(Nicolas Lestage),国王的御用鞋匠。莱塔热为他的皇家雇主做出了最具传奇性的一双鞋。

莱塔热的生平就好像是现实生活中的穿靴子的猫。在穿靴子的猫这个经典童话中,一文不名的磨坊主儿子最后成了侯爵,都是因为一只懂得做出最多鞋子的猫。而莱塔热却是靠自己而不是一只有智慧的猫,赢得了国王的欢心。我们先来看看莱塔热的生平。莱塔热是养在波尔多城这个时尚小鱼池里的一条大鱼。他在最高法院街上开店,鞋店招牌都暗合童话——"穿靴子的狼"(Loup Botté)。他的小店生意兴隆,雇用了 20 个伙计。他被同时代人称为"天生的东道主,最好的派对参与者和筹划者"。莱塔热和国王搭上关系,而国王在漫长的统治时期里也证明自己是一位天才的派对筹划者。他们两人从一开始就很投缘,甚至在国王结婚及独立执政之前两人就联系在了一起。

1659 年,路易十四去了波尔多。有关他此行目的的官方说法是去为与西班牙公主的婚礼谈判,而私下的说法是(就我们所知),他是去和自己年轻时最心爱的人玛丽·曼奇尼做最后的告别。曼奇尼的舅舅,即法国首相马扎林为扫除这桩伟大的政治婚姻的主要障碍,不许玛丽·曼奇尼进入巴黎。莱塔热就像童话里的猫一样,立刻看到了自己的机会。("甚至没有去量过国王的脚")他做了一双被描述为真正惊世骇俗的鞋:"在鞋上,百合叠落着百合(原诗用的 lys,如 fleur-de-lys,有着三个花瓣的三色堇,是法国国王的象征)/(鞋)由真金上光(这里也许有些夸张)/(鞋)由蜂蜜色的东方丝绸制成/配着平纹布料,用着国王的颜色(也许蓝色?)。"凯莉·布拉德肖,你就妒忌去吧。

尽管没有量过,鞋却非常合适。(我确实说过这是童话。)这双华丽的鞋令年轻的国王非常着迷,也许也让他的梦中情人成为过去。他穿着这双鞋,并不是去吸引伊丽莎白·泰勒式的年轻美女,而是为了迎娶一位更能持家的西班牙公主(这个女人一生都崇拜她的丈夫)。婚礼上,有人说路易国王惦记着那双新鞋就像惦记他的新娘,"在一片肃穆之中/在他的大婚之日/他迷恋着莱塔热的作品"。

很自然,一种很美妙的关系开始了。几乎在波尔多之行的四年后,1663 年 6 月 26 日,莱塔热出现在巴黎,带着另外一件杰作,正是这双靴子为他奠定了以后的声誉。让·洛雷在 8 月 5 日的《历史的缪斯》的最后写了一篇短文:"宫廷里所有的人都在谈论这件惊人的杰作,这双靴子如此富有新意,没有任何人曾见过这样的靴子。"是什么让大家如此惊奇?"是一颗巨大的钻石?某种外国怪兽?从美国进口的新玫瑰?都不是。"

"到底是什么?告诉我们吧。"

"那是,我向你保证,"——散布巴黎消息的人最终讲出了答案——"为取悦国王而做的无缝的靴子。"

无缝的靴子很快便被称为"莱塔热的杰作","彻底征服了国王的心,莱塔热有幸被选为可以为伟大的国王做鞋的唯一一人。"1665年4月8日,他举行了晋升典礼。莱塔热召集家乡具有最高法律权威的人,正式宣布了他在职业上和社会上的新地位:路易十四命名他为"制鞋大师",并册封贵族。(而周仰杰却只获得了英国帝国勋章。)作为对莱塔热新爵位的永恒纪念,国王下令为这位皇家鞋匠建立家族徽章——一只戴着皇冠的靴子,背景依然是皇家专用的蓝色,装饰着三色堇。此外,他还送给莱塔热一条绣着百合的挂毯,被莱塔热骄傲地挂在他业已知名的店铺墙壁上。挂毯旁边还挂着国王的画像。路易十四则将莱塔热的画像收入了一家美术馆,画下注明:"尼古拉斯·莱塔热大师,当代的奇迹。"

　　我们之所以知道第一位明星鞋匠的童话,源于莱塔热对他那个时代的另外一项影响。确实,伦敦的设计博物馆里收藏着马诺洛·伯拉尼克的作品,而且,他设计的鞋款现在也出版了选编合集。但现在有哪位鞋匠能够拥有上千页的诗篇,能够让数十位诗人用诗歌来赞颂他的技艺?哦,这些诗确实很平庸——前面引用过的那些介绍莱塔热生平的缺乏诗意的句子便出自这部于1666年出版的诗选——但那双靴子显然开创了一个奇妙的时代。

　　没有任何一位艺术家能够因自己的创作而赢得如此的赞美。诗集的封面是莱塔热家族的徽章及莱塔热的画像。在画中,莱塔热骄傲地享受着新地位带来的荣耀——"莱塔热爵士,国王的鞋匠,1665"——他看着我们的眼睛,带着第一位将自己的形象发扬光大的鞋匠的骄傲。

　　然而下面的诗确实是厚颜无耻,作者将无缝的靴子视为当时的奇迹:"古代遗物无法与之相比;后辈无望做得更好。""从不退让的罗马人/庆祝着你的纪念碑/现在不是炫耀地位的时候:你的光辉已经烟消云散／今天呈现我们眼前的靴子／让所有理性全部枯竭。"把吹捧放在一边，无人知道莱塔热是怎样不用针线就做出这双靴子的。有一首诗讲出了大家都认同的观点："鞋匠技艺的奇迹。"有人说他用了整整一段象牙，还有诗人说他剥下了鹿或者小山羊颈的皮。聪明的人甚至猜测莱塔热是否模仿了吹玻璃人的技术，"吹一口气便做出了这件作品"。有人甚至提出，莱塔热用了死于刽子手中的某人脚上的皮——但是，从没有人说路易十四的靴子有容纳每个脚趾的间隔，很难想象这是如何做成的。普遍的观点是，靴子是由剥去皮的小牛脚做成的。

莱塔热在巴黎的制鞋对手向他发起了挑战，声称要复制莱塔热做的鞋，并做出一双 10 号的无缝鞋。莱塔热这位不知名的对手对自己很有信心，还签下了合同，许诺六个月后（即 1666 年 3 月）交出作品；到那时，莱塔热要给他 300 里弗尔（大约 15000 美元）；如果做不出，则要付给莱塔热 10 倍的"损失费"。最后，这场小小的决斗却以一种奇怪的方式结束了。这位巴黎人不过是开了张空头支票，拿走了预付金，却始终都没有交货。

到今天，莱塔热的作品仍然是个谜。1804 年，有人宣称，一位在皇宫附近开店的名叫科尔曼的鞋匠正在出售无缝靴子，每双要 600 法郎——而且"他把靴子放在玻璃橱窗里展出了"。（就此我们得知，将华丽的鞋放在玻璃窗里展示的现代做法始于 19 世纪早期。）但是，科尔曼做的靴子只是一件粗糙的仿制品。它确实是用小牛蹄做成的。19 世纪 60 年代，据说还有一位鞋匠复制出莱塔热的杰作，但这双靴子却没有任何文字记载。确实，直到 1930 年，当时一位著名的鞋匠路易·迪·莫罗（Luigi Di Mauro）才终于可以与莱塔热匹敌：他做出的不是靴子而是一双女鞋，以简单的无缝及高高的鞋面而著称。

至于莱塔热，我们不清楚这位一夜成名的鞋匠拿了多少薪水。在巴黎一举成名后,他匆匆回到了波尔多,据说是被忌妒的巴黎鞋匠们赶回去的。诗集里有一首诗像是在给莱塔热开在家乡的店铺打广告:"如果你想买时尚的鞋/把你的双脚交给这位罕见的艺术家吧/他的作品保你满意。"据说莱塔热得到了一大笔钱,为的是他能做出第二双"我们这个时代的奇迹",而国王却不许他为别人再做这样的鞋,而且也没有皇室再次购买的记录。而靴子,无论如何漂亮,确实盖住了国王那漂亮的双腿。

另外,靴子和其他皮革制成的鞋一样,不能像布鞋那样加以华丽的装饰,而且也很难和某件衣服相配。鞋被人们看成是每一款新装很基本的组成部分:凡尔赛时代创造了鞋要和衣服搭配的概念。因此,在这个可以不考虑磨损问题的年代——因为贵族出门可以不用步行,随时都有交通工具,绝大多数的男鞋和几乎所有的女鞋都是织锦或丝缎的。

而重点确实在细节上。在路易十四的宫廷里,漂亮纽扣的风潮开始了:钻石自然走红。到 17 世纪,一种夸张的大鞋带(被称为"风车带")成为男鞋的时尚——国王在里戈的画中便穿着这样的鞋狩猎(见图 4.1)。里戈的画像意在体现路易十四的高贵:他穿着国王专属的貂皮,而他本人和整个背景都点缀着三色堇。他的风车式鞋带是亮红色的,是为了吸引人们注意画像中的红色鞋跟。

从一开始,国王就喜欢鞋跟。让·毕仑是路易最喜欢的宫廷假面舞会的筹办者,后来巴黎剧院的设计者。在国王参加舞会的行头里,总会有高跟鞋。在 1653 年的芭蕾之夜里,年轻的国王打扮成了太阳(这是路易第一次使用这个象征意象);他穿着高跟鞋,大大的镀金纽扣闪闪发光。有些历史学家说路易十四常穿带跟鞋是因为他个子矮,但 5 英尺 5.5 英寸在当时算是一般的身材。有人认为国王的身高接近 5 英尺 10 英寸,这就意味着他的身材应该很高大,特别是穿上带跟鞋以后。

在统治早期，路易十四认定男鞋的鞋跟必须是我们在里戈画中看到的那种红色。据说他并不是第一个穿红色鞋跟的人。有人说16世纪威尼斯就出现了红鞋跟；也有人说红鞋跟最早出现在17世纪早期的英国；还有人说这种新潮来自瑞典。而路易十四的名字与这些红鞋跟联系密切，是因为他赋予它们一种清晰的、不含糊的意义，这种意义一直延续到路易十六时代。在法国，这些高高的鞋跟是贵族的象征，是人们社会地位的清晰体现。出身低微的人被称为平足，他们穿的鞋是没有高跟的。（在英国正好相反，红色的鞋跟代表着花花公子，是法国时尚的奴隶。）

为了使这种鞋跟更加吸引人，男鞋开始争逐另外一种红色感觉：有一款是在脚踝处有特别高的鞋舌。鞋舌在法语里被称为"鞋耳"。这种鞋舌通常向前折，以显出和鞋跟一样的红色里衬。这种鞋可以看作为那些想炫耀他们双腿的男人制作的靴子，被称作"骑马鞋"或"靴鞋"，很快便风靡全欧。路易十四的堂兄查理二世将这种新潮带回了英国。在1661年J.M.怀特画的加冕图里，他应和着"太阳王"，穿着当时最漂亮的鞋；高高的鞋舌没有折叠，以使人们的注意力全部集中在镶嵌着红蓝宝石的漂亮鞋扣上。（查理二世并没有他的法国表亲所拥有的钻石储备。）请注意查理二世的鞋跟要比"太阳王"所钟爱的鞋跟高很多。

在统治末期，路易十四确实发明了一种新的鞋跟时尚：他请人为心爱的鞋画迷你画。由于只有最好的画家才能获此殊荣，因此当时最优秀的画家们纷纷为国王的鞋作画。亚当·法朗斯·范德穆伦（Adam Frans van der Meulen）在画布上描绘了路易十四为凡尔赛取得的伟大胜利。在画中，他再现了国王的鞋跟。有报道说——尽管这个证据更加令人吃惊——欧洲18世纪最优秀的画家安东尼·华多

(Antoine Watteau）曾画过其他以鞋跟为主题的画作，还是用华多标志性的牧羊人之间田园牧歌式的爱情来呈现的。

国王如此热爱鞋跟，难怪到今天巴黎仍然让游客感觉自己被时尚鞋包围着。1671年4月9日，塞维涅公爵夫人给女儿捎去了这样的好消息：有位朋友要去普罗旺斯。那个世纪最疼爱女儿的母亲给出很多理由来说明为什么女儿会很乐意见到他，她把最重要的理由放在了最后：这位朋友同意在行李里放进"两双若尔热鞋"（若尔热是当时的著名鞋匠）。

在1691年版的尼古拉斯·布莱尼巴黎旅游指南里，布莱尼为鞋分了类：最好的男鞋要买马扎林街上勒博易特翁（Le Poitevin）的鞋，而女鞋则要到圣-安大街上的德斯·诺伊尔斯（Des Noyers）的店铺去买。而女鞋的价格相当于男鞋的两倍——接近650美元一双。第二年，有许多鞋店登上了布莱尼的名单：1692年，两家最好的男鞋店离得很近，但距离新兴的鞋业中心圣日耳曼大街还很远。在维意勒·坦普大街上的卢卡斯店（显然是另一位男鞋匠）以及维勒里街上的派洛特店是布莱尼的上选。此外被他强烈推荐的还有：塞恩街上洛邑兹的店铺，德布希街上的一系列小店——马尔波、勒布里顿、波利、索伊尔、勒巴斯克。（德布希街现在是即将过时的名品的市场。它是一条很短的街；18世纪初，那里肯定是店铺林立的男鞋一条街。）而女鞋的翘楚们也出现在布莱尼的指南里——德斯科迪里尔街的拉文瑙店（Raveneau），多芬街的比斯波特店（Bisbot），一些店铺集中在类似德布希街的女鞋街——福希圣日耳曼街：那里有维纶、佳波里和可图希。这一次，布莱尼的选择显然是正确无误的：路易·里尔（Louis Liger）1715年出版的巴黎导游书中沿用了布莱尼的排名。

布莱尼和里尔都写到了制鞋业的最新变化。里尔告诉读者防雨鞋在马林扎大街有售，这也许是第一次对防雨鞋（直到19世纪才变得普通）的宣传推广。也许这种新的雨鞋是一个很好的标志，富有的旅客们开始了现在人们去巴黎仍然在做的事：不管刮风下雨都要去游览名胜；路易十四时代的另外一项发明——折叠伞帮助人们实现了愿望。这两本导游书还出现了一个全新的分类——布莱尼所谓的"成鞋"。（这显然是一个全新的概念，两本书都用相当篇幅描述了这种"穿起来很舒服"的鞋。）而低端鞋则集中在巴黎著名的市场勒斯·霍尔斯（Les Halles）。里尔所说便宜的鞋并不一定不好看或不舒服：他指点妇女们去蒙太古·圣-占维涅街的一家店铺里淘淘"各种尺码"的绣花鞋和时髦的穆勒鞋。这也许是第一家时尚二手店。独具慧眼的游客们可以在这里淘宝、砍价，并把在凡尔赛宫里只是"稍稍"穿过的时髦鞋带回家。

即便在今天，虽然久久期待的最新款式将鞋迷们诱惑得彻底疯狂，但也很难说鞋款像服装款式那样每年都有很大的变化。17世纪更是如此。当时革命性的改变才刚刚开始，鞋跟就是一例。虽然男鞋，特别是靴子，从中世纪以来就以鞋跟为重点（有一种颇有争议的说法是，鞋跟是波斯人的发明，大概在10世纪，为的是让骑手的脚与马镫更加贴合，女鞋最早的鞋跟直到17世纪才出现），但即便在当时也不是真正的鞋跟，只是脚跟和鞋底之间的楔子。为了让妇女显得更高，而置于女鞋外部的鞋跟在之后才出现。路易十四时期，女鞋的第一个黄金时代开始了。

在这个坏消息伴着好消息的领域里，鞋跟的出现宣告了左右脚鞋的终结。在很长一个时期里，鞋都有左右脚之分。鞋匠们认为，如果带鞋跟的鞋分左右脚就造价太高了，因而选择了鞋跟而抛弃了左右脚的分别，并开始制造直的鞋。到了19世纪，鞋才被再次分了左右脚。两个世纪后，第一双区分左右脚的鞋于1822年由费城的威廉·扬（William Young）做出。扬的发明很快又传回欧洲，但直到19世纪下半叶，区分左右脚的鞋才再次成了标准的做法。

当德维兹在17世纪70年代早期开创了时装媒体时，他会经常报道当季流行的鞋款，因此我们知道1673年的妇女们喜欢方头鞋，也知道由靴鞋这类男鞋款式演变而来的鞋有什么款式。德维兹在报纸上宣称1677年是"鞋款之年"："鞋款非常优雅，用料则很美观。"当年夏天流行的漂亮款式，旁边有系扣，还有一个小鞋跟。确实，其优雅的格调来自用料的美观："最好的鞋来自马赛，布料的图案是由繁复的刺绣和拼缝组合而成的，其间点缀着玫瑰图样的法国蕾丝。"

第二年夏天，所有这些非常女性化的鞋款被相对冷静低调的款式所取代："妇女们穿着白色或乳白色的皮鞋，鞋边装饰着蝴蝶结。"1678年夏天确实流行一款很漂亮的鞋，它很可能是为了搭配昂贵的蕾丝服装，成了当时时装女王们追求的梦想。如服装一样，这种鞋一定是将奢侈的概念推至极限：鞋头是满满的两种不同的蕾丝；而在鞋的后部，"鞋跟上满是金色或银色的纽扣"。也许有点庸俗？约翰·加利亚诺最近在法国国家电视台上谈到他的2004年夏季新款时说道："谁能说清什么是高尚的品位而什么又是低俗的？有时为了做些改良，你就要掺入一些低俗的东西。"如此的奢侈马上赢得了全欧洲女性的芳心。德维兹报道说："德国妇女们对法国鞋如此着迷，我刚刚看到两个装满了鞋的集装箱（一个集装箱的体积是28立方英尺或2000磅重）运往德国。"

在那个时代所有的款式里，没有一款如此诱人——也没有一款被认为如此法国式，它就是所有时代里最性感的鞋：穆勒鞋。穆勒鞋并不是17世纪法国的发明，很早以前便有穆勒鞋了——埃及人、希腊人，特别是罗马人特别钟爱这种平平的、没有鞋帮的拖鞋。穆勒鞋同样有着丰富多彩的历史，最重要的是这种鞋以前是教皇所穿的。"穆勒"（mule）一词来源于拉丁文 mulleus calceus，指罗马贵族穿着的一种红色拖鞋。在罗马还流行另外一种穆勒鞋——被称作 soccus 或 socculus，由非常柔软的皮革或布料做成，有时配有奢华的刺绣。这种鞋只有女人穿，而且只在家里穿——只有妓女才敢穿着它上街。

也许正因为有这种联想，在穆勒鞋的漫长历史开始的罗马时期，它就是鞋迷们的梦想。卢修斯·维泰利乌斯就是一例。他担任过三届执政官，叙利亚的长官，在克劳狄斯远征不列颠、长期不在罗马时代为执政。在《恺撒众皇生平录》中，苏东尼斯让读者了解到卢修斯·维泰利乌斯那不算秘密的私事。他在宽袍和束腰外衣之间随时都夹着一只右脚拖鞋（罗马人和 17 世纪的巴黎人不同，保留着左右脚鞋之分）——这只鞋的主人是国王的第三个妻子瓦莱瑞亚·麦瑟琳娜（她后来因为策划谋杀亲夫而被砍头）。维泰利乌斯经常在公众场合拿出这只小拖鞋，并"亲吻它"。

"穆勒鞋"一词直到 16 世纪中期才开始使用。直到 17 世纪，穆勒鞋在英语里更常用 panobles、pantofles 或者 pantoufles 指称，和法语里的 pantoufle 一样，是一种在卧室里穿的鞋。这说明一个事实，即正如古罗马人的 soccus 鞋一样，穆勒鞋仅限于室内穿着。研究鞋的历史学者们认为，穆勒鞋直到 19 世纪才首次在公共场合露面。他们肯定没有好好看过 17 世纪 90 年代法国的时装画。

时装版画很清楚地证明了穆勒鞋是和革命性的服装——女式薄衣相配的鞋，1678 年 1 月的《梅屈尔·加朗》以极大的热情公布了这种休闲装。穆勒鞋通常有着高跟，与女式薄衣相得益彰，特别是配以最性感的新款薄衣，而且还与外套相配。时装画描绘了贵族妇女如何使穆勒鞋公开化：在一张小画里，德奥罗内伯爵夫人在教堂里骄傲地炫耀着她那双红色的高跟穆勒鞋；她其实是在炫耀她自己，因此才会在公共场合里炫耀她的鞋。由于这种鞋有着闺房私密的隐喻，因此显得格外性感。

在 17 世纪的法国，穆勒鞋最终走出卧室并取得了属于它们的胜利——并没有丧失古罗马时它们所独有的浓郁性感。一旦宫廷妇女中最受宠最放荡的人（比如德奥罗内伯爵夫人）为后人铺好了路，时装迷们很快便将穆勒鞋——有着最好的豪华布料，镶嵌着宝石，满是蕾丝和刺绣——变成舞会以及晚会的正式穿着。让脚一半在鞋里，一半露出来；容易脱下且脚趾可以轻松活动——在 17 世纪的巴黎，穆勒鞋很快便摆脱了以前室内穿着的低下地位，变成了鞋类里的休闲装以及巴黎最性感的鞋。

穆勒鞋同时成为最具法国风格的鞋。风俗画——那些鲜明、漂亮的画作，从 17 世纪晚期到 1789 年大革命时期，一直在大肆渲染着法国贵族喧闹而奢侈的生活，同时也宣扬着最典型的法国时尚——这些风俗画的大师们发现穆勒鞋的魅力不可阻挡。没有比让·奥诺雷·弗拉贡纳尔的《秋千》（图 4.3）这幅风俗画的杰作更能够凸显这一点的。画中的妇女穿着 18 世纪晚期有粉色荷叶边及装饰的裙子，高高地荡着秋千，而她的情人——一个没有太多时尚品位的人，穿着珍珠灰色的丝绸，翻领上绣着玫瑰——坐在秋千下的草坪上。妇女的左腿向前伸着，让那双漂亮的粉色穆勒鞋跷在空中；她的右腿在膝盖处弯曲着，让另外一只鞋松松地垂下——既放荡又诱人。她的情人兴高采烈地向上看着。我一直觉得这位情人坐在地上，为的是能看到女子在荡秋千时露出的一些隐秘身体部位。但是，关于鞋和脚，没有人比莫罗·伯拉尼克更有权威；他认为弗拉贡纳尔所画的并不是一个兴奋的情人，而是一个热情的鞋迷："这个男人在看着那只脚和那只小巧的穆勒鞋。"

弗拉贡纳尔的这幅画也标志着穆勒鞋的黄金时代的结束，这个时代以德奥罗内的红色鞋开始，突然终止于法国大革命时期。在大革命前的一个世纪里，每个人都穿穆勒鞋，甚至是"太阳王"本人。根据

图 4.3 弗拉贡纳尔的《秋千》是为世界上最性感的鞋——穆勒鞋而画的一幅力作。画中描绘了妇女小巧的粉色穆勒鞋如何成为诱人的工具;这只鞋高高地飞到空中,吸引着情人兴高采烈的目光

报道法国贵族以及法国国情，特别是国王活动的《法国情况》所述，国王起床后的第一件事就是"穿上穆勒鞋"。在当时最出色的肖像画里，尼古拉斯·德·拉吉利埃画了深得路易十四宠爱的画师夏尔·勒布朗。在画中，勒布朗被画布和各种工具包围着，而观者的目光却集中在了他的衣服上。他那厚厚的红色天鹅绒外衣下垂的方式正好让人们的目光落在他的鞋上。勒布朗，这个凡尔赛画风的重要创造者所穿的靴子，尽管有着明显的接缝，但依然令人垂涎：闪亮的棕色和深红双色，类似今天牛仔靴的漂亮镂花。这不是鞋靴，而是穆勒鞋靴，一种意在超越红色穆勒鞋的靴子——当时的妇女们正开始时兴穿红色穆勒鞋。

正如科尔·波特所说："世界在今天疯狂了"——为鞋而疯狂。就算没有凯莉·布拉德肖以及她的朋友们，我们仍然会有关于漂亮的高跟鞋及鞋迷的故事。然而，我们今天的故事已经没有了当初凡尔赛那个为鞋痴迷的时代那样的想象力。我们对鞋的痴迷，是从伊梅尔达·马科斯的角度来叙述的，仿佛只有妇女才懂得将美得无法抵挡、贵得不可思议的鞋装进衣橱，而不去管是否穿得上或者有没有机会穿。我们甚至还特意记住了灰姑娘这个经典童话，这个关于鞋的魅力的童话带有警示性的视角。

灰姑娘是路易十四时代的一个创造。现在这个故事脍炙人口，而当初夏尔·佩罗在讲它的时候也是如此。夏尔·佩罗是路易十四时代一个重要的宣传者。他宣扬着国王的功绩以及法国时装业的成就。1697年，夏尔·佩罗发表了《灰姑娘，或小小水晶鞋》，将以前口头传说的灰姑娘故事变成了书。

在佩罗的版本里，一个被穷困所迫，又被邪恶的继母欺负的年轻漂亮的姑娘，在她的神仙教母的帮助下，在华丽的舞会上大出风头，盖过了那些穿着入时的贵族。那一晚，灰姑娘见到了英俊的王子，他还是王位的继承人。当她要赶在使所有衣服都消失的魔法时刻到来之前匆匆离开舞会时，故意"丢掉"了一只"全世界最漂亮的水晶鞋"。在佩罗版本的《灰姑娘》里，只有女人才和鞋有关系。女人可以做出任何事——甚至接受最近颇受争议的一种新型脚部手术来治疗拇囊炎——只要能把脚挤进这种可爱的罗杰·维威耶（Roger Vivier）鞋里去，所有的痛苦都不在话下。如果她们是那只水晶鞋天生的主人，就一定能够找到白马王子。

佩罗的《灰姑娘》是关于这则童话故事的两个相互矛盾的版本中的一个。最早出版时，《灰姑娘》和另外一个灰姑娘的故事展开了竞争。这另一个故事的作者是玛莉–凯萨琳，奥诺伊夫人。（佩罗和奥诺伊夫人的故事在一个月内先后出版，所以很难说哪一个是最早的版本。）在奥诺伊夫人的《维丽灰姑娘》（*Wily Cinderella*）里，鞋成为故事的中心。在一开始，奥诺伊夫人就呈现了一个非常不同的舞会场面：灰姑娘和王子并没有见面，更没有跳舞。舞会的场面完全是对巴黎时尚业打的广告；灰姑娘转动着身体以炫耀那身与众不同的行头，这身衣裳出自最有天才的人——仙女之手，还有她那双"满是珍珠的红色天鹅绒穆勒鞋"。她丢掉了一只鞋，但并不是故意的——可以想见凯莉·布拉德肖向抢劫犯交出鞋时的情景——而是意外，就在她匆忙地抢在那些邪恶的姐姐之前回家的时候。

第二天，国王的长子，彻里王子（他的名字很可能是我们现在"白马王子"的起源，但实际意思是"受宠的"或者"被爱的"，更接近妈妈的宠儿，而不是女性的梦中情人）发现了"小巧、可爱的"穆勒鞋。在佩罗的故事中，王子对鞋没有任何兴趣，想的只是丢了鞋的女子，而奥诺伊夫人的王子则将鞋作为他的终极渴望。罗马鞋迷卢修斯·维泰利乌斯的继承人白马王子"拿起了穆勒鞋，反复看着，亲吻它，抚摸它，把它带回了家"——他一点也没有想过穿鞋人，从此陷入了对这只世界上最美丽的鞋的痴迷：他"完全变了个人"；不吃饭，不出门，只为了这只鞋而活。最后，国王和王后非常担心，不知该如何了结。他们请来了巴黎最好的医生来为王储诊病。

医生们密切观察了他三天三夜，最后对他这种重症鞋迷做了很乐观的结论。他们宣称他恋爱了。当王子的母亲恳求他说出女孩的名字时，王子从枕边拿出了"他的小宝贝，他最最亲爱的小拖鞋"，并说道："母亲，这就是我的病因。"王子没有看到或者想过这只鞋的主人，就宣布他将娶能够穿下这只爱鞋的人为妻（于是便可保证他能够拥有满柜子的"宝贝"穆勒鞋，所有都是娇小的尺码）。被吓坏了的父母派出军队、带上珍珠穆勒鞋来搜寻穿鞋的女孩。当女孩被带到宫中时，群臣欢呼雀跃；王后"拉着她的手，以女儿相称……国王对她亲热有加"。而王子彻里呢？他确实下了床，并给未婚妻一个吻——但只是在手上。"她觉得他很英俊"，他给她以赞美，故事便到此结束。

今天，灰姑娘脚上的鞋子被翻译为"拖鞋"，而在1697年，参加舞会穿的是高跟穆勒鞋（顺便说一句，这种鞋比传统的舞会拖鞋更容易滑脱）。当路易十四宫廷的妇女们像灰姑娘一样穿上镶满珍珠的穆勒鞋去参加最盛大的舞会时，她们展示着时尚巴黎人的性感形象，招惹着那些愿意为漂亮的脚踝侧目的男人。那些得不到灰姑娘拖鞋的鞋迷们很快便开始收集迷你陶瓷鞋，这些陶瓷鞋在今天已经成为收藏业的一大支柱：到18世纪初，代夫特的作坊里出口着严格模仿巴黎最新款式的迷你鞋。正如之前所说，穆勒鞋有着漫长的历史，但没有哪个时期，这种充满性感意味的鞋能够如此堂而皇之地炫耀着：正如代夫特的陶瓷业所意识到的，穆勒鞋已经成为法国鞋匠获得统治地位以及他们为男女顾客施展魔力的象征。

奥诺伊夫人版本的灰姑娘标志着第一个为鞋而疯狂的年代。在这个以炫耀鞋子为乐的国王统治下的国家里，鞋成为每套服装的中心，也成为很多人心中的焦点。凡尔赛的时尚先锋们是最早能够理解最近新鞋秀上接受采访的死忠鞋迷的一批人。她们在谈到自己心爱的款式时说："我不会去穿的，但它们是欲望的目标。看看那些鞋跟的形状吧。"

"太阳王"成为时尚迷及崇拜者们的偶像。一方面，他曾经是、现在依旧被认为是穿着最漂亮鞋跟的国王。今天法国鞋业的宠儿克里斯提·鲁布托最早就在巴黎的胜利广场附近开店，他说，竖立在广场中央的路易十四巨型雕像上的鞋"是我最喜欢的一双鞋"。另一方面，在统治末期的 1713 年，路易十四创立了舞蹈学校，即今天巴黎歌剧院芭蕾舞学校的前身，他为当时的男人以及后来几个世纪的人们提供了一个令人着迷的绚丽焦点。

第五章

从法国厨师到脆皮布丁

——厨子如何成了明星大厨

From the French Cook to Crème Brûlée: How Cooking Became Haute Cuisine

"伯纳德·卢瓦索要射下星星来。"1991年1月的《经济学人》在报道拉孔特·德奥饭店的明星厨师卢瓦索时,使用了这样的图片说明。卢瓦索(法语中指"小鸟")在照片中摆弄着一支猎枪。这句话暗指两个月后变成了事实的一则传闻:卢瓦索将要得到他的第三颗星,也就是世界最权威的餐馆指南《米其林指南》(有时被誉为美食家们的"圣经")所能给出的最高荣誉。当时没有人能够预见到这句话在几年后会带上怎样的讽刺意味。

2002年2月24日,在距离他当时闻名世界的餐馆不远的家中,卢瓦索用那支猎枪开枪自杀。几天来,这件事一直占据着法国媒体的头条位置。评论家们反复说没有人能够知道他自杀的原因,但卢瓦索的厨师同行们却是确信无疑的——因为评星。在卢瓦索自杀后不久的一次采访中，卢瓦索的密友，法国最著名的厨师保罗·博屈兹说："他很忧虑。"博屈兹指的是在很多法国人眼里让卢瓦索最近感到很"丢脸"的事——在 2003 年的法国第二大餐馆指南《高勒米罗》（*Gault Millan*）上，他的得分从 19（满分 20）降到 17，指南给他的评价是："好吃但其余无他。"另外，法国国家电视二台在报道卢瓦索自杀的新闻里称，卢瓦索担心"被剥夺军衔"。电视台用这个词的意思是指，据称卢瓦索的厨师评级将会比在《高勒米罗》的评分降级还惨，他将会丢掉在 1991 年得到的第三颗星。但这一次的传说被证明有误。在卢瓦索自杀四天后，2003 年版的《米其林指南》公布了，拉孔特·德奥饭店仍保持着原来的三星。

  在法国，没有人对评星把一人逼得自杀而感到困惑不解。马克·维兰特经营着两家米其林三星饭店，他也承认"在指南出版前两个月会睡不好觉"。另一位三星级厨师皮埃尔·加戈奈尔将厨师行业形容为"华丽外表下的痛苦和疲倦"，而"商业与艺术的结合让你永远都处在刀尖上"，他还说："我非常理解他的绝望；当你已竭尽全力……而突然，人们不再那么爱你，开始批评你……"甚至法国农业和文化部部长也称仅仅是卢瓦索的名字便可以让人联想到完美的高级烹饪，并称"这是法国最为艰难的职业"。

  但在英国，评论家们却并不这样想——尽管英国的厨师们也要面对《米其林指南》的绝对权威。在那里，记者们和厨师们都认为如果保持评级有着太大的压力，就不必去理会星级这种事。马克·皮埃尔·怀特是一位三星大厨，曾经在骑士桥街开过一家时尚饭馆，他说他就这么做，因为他厌烦了"被那些并不怎么懂得厨艺的人评来评去"。《独立报》做了这样的总结："米其林—高勒米罗标准都是法国的，它们存在了几百年，并且永远都属于那个烹饪事关生死的地方。"

  在美国，甚至没有人试图去理解是什么让一位拥有豪华饭店和酒店（最近用将近三百万美元翻新）的著名厨师在事业的巅峰期宁可自杀也不愿去面对批评。确实，美国媒体报道卢瓦索自杀的角度与法国截然不同：在美国，评论家们降低了评星的作用，而强调了卢瓦索有抑郁症的病史。

法国将烹饪变为了艺术，"米其林—高勒米罗标准"占据着统治地位，在那里，做饭成了事关生死的大事，这所有的一切都始于1651 年的一本烹饪书。它是第一本伟大的烹饪书，第一本具有现代意义的烹饪书，并预示着一场烹饪的革命。从此，食物成了大餐，大餐变成了法式。从此以后，记录传统法国菜的一些菜谱被一直保留下来。1651 年，弗朗西斯·皮埃尔这位职业厨师（17 世纪这意味着他是某家贵族大户的掌厨）借用了一位传奇式人物——亨利四世的大厨拉瓦雷纳的名字，出版了一本畅销书——《法国厨师》(*La Cuisinier français*)。

在 17 世纪下半叶，人们开始研究一门新的科学，后来它被称为烹饪学。拉瓦雷纳的烹饪书开启了一场烹饪革命，并最终促成了烹饪学的诞生。在自 1651 年开始的这场变革中，烹饪与饮食越来越不再被看作人们简单的需求，而成为一个有深度有欲望的领域。自那以后，大餐被精致、优雅等价值观所统治。在 17 世纪下半叶，法国大餐开始被冠以从未被使用过的词汇："小巧""细腻""精致""宫廷式""文明"。拉瓦雷纳引领的烹饪运动与所有新法国风格一样，都在推广着同样的价值观；这场运动使食物成为（法国）新的高雅品位不可或缺的一部分。17 世纪下半叶，巴黎成了世界烹饪之都，成了明星大厨、饭馆、高级烹饪的时代。

正因为有了拉瓦雷纳的这场运动，普通食物和高雅食物有了绝对的分界线，高雅食物在法语中被称作"大餐"(cuisine)。从一开始，只有真正的大餐，真正的时尚大餐，才是法国的：拉瓦雷纳第一句话就用"我们法国"作为称颂法国"生活方式"优越性的开篇语。因此，其他的烹饪法都被认为低人一等，比如意大利烹饪书（以前是欧洲最好的烹饪书）也很快称烹饪要做成法国式或者巴黎式的。法国烹饪法（1750 年前被称为 la cuisine francaise）很快便统领西欧，这一概念在随后的三个半世纪里被人们毫无疑义地接受着，这是一个国家在烹饪世界里统治得最长的时期。

与这一概念紧紧结合在一起的还有一条，即法国人是唯一且真正的时尚大餐的大师——而拉瓦雷纳的头衔也是如此。（请注意，这本书是为男厨师写的，女厨师从来都没有被承认过。因此，大家族和显贵们请来的厨师都是男性；妇女只在 20 世纪才悄悄地来到时尚大餐的舞台。）这一概念最早是 1653 年在英国提出来的。拉瓦雷纳的书在英国出版——这是法国烹饪书第一次被翻译成英语，书中写道："全世界所有的厨师中，法国人注定是最好的。"[想一想在 1653 年清教徒统治下的英国，再过四年国王就上了断头台。很多人说伊扎亚·沃顿的《垂钓大全》(*The Compleat Angler*) 是当年最重要的书；《法国厨师》的英译本可以与此一争。] 50 年过后，法国厨师们已经有机会享受到现在米其林三星级厨师的待遇：最著名的厨师享有世界级的声誉，欧洲贵族特别是英国贵族争相请他们来为自己掌厨，并愿意付大价钱享受时尚大餐。

新式法国大餐最主要的特点就在于新。17 世纪下半叶，法国人喜欢的食物有了明显的变化，继《法国厨师》成功之后，多如牛毛的烹饪书相继出版，使得法国烹饪领域异彩纷呈。无论其中的灵感是来自食客还是厨师，在这 50 年里，法国人做饭和吃饭的方式都被完全重塑了。

在《法国厨师》之前，法国一百多年来都没有出版过任何烹饪书。到 17 世纪末，烹饪方面的书已经成为法国出版物中的重要组成部分。《法国厨师》仅仅在最初五年里就被重印了 12 次，1700 年之前被重印了 46 次。这本书很快便被翻译成欧洲各国语言；在此之前，从来没有哪本烹饪书能够取得如此国际性的影响。在其后的 15 年里，法国出版了大量关于食物的书。据估计，在 17 世纪下半叶，有超过九万册的烹饪新书在市场销售，而在当时上千册的销量就是一个大数字。我们不知道这些书的读者都是谁，但显然对它们感兴趣的人要超出职业厨师的范畴。新的烹饪书开始面对最早的大众烹饪书市场；第一次，非职业厨师们也收集并参考烹饪书，正如我们今天仍在做的一样。

《法国厨师》向全世界宣布新的美食体验开始了。在 17 世纪中期之前，很少有人能够享受到丰盛美味的大餐。1650 年，完美的食物向越来越多的人敞开了大门。新的烹饪书为美食下了一种特别的地理上的定义，这是以前从来都没有过的，但却一直保存至今：首先，如果顾客看到菜单是由法语写成的，便会知道这一定是优雅精致的佳肴；其次，从一开始，这种精致的法国大餐就不只在法国，而是法国厨师以及《法国厨师》的追随者们走到哪里，哪里便会有法式大餐。如果某种美食被广泛接受了，它就会被定义为是法式的，但享用这种美食却不仅限于在法国。

可以很容易地想见《法国厨师》一书为何会如此轰动：它就是历史上最具有革命性的一本烹饪书。此前的烹饪书仅仅是个集合——东挑西捡来的菜谱被松散地凑在一起。此前的法国烹饪书并未对美食业做过什么贡献，书的作者们也不指望读者分享共同的价值观或者了解基础的烹饪技法。事实上，在 1650 年之前，和欧洲其他国家比起来，法国并不像能够发展出一套国家性质的烹饪传统的样子。而拉瓦雷纳证明了法国是开创美食艺术的第一个国家。

第一次，拉瓦雷纳将烹饪技法和菜谱编成了法典。没有这一步，时尚大餐、法国大餐等概念就无法形成。拉瓦雷纳最早公布了做菜技法，这些技法后来成了职业烹饪的基石。在书的开篇，他就介绍了备料和高汤的使用方法，然后便规范了需要对标准厨艺、混合香料以及经典原材料有所了解的菜谱。时尚大餐在最初很灵活多变，只是后来才逐渐固定下来，比如说混合香料在当时并不特别出名——现在成为烹饪经典的月桂叶直到1746年才在门农的烹饪书中第一次被提及；有人称之为"花束"，另一些人称之为"袋料"，甚至还有人称之为"打结的"。但从此以后，烹饪书的作者认为读者已经了解了被普遍接受的原则。

第一次，烹饪书的作者将这种书当作一个整体，而不是菜谱的简单集合。这也是第一本以实用为主的烹饪书：菜谱清晰简洁，便于查询；它们被分组归类并被编号。第二版时，拉瓦雷纳还增添了一个被我们忽略的特点，但在他之前没有人这样做过：他提供了以字母排序的菜谱目录。此前的菜谱都是简单的汇编，但拉瓦雷纳表现得像个作者：他用第一人称写作，并从个人的角度评论经典大餐应该如何烹饪。最后，在1651年这一版里，现代法国大餐的轮廓就已经大致清晰了。任何熟悉朱莉娅·柴尔德的书的人都会认出其中的很多菜谱不过是人们的旧宠，其中很多都被拉瓦雷纳写过了，而有些则是他个人的创造：洋葱胡萝卜煨猪油嵌牛肉、蓝鱼、蛋白霜。

《法国厨师》出版两年后，另一本具有革命意义的烹饪书《法国甜点厨师》(*Le Pâtissier français*) 出版了，这是最早的专门讲述甜点的书，并且定义了用脆皮做东西的艺术（肉饼是一项大事）。中世纪的烹饪集里没有关于甜点的菜谱；16世纪有一些零星的菜谱；拉瓦雷纳收录了烤制的食品，但甜点极少。甜点在那时极少有人知道，因此当《法国甜点厨师》的第一版荷兰版问世时，出版商说："在欧洲很多大城市没有一个人能够做出这样的艺术品。"像拉瓦雷纳一样，

《法国甜点厨师》的匿名作者知道自己是个开拓者；也像拉瓦雷纳一样，他给自己打上了法国的烙印，他的技艺也成为法国的精髓。（在这个时期，匿名发表作品非常普遍，对于像烹饪书这样的新文体，匿名并不奇怪。）和拉瓦雷纳一样，这本书也很为读者着想：菜谱被一一编号并取名；全书分若干章节，每一章都会在一开始就介绍这类美食的基本原料——其中包括今天的卡斯达、冰糖。

在这之前，我们不知道标准的面团是如何做成的，《法国甜点厨师》第一次告诉我们甜点厨师的所有技巧。做蛋挞皮的现代方法（完全用黄油，以及为使黄油和面团分成相等数量的层次的确切搅拌方法）就是在这本书里第一次出现。此外还有甜点厨师们很多经典的成果：甜甜圈、酥皮甜点、泡芙、松饼。这是第一个介绍糕点的食谱，我们今天仍然称之为蛋糕。书中还有水果派，特别是今天人人都喜欢的苹果派。作者比拉瓦雷纳更强调准确：烹饪书中第一次出现了做饭的时间、炉温，以及每样作料的准确用量。有人认为这样精确是因为本书既为业余厨师也为专业厨师而作；另有人认为所有真正的甜点厨师都知道在这个行当中即兴发挥是不可能的。

到路易十四末期，法式烹饪法是巴黎被称为高雅与奢侈之都的重要组成部分。第一次，美食成为旅游的热点。旅游指南告诉游客们应该去巴黎品尝典型的法国风格的新款美食。1670 年，在拉瓦雷纳宣布法国人占领全世界人们的味蕾之后 20 年，萨维尼安·达尔基在第一本美食指南中说，前来巴黎的外国游客说："他们特别想长出 100 个胃，这样就可以品尝面前的所有美食，因为他们从没尝到过如此美味的佳肴。"那个时候，全欧洲的读者都相信了他所吹嘘的"全世界最好的美味在法国"的说法。在短短 20 年里，由拉瓦雷纳引发的这场革命让几世纪来一直统治食品世界的律条被重新改写了。

法国厨师是第一个拼命削减甚至要消灭掉来自东方的香料的一批

人——豆蔻粉、月桂粉、姜等在中世纪统治了全欧洲的烹饪。这与路易十四下令在法国制造陶器及其他外国奢侈品一样，都是欧洲中心论的一种表现。人们用本土香料，特别是用欧芹代替了外国的香料——芫荽被某位作者称为"我们法国的香料"——还有百里香、香葱及青葱。在东方香料里，人们只保留了对胡椒的喜爱：它从以前极少使用上升到与盐同等的地位，直到今天仍然被人们广泛使用着。

在西方厨艺中，糖和盐第一次被明确地划分了。在时尚大餐开始前，几乎每一道菜都有带甜味。而新型法国厨师则将盐与胡椒作为正餐的味觉主导。渐渐地，甜食成为最后一道菜，被称为甜点。他们还重新定义了糖：随着新大陆殖民地的建立，糖第一次在法国随处可见，替代了食物里的蜂蜜。（糖在传统法国大餐里并不多用，因为那时候糖还比较贵，价格最高的时候，在1711年，为每磅600美元。）在法国烹饪革命开始前，甜酸食品——通常用醋和蜂蜜做成——是饭菜的主要组成。这种混合被一种作料取代了，它就是现在传统法国大餐里用得最多的黄油。中世纪时，穷人用黄油做饭，而富人则用猪油，黄油只偶尔在16世纪的菜谱中出现。《法国大厨》让黄油流行了起来：拉瓦雷纳在几乎一半的菜里都用到它。

在黄油的部分作用下，沙司开始并且直到今天仍然扮演着法国大餐里的主要角色。到世纪中期，沙司成为为增加味道而用的完全独立的调味品。在路易十四时期，沙司更成为饭菜不可缺少的一部分，增稠的新方法使之成为可能。拉瓦雷纳的第一本烹饪书就介绍了黄油面酱。皮埃尔·德吕纳在1656年、弗朗索瓦·马斯洛特在1691年都传授过肉汁、鱼汁以及果汁的用法，即加入面粉或坚果粉从而提炼出浓汤。沙司开始被很郑重地视为美味大餐的标志。1670年，一位菜谱作家说在巴黎有许多精致的沙司，它们"能够使食物起死回生"。

饭菜的种类也有了巨大的变化。在中世纪盛大宴会上的孔雀等大型鸟类从贵族们的餐桌上消失了。法国新菜谱以小牛肉、羊肉、家禽以及猎禽为主。第一次，上层阶级开始吃猪肉。牛肉这个现在看似法国肉类的精华（毕竟，还有什么比牛排更具有巴黎小酒馆的味道呢？）当时只用来制作高汤。在新的烹饪书里，一些现在的经典牛肉菜谱第一次被写出来——拉瓦雷纳的时尚牛肉、炖牛肉（1656年皮埃尔·德吕纳认为应该用夏洛莱牛肉以及法国葡萄酒），但法国人对牛肉的热情直到18世纪才算是真正开始。在国家大餐概念的影响下，法国人乐此不疲地贬低英国菜。1735年，《当代厨艺》（*Guisinier Modern*）的作者樊尚·拉沙佩勒曾在伦敦工作，他向英国人介绍了牛排。中世纪人们对海豹、海豚和鲸鱼的喜好在17世纪都不见了；17世纪的贵族们所喜欢的鱼菜至今仍在高档餐厅里可见，比如板鱼、大比目鱼、鳟鱼。

在中世纪，蔬菜被认为淡而无味，食之粗糙，是农民们吃的东西。直到1683年，尼古拉斯·韦内特医生成为第一位讲述水果有益健康的医学权威。菜谱作者们在世纪中期开始宣传这一理论。在1651年的《法国园艺》（*Le Jardinier français*）和1654年的《乡村的美好》（*Les Délices de la campagne*）两本书中，尼古拉斯·德·博纳丰开始为一种前所未见的食物观及做法代言，而因为有了艾丽丝·沃尔特斯这样的美食权威，今天的我们对此相当熟悉：最好的、最新鲜的作料要用最简单的方法来做。博纳丰是第一个鼓励贵族做园艺的人。在世纪下半期，菜园和果园在全法国各大庄园里随处可见（其中最出名的是国王的菜园，最近在凡尔赛宫复原）。他同时还鼓励读者欣赏自然种植的原料所具有的纯粹味道。他的全部菜谱着重于让"每一种原料具有原有的味道"，并拒绝使用"会掩盖蔬菜原味"的额外调料。他抱怨其他厨师做出的汤都是一个味道，但是"洋白菜汤必须完全用洋白菜的精华，而萝卜汤则必须是萝卜的味道"。

17世纪下半叶是水果和蔬菜的黄金时代。人们开发出很多以前没有的新品种：17世纪初，法国有60种梨，但到了博纳丰的时代，已有将近四百种。茄子、蓟菜、菠菜开始成为法国大餐的重要组成部分；草莓在《法国厨师》里第一次被提及。鲜嫩的蔬菜成为主流，嫩豌豆则成为其中的超级明星。1660年，嫩豌豆第一次正式摆上了凡尔赛宫路易十四的餐桌。路易十四非常钟爱豌豆，法国宫廷对豌豆的热情保持了半个世纪。当时有这样的喜剧，讽刺"疯狂的人们"愿意付大价钱来购买新上市的豌豆；1696年5月，路易十四那身份低下的妻子曼特农侯爵夫人这样描绘宫廷里的人们对豌豆的"疯狂"：没有人不在谈论"已经吃的，正在吃的以及将要吃的"豌豆。此外还有水果以及高糖果酱和果冻。今天，法国果酱被认为是最好的。果酱伴随着人们对水果的狂热而声名鹊起，此外还有几本题目为《果酱》的书，这些书描述了风干及保存（用博纳丰的话说，就是纯自然）大量新鲜水果的方法。

路易十四末期法国人吃的很多菜在今天餐馆的菜谱上依然能够见到。在这方面，1691年出版的弗朗索瓦·马斯洛特的《皇室及中产阶级菜谱》（*Le Cuisinier royal et bourgeois*）一书独领美食风骚。这是仅次于《法国厨师》的一本烹饪书，18世纪中期前被多次重印。马斯洛特的这本简明易懂的烹饪书在很多方面做了创新，它标志着一种新的做菜方法从此担当起法国大餐里的明星角色：煮食。16世纪便出现了一些类似的煮菜，被称作hachis或haricots。17世纪最后几十年里，ragout一词开始出现。和拉瓦雷纳所用的意义不同，它指的是一种沙司或调味料。它被英国人翻译成haut gout，即可以引起食欲的味道，但现在的意思是："一种煮菜"。

还有一种全新的做肉的方法，这显然是17世纪的首创：压力锅。到今天，没有人像法国厨师这样广泛地使用压力锅，对于做煮菜或不能整天待在厨房的法国人更是如此。这种新发明，用发明者丹尼斯·帕潘的话说，可以"用很短的时间做出各种肉菜"。（帕潘还发明了一种蒸汽冷却系统，被认为是空调的早期雏形。）1682年，帕潘出版了一本书来解释他的发明，那确实是现代高压锅（图5.1）；他告诉读者他们可以在乌德里先生（一位电焊工）开在费罗里内的店铺里买到这种锅。（压力锅在德语及其他语言里被称作"帕潘的锅"。）

马斯洛特同时还是一位重要的甜点发明者。他发明了蛋白甜饼，至今仍是美国高档餐馆里人们经常选择的甜品。此外还有奶油布丁（包括带着一点橘子皮的橘子布丁等变种）。在他的这本书里，第一次出现了今天很多做甜点的重要原料。马斯洛特关于奶油巧克力的食谱到今天仍然在使用。（马斯洛特还在他的很多煮菜里加入了巧克力。法国厨师今天在做炖牛肉时仍然会这么做。）17世纪下半叶，冰块第一次被法国人广泛使用。在17世纪末，冰块被用来制作冷冻甜食——首先是果汁冰水，然后是冰激凌。皮埃尔·马松在1705年出版了第一本冰激凌食谱。1735年，勒沙佩勒出版了巧克力冰激凌食谱。到那时，巧克力在烹饪圣殿里已经牢牢占据了神圣的地位。

17世纪50年代烹饪规则的确立迅速影响了法国人的食物观。在1670年，萨维南·达尔基将厚厚的一本烹饪指南《法国大观》（*Les Délices de la France*）变成了法国的美食旅游指南，他称法国为"《圣经》中所提到的牛奶和蜂蜜的国度"。他告诉读者去哪里买最好的奶酪——他自己特别喜欢蓝纹乳酪和圆柱形奶酪——以及最美味的蘑菇和最肥美的猎禽。这是第一本与帕特希亚·韦尔斯1987年的名著《美食爱好者法国指南》有着相似使命的书：鼓励法国人及旅游者为他们的美味大餐寻找最好、最新鲜的食材。

四年后，在1674年，一位我们只知道其名字的首写字母为L.S.R.的专业厨师［他在《高级享受的艺术》（*L'Art de bientraiter*）

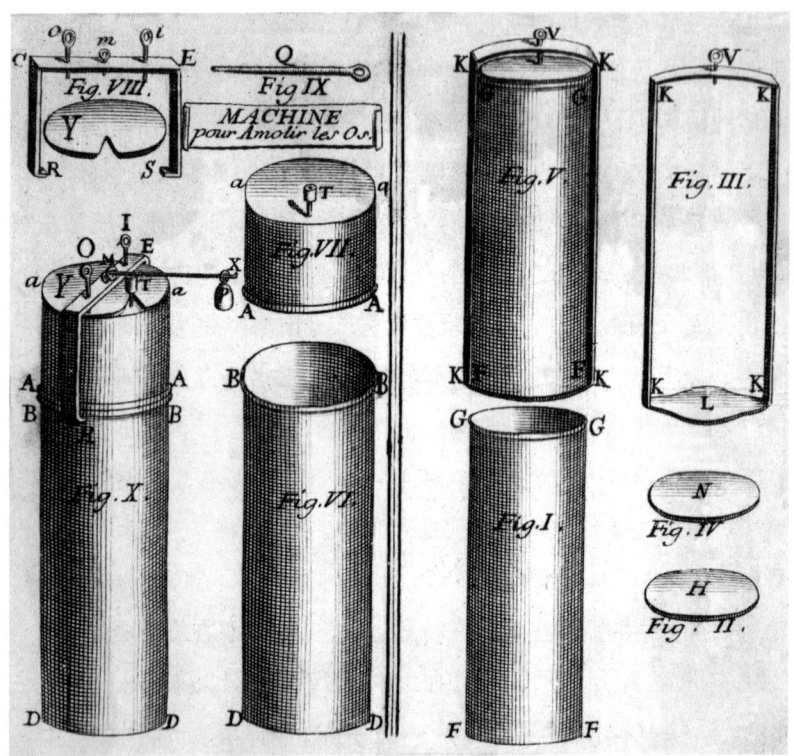

图 5.1 最初的压力锅。1682 年其发明者丹尼斯·帕潘将其描述为"一种使骨头变软,能够在很短的时间内做出各种肉类的机器"

一书里这样署名］，在书中将新式法国菜的各个方面汇集成了傻瓜型宴席指南。他并不谦虚，他将自己的方法称为"科学"；他第一次使烹饪学无可辩驳地成为新菜系出现后的必然产物。L.S R. 听上去像是 20 世纪时尚大餐的支持者，对全世界宣称他反对传统菜谱中过分的做法：他宣传的是一种优雅的简单。

要让客人们感觉自己像个国王，并不需要在餐桌上摆满美食，并在每一道菜里都加入最最昂贵的作料。不，用"大量可选"的最新鲜的应季食材做出"不破坏原味"的饭菜，才是屡试不爽的诀窍。最好的肉菜做法是什么？半熟或者一放到烤架上便拿下来的肉。茄子最好是茄泥，在常温下只加油和醋，或者加热后调入荷兰酸辣沙司。(L.S R. 赢得了我这个南方人的心，因为他介绍了一种做炸鸡的简单方法——很显然，这是这一菜谱第一次出现在出版物上，并且证明了最初的烹饪文化要比后来时尚大餐的专制统治更加开放。L.S R. 只用了蘸的沙司或者柠檬和一点点炸好的欧芹。) 很难想见这样一套与以前宴会定义全然不同的大餐到底是什么模样。

L.S R. 将优雅的简单这一规则施于派对的各个方面：从怎么挑选瓜果，到如果安排客人在椭圆或方桌旁就座，如何为八个客人安排饭菜，如果另外有两个人最后时刻才到的话又该如何。和同时代其他作者不同，他更关注食物的摆放：如何摆盘子，如何摆桌子，如何用餐。L.S R. 规定了一套宏大的宴会就餐方法，并被称为法式就餐法。到 19 世纪全欧洲人都履行着这一方法，后来才被俄罗斯方法所取代。在法国就餐法里，人们从摆在桌子中间的盘子里自己取食，而在俄罗斯方法中则由用人托着盘子，每个客人自己来取。以汤菜为例，法国的习惯是摆上各种汤，客人选取自己喜欢并且能够到的一种或几种。今天，经典的法国宴席更接近在餐馆用餐而非私人家庭的聚会：你和餐桌上其他客人所吃的饭菜往往是不同的。你也可以在吃每道菜的时候，尝尝几种不同的菜肴——那个年代，和我们现在一般无二，饮食在于少而精。

最初，法式就餐法就像一套交响乐仪式，精确控制着上菜的顺序以及每一道菜上桌时摆盘的平衡感。就餐者的盘子摆放在桌子的边缘，菜盘则按照严格的形式放在桌子中间。每一道菜所需的大、中、小盘子都有严格的数量要求。（甚至上菜盘子的尺寸也是有规定的：大盘子的直径要 16 英寸半，中盘子 15 英寸，小盘子 12 英寸。）

宴会的质量要看每一道程序里的各个菜，还要看各道菜的组合，另外还有餐桌上盘子的摆放方式（图 5.2）。对我们来讲，最后这一项并不复杂，但很难想象餐盘的摆放方式能够成为衡量一顿大餐以及厨师价值的尺度。17 世纪的烹饪书——如《高级享受的艺术》——中强调，如果餐桌摆放得不够壮观，重要的客人们永远都不会满足——这些书甚至建议搞一次彩排，确保摆放方式能够达到预期。图 5.2 中的图标给出了餐桌摆盘方面每个精确的细节，从每种菜的数量到餐桌的准确尺寸，都经过精确的计算。

《高级享受的艺术》一书里不仅包含有菜谱，还有对宴会的建议，这本书常常被认作 17 世纪烹饪书的另外一个主要品类。它为酒席承办者提供建议，让个人可以看到在一个大家庭里吃饭、娱乐的方方面面（包括买菜、设计菜谱、监督厨师、设计餐盘的摆放方式等）。给酒席承办者提出最好建议的是皮埃尔·德吕纳于 1662 年和奥迪热于 1692 年出版的书。在这两本书里，从每周要消费的红酒预算到折叠餐巾的艺术，无一不包。[1659 年出版的《酒席承办者》(*Le Mâtre d'hotel*)一书还讲到了公鸡、母鸡以及小鸡和乳猪，令人拍案；由于没有图表，我们只能从作者的文字里一窥端倪。]

L.S.R. 的书自成一体——集生活方式及食谱为一体。这本书应该被描述为第一本教给你开餐馆所需要的一切知识的书。在 17 世纪，

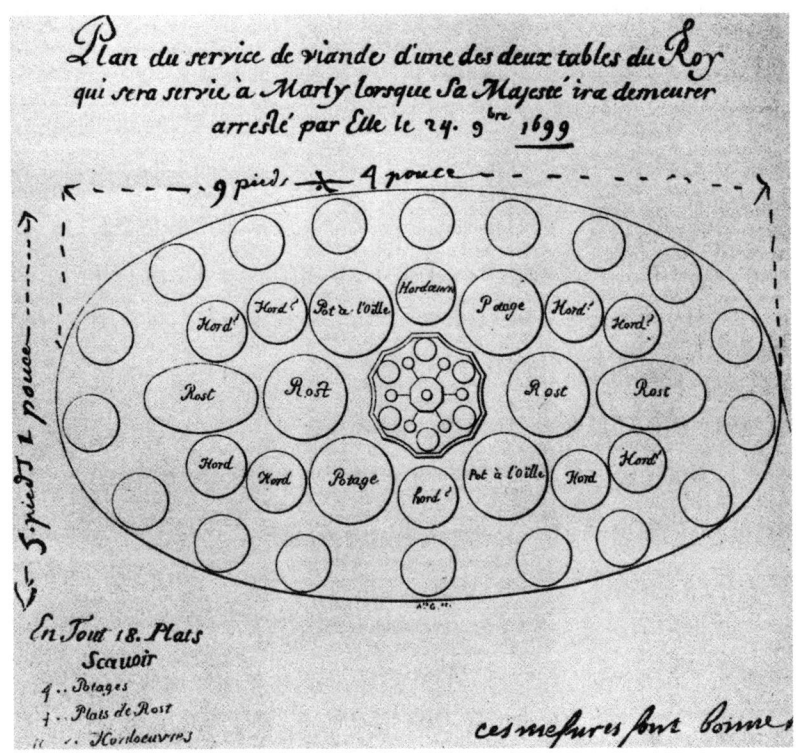

图 5.2 这是 1699 年 9 月 24 日,路易十四举办的宴会中一道肉菜的餐桌设计。请注意,图中的准确尺寸以及右下角处国王手写的"这些安排非常完美"的字样,表明路易十四亲自检查过餐桌的摆放计划

书名里的动词 traiter，意思是"给别人饭食"。这个动词还产生了一个名词，这才使以前的意义得以保留：在现代法语中，traiteur 指酒席承办商。最初，这个词指很多活动，它们都和酒席承办者的行当相关。很容易想见为宫廷和贵族家庭承办宴会的这种"科学"可以为某些人提供做生意的机会，这就是我们今天所说的餐饮业。

那些读过关于宴会的新书但没有豪宅的人也想举办类似的宴会，酒席承办商们就为他们提供在大户人家已经试验过的宴会精简版。最初，这样的宴会开在他们相对简陋的家里，后来便在承办商们自己的地方。从这一点上，酒席承办商成为现代厨师的前身；他们开创了这样的地方，我们今天称之为餐馆。人们开始熟悉它们，不只因为可以庆祝婚礼或举办其他特殊的活动，也为了走出家门享受一顿美食。没有证据表明这些酒席承办商的做法是否和今天一样：在自己的商店里为别人提供饮食，然后让他们回自己家里享用。最早的酒席承办商所提供的不只是简单的食物（就像我们今天这样），而是用高雅的方式来服务——法式就餐法。

17世纪的巴黎，在很多公共场所都提供食物——客栈、咖啡店、小餐馆（今天酒吧的前身）。只有高雅的地方才能让贵族出门就餐。这是第一次贵族们在公共场所就餐，它标志着我们今天可能忽略的东西——就餐成为一种娱乐。这种做法很具革命性。1665年一部由匿名作者写的喜剧《艾克斯区》里，有一群好吃的贵族，他们这样对伙伴说："公爵，我们要做什么？让我们找酒席承办商，去那里吃饭吧。我们什么时候想吃就什么时候吃。"这种新的行业蒸蒸日上，因为酒席承办商们知道他们做的要比只把食物端上餐桌多得多。所有法国餐馆在继续追求时尚大餐的同时，也追求着就餐的气氛。他们相信，盘子和食物的摆放方式和盘中的美食同等重要，酒席承办商的生意很快遍布全城。

17世纪90年代初，尼古拉斯·布莱尼的导游书里列出了法国首都最好的34家餐馆。当人们想"用一顿美餐来犒劳自己"的时候，《米其林指南》在1900年写下的那种职业就被发明出来了。布莱尼选出的餐馆遍布全城：有靠近巴黎皇家酒店的奥克斯·邦·昂方、塞纳河畔的小画廊、圣宝莱大街上的巴东斯·鲁瓦约。而其中最时尚最昂贵的是圣宝莱大街上的热尔布瓦店以及唐普勒街上的默尼耶店，而最时髦的餐馆很快便集中在时尚的圣日耳曼街区。一个人就餐，最贵的大概100美元，差一点的要一半的价格——在这种时尚餐馆就餐最少也要25美元。到路易十四末期，最早的餐馆场景已经在巴黎略见雏形，这很快就被阿贝·安托万–弗朗西斯·普雷沃及时地记录下来。他在最著名的小说《一个贵族的历险与回忆录》里，描写了17世纪80年代最著名的一个酒席承办商弗拉桑餐馆里的场景。

餐馆的兴起意味着餐桌上的乐趣不再为那些参加凡尔赛或其他豪宅里宴会的快乐的少数人所独享；而法国人吃什么、怎么吃、在哪里吃与过去都不再一样了。在时尚大餐出现以前，法国人的家里并没有餐厅。最早加入餐厅设计的建筑设计类图书与《法国厨师》一书在同一时期出现。1661年，路易十四当时的财政大臣尼古拉斯·富凯使枫丹白露宫成为第一座有餐厅的城堡时，就已经远远领先于时代了。路易十四的凡尔赛宫依然没有就餐专用的房间；所有公开宴会都设在举行招待会的大厅里；而国王就餐则在自己的卧室里。只有到了18世纪早期，餐厅才变得很普遍；到了1735年，路易十五才在偌大的凡尔赛宫里开辟出一个专门用来享受美食的房间。

在时尚大餐出现前，即便最豪华的宴会也只使用由支架撑起的简单餐桌。由于这些桌面都铺着长长的桌布，没有人会注意到桌面的材质及样式。早期专门的餐桌只供一个人使用：路易十四在1673年有了他的第一张餐桌。大餐桌在18世纪70年代才出现。就在那时，人们还希望餐桌能够少占空间：餐桌的边缘能够收起，可以在不用的时候放到墙边。直到法国大革命后，固定的桌子才成为法国餐厅的中心。

17世纪桌子的焦点是桌子的中心，而不是具体每个用餐人的座位安排（图5.3）。杯子放在边桌上；如果客人想要喝饮料，他们会叫仆人送过来。17世纪90年代法国开始制瓷以前，只有金属盘——国王用金盘，富人用银盘，穷人用白镴盘。17世纪下半叶开始有汤碗，之前人们用一种无边的碗喝汤。

汤碗的产生带动了勺子的使用，从而有了个人用勺与公勺的区分。艾米丽·波斯特等17世纪的先驱们努力说服读者，用沾了自己嘴的勺子为别人盛自己喜欢的沙司是很无礼的。安东尼·库兰在1671年出版的《法国礼貌新规则》（*Nouveau traitéde La civilité quì Se Pratique en France*）里，告诫就餐者不要用手去把大盘子里的食物拿到自己的盘子中，而要用公勺。他甚至反对人们用手把食物送进嘴里。

17世纪开始有了叉子（最初有三个分叉），但直到18世纪才被广泛使用。标准的就餐法只包括刀和勺，而碗要扣着放（法国现在依然如此）。据说路易十四一生都没有碰过叉子。直到1713年，他的嫂子描绘说，参加国王宴会的人只用刀和自己的手指。

法国大餐造就了新型的就餐者；这些人不只是吃饭，他们用优雅和有品位的方式就餐。只有法国人才会给这种人一个美称：美食家。美食家和那些只是吃饭或只为把看到的一切都吃进嘴里的人（英语里对这类人的称呼是"贪吃者"）截然不同。美食家是巴黎这个美食新王国里的公民。这个词产生于17世纪晚期：第一批美食家对酒非常熟悉，他们能够很快地说出酒是否兑过水以及是否为陈酿。那些深谙美食之道者被称为coteaux（美食家，这个词与"山"和"斜坡上的葡萄园"有关，很多法国最优质的葡萄便出自这些地方）。很快，这

图 5.3 路易十四以及宫廷成员在 1687 年使用的餐桌。他在巴黎的维尔酒店里以自己的名义举办了一场豪华宴会。请注意餐桌上摆放的豪华美食,以及从身后递过来的酒杯。有趣的是,在这幅画里,每个盘子旁边有一把叉子,而用餐者则很显然是用手指来抓取食物的。一位妇女正在用餐,她用的是叉子,而不是崭新的勺子

两个词便互相通用。[美食家也被称为 friands（好食者），指非常热衷或沉迷于食物的人。]

这些沉迷于美食的人很快便开始了现代美食家们仍然在做的事：监督美食世界并统治其各个方面——从餐馆到酒品——什么时兴、什么过时。1665 年一部匿名作者的戏剧《美食家》，是最早对于法国食物热潮的讽刺。这也许是第一部描写食物以及将吃作为生命的人的戏剧。剧中人物的表现与今天热衷于法国美食的人们一模一样：他们将口腹之欲置于其他兴趣之上（这部剧中几乎没有爱情的情节），口中谈论的只有食物——他们还吃过哪些美食，哪里有最美味的鸭子，鸡的最新做法，吃哪种菜配哪种酒才算完美，等等。美食家不是纯粹的食客，他们声称自己的胃有着高度的敏感性而又受过专业的训练。他们相信，正如《高级享受的艺术》一书所说，食物是一门"科学"。

法国的饮食革命很自然地造就了第一位明星大厨。

当历史学家们谈论弗朗索瓦斯·瓦泰尔时，常常强调他是一个酒席承办者而并非厨师。如果厨师指待在厨房里的人的话，那么，现代三星级厨师所做的确实远远不止如此。卢瓦索的自杀报道里强调说著名厨师们实际上在经营着小型企业：常常有 50 人至 80 人为他们工作；他们监督着就餐体验的各个方面，从菜谱设计到餐厅布置。《米其林指南》的宠儿们真的是瓦泰尔的继承人。

在时尚大餐方兴未艾之时，即 17 世纪 50 年代到 70 年代初，瓦泰尔承办了几场当时最宏大的宴会，并为大型宴会树立了新的标准。他主管着两个法国最知名地方的餐饮，孚-勒-维贡府——路易十四的财政大臣尼古拉斯·富凯的私宅，以及孔德亲王的尚蒂伊宫邸。孔德亲王是一个大家族的领袖，那个家族被许多人认为比统治法国的波旁家族还要高贵。瓦泰尔有着传奇般的天才。当时让·洛雷等记者都给予他最高的评价，无论是味觉上，还是视觉上。

瓦泰尔曾两次接受了对所有酒席承办者来说最严峻的考验，路易十四谐其宫廷要员们先是拜访了孚－勒－维贡府，后来又去了尚蒂伊的宫邸。这样的皇家拜访意味着要安排出一天的豪华大餐（即便在宫邸花园散步后享用的茶点，也需要对餐桌进行精心的布置并安排出好几样小吃）。路易十四1681年去孚－勒－维贡府上拜访的经历获得了传奇性的成功：根据洛雷的描述，主餐的完美程度真是"不可想象"。这次拜访成为大餐传奇：据说路易十四感到一切太合味口，所以有些妒忌，在第二个月里便将富凯以侵吞公款的罪名投入监狱，随后将孚－勒－维贡府的一切都搬入了凡尔赛宫——富凯的建筑师、他的雕像，甚至他的橘子树。

而瓦泰尔却跑了。有人认为他逃出了法国。他在1669年重新露面并受雇于孔德家族。他发现自己在承办孚－勒－维贡府奢华大餐的十年后，要为国王准备更为复杂的大餐。这一次，国王有了更高的标准。路易十四和宫廷成员们要在4月23日的星期四来访。那次晚宴魅力四射：打猎宴会在月光下进行，仆从们手提着灯笼；尚蒂伊的豪华庄园里燃起了烟火，庄园里还特意铺满了水仙花。那天的天气非常好，这在法国的4月里很难得，因而瓦泰尔可以让宴会在户外举行：国王及其随从们在户外散步，"恰巧"走到装饰成舞台的小树林，其中有橘子树、柠檬树、30盏装饰灯、30盏烛台、60个装满鲜花的瓷花瓶（用的是非常昂贵的中国陶瓷，因为当时欧洲尚未掌握制瓷技术），中间是铺着大理石的黄金喷泉，水喷洒在大理石贝壳上。当时最伟大的作曲家让－巴蒂斯特·吕利创作的音乐在背景处演奏着，客人们则品尝着最新发明的各种甜品。

人人都认为当天的晚宴"如着魔一般"，是真正纯粹的魔幻。一个童话成真了，那些食物太过美味，超越了美食迷们的梦想——但是

第五章　从法国厨师到脆皮布丁

瓦泰尔却面对着酒席承办者最可怕的噩梦：皇家派对中来了太多意想不到的客人，需要60张桌子，而当初瓦泰尔被告知只需准备25人的饭食即可。因此，有两桌的客人没有享用到最豪华的肉菜。尽管亲王安慰他说国王的晚餐完美无瑕，瓦泰尔却不断重复说他"丢了面子"，不堪忍受这种"羞耻"。

事情越来越糟糕。第二天是星期五，这是罗马天主教戒肉食的日子，这意味着所有饭食都要用海鲜来做。瓦泰尔就像今天的三星级大厨，在全国有着庞大的供应商网络，能够派人去法国的各个海港搜寻。凌晨4点，第一个采购的人回到了尚蒂伊，只带来很少的海鲜。瓦泰尔问还有多少在路上时，仆人却以为只是询问自己负责的港口，就回答说没有了。几小时后，当海鲜不断从法国各地送来时，仆人走到瓦泰尔的房间里，却看到他倒在了血泊之中——他靠在门上拿起了剑，并刺入了自己的心脏。

今天的报纸喜欢用灾难性的新闻来促进销量；而瓦泰尔自杀本可以成为头条新闻，正如伯纳德·卢瓦索一样。但在17世纪的法国，演员要离开中央舞台去侧台自杀，观众就不会看到流血的场景，因此关于国王造访的官方报道并没有提及瓦泰尔悲剧性的结局。我们是从塞维涅夫人关于尚蒂伊的两封写得很好的信中得知这一情况的；她的描述让我们知道为什么酒席承办者会因为没能为亲王和皇室客人们按计划提供食物而自杀。

在以天主教为国教的国家里，我们或许会将自杀视为一种罪过，就和在星期五吃肉食一样。听到瓦泰尔的死，没有人想到用天主教的观念去责备他。很多人担心没有他，演出是否还能够继续。孔德家族大肆叫苦，为即将举行的宴会而发狂。近在眼前的便是皇家拜访——为了这一活动，据说已经花费了一百多万美元。但瓦泰尔已经将他手下的人训练得很好，而卢瓦索的餐馆也是一样，在他自杀的当晚依然运转正常。最后，一切如常：国王"吃得很好；水仙花的芳香飘荡在空中，非常迷人"。瓦泰尔自杀后，有人试图归咎于他的长期抑郁。（这种说法与美国人关于卢瓦索的死因解释非常相似。）路易十四却没有这样说。作为当时荣誉方面的最高权威，国王理解瓦泰尔的痛苦，并给予他"高度的褒奖"，称"他拥有属于自己的荣誉"。

谈论能否把自杀的原因归结于烹饪方面的荣誉，这可能会使我们偏离对早期时尚大餐的讨论。从一开始，这种新的菜系就被宣扬为法国的精华，与法国的荣誉紧密地结合在一起。在孟德斯鸠1721年的小说《波斯人信札》里，有一个人物说了这样的话："没有什么比看到他们的厨师从南到北统治着全世界更让法国人骄傲的了。"酒席承办者的地位充分体现了作为厨师的烹饪天才们的奇怪处境（至少英国人这么想）。尽管酒席承办者们为贵族家服务，但他们有自己的仆人。他们一肩搭着叠好的白毛巾以标志其仆从身份，而另一肩则垂着贵族佩戴的披肩。他们戴着贵族的帽子，甚至还拥有贵族的特权——可以佩剑。确实，食物获得的地位为瓦泰尔等这一类新艺术家们争取到了"他们自己的贵族身份"。

瓦泰尔并没有仿效拥有地产的贵族，而是用宝剑这种符合厨师身份的武器自杀以保住自己的荣誉，这是完全合理的。正如国王所指出的，他的"负担"实在"太重"。（他就像谈论卢瓦索的博屈兹。）瓦泰尔，正如他自己所说的，不能"忍受"被当众羞辱，既丢了面子又丢了星级。

法国此后最好的厨师都能理解他的决定。每次我走进法国餐饮殿堂时，都会想起瓦泰尔——"他拥有如此的才华，甚至可以统治一个小国家"，塞维涅公爵夫人这样写道。而其后继者们也一直竭尽全力地保持着与法国文明紧密相连的法国大餐的严谨与优雅。

在时尚大餐产生的最初三个世纪里，法国大餐并没有受到北美人的关注。20世纪60年代大众航空服务出现后，情势有了很大变化：就像他们17世纪末的英、德前辈们一样，美国游客从巴黎带回来一个新的结论："世界上最好的食物在法国。"很快，法国厨师以及法国餐馆成为美国餐饮的一部分，而且很快地，在外就餐成为美国人晚间的主要活动以及人生的一大乐趣。法国大餐迅速占领了美国餐桌，也进入了美国人的语汇，烹饪在美国受到了从未有过的广泛欢迎。

法国大餐第一次进入美国人的语汇，是在西蒙·贝克、路易塞特·贝尔托勒、朱莉娅·柴尔德于1961年出版的《掌握法国烹饪艺术》(*Mastering the Art of French Cooking*)（第1卷）一书中，这本书比拉瓦雷纳的《法国厨师》的出版整整晚了将近三个世纪。《掌握法国烹饪艺术》是《法国厨师》所开启的这场烹饪革命的巅峰：它使法国大餐接触到了拉瓦雷纳所不敢设想的读者——没有仆人的厨师，在超市采购而不去露天市场的厨师。《掌握法国烹饪艺术》之所以成功，就在于其作者继承了瓦泰尔的使命。正如他们在序言中所说的："只要有正确的指导，任何人都可以在任何地方做出法式大餐。"贝克、贝尔托勒和柴尔德将法式大餐作为技术和规则，而其中大部分都是瓦泰尔在1651年就确定下来的。四十多年前，朱莉娅·柴尔德开始在电视节目《法国厨师》上露面，路易十四时期所规定的法国大餐便成了我们饮食传统的一部分。现在，我们的最佳美食通常是法式食物，哪怕只有一点点法国味。自从《法国厨师》开播，大西洋这边的人便不再会忘记，所有优秀的厨师骨子里都是法国厨师。

第六章

世界上第一杯高价拿铁咖啡
——时髦的咖啡馆

The First High-Priced Lattes: Chic Cafés

我们一直被称为迷恋咖啡的国家。1670 年，大约在英国人占领荷兰人的新阿姆斯特丹之后六年，咖啡取代了啤酒，成为纽约人早餐的首选饮品。1689 年，最早的咖啡屋在北美的波士顿开张。自从咖啡屋出现在巴黎（1675）和维也纳（1683）这两座现代咖啡之都后不久，新大陆的人们也在公共场所里享用咖啡了。而早在此前，柏林（1721）等欧洲城市便已有咖啡屋了。纽约在 1696 年有了第一家咖啡屋，费城是在 1700 年。早在这些地区的文化尚未完全形成之前，美国的咖啡文化便开始了。

尽管有了这么好的开始，我们与咖啡的亲密关系在三百年里一直很低调。没有人——当然是对美国咖啡不屑一顾的欧洲人——能够想到 2004 年 1 月 16 日，在巴黎歌剧大街上会有一家星巴克开张。通过让巴黎这个高档咖啡之乡接受美式咖啡的推销之道,星巴克向世界宣告以前地位低下的美国咖啡在走了很长的一段路之后,终于取得了成功。

对于星巴克,有时我们称之为咖啡店,有时则称为咖啡屋甚至咖啡吧。很多时候,我们用法国名称 café。所有这些名字都指向我们城市近年来的重要变化;最明显的就是对咖啡的消费标志着一座城市伟大与否。现在,能够让人们慢慢享用意大利特浓咖啡的地方数不胜数,或许还有小吃或美味甜点,而其环境或是优雅或是前卫——也就是说,新大陆的咖啡馆完全可以与巴黎、维也纳最著名的咖啡馆媲美。当 20 世纪 70 年代的西雅图第一次打出高档咖啡馆的广告,当星巴克现象在美国开启时,那些将欧式风格的咖啡馆引入美国的人是否曾想到,美国也能有真正的咖啡馆。

今天,在美国各个地方的人们乐于付出高价去品尝高档咖啡并享受时尚的喝咖啡馆的环境,这在几十年前是不可想象的。于是,在波士顿,美国以前的咖啡屋被更加时尚的香草咖啡馆(Café Vanille)、塞尔马里咖啡馆(Café Selmarie)所取代。美国其他几个早先的咖啡之都也同样喜欢老欧洲的感觉。纽约有拉罗咖啡馆(Café Lalo)和吉塔内咖啡馆(Café Gitane),而费城的咖啡爱好者们则在哥伦布咖啡馆(La Colombe)和卢蒂希亚咖啡馆(Café Lutécia)流连忘返。今天的几个咖啡之都都有着相似的故事:在旧金山,祖尼咖啡馆(Zuni Coffee)的庭院是品尝法国咖啡和甜点的好地方;而在华盛顿,类似的角色则交给了波拿巴咖啡馆(Café Bonaparte);在杰克森维尔,人们会去燃料咖啡屋(Fuel Coffee house),坐在天鹅绒椅子里休息,品一口蛋糕,浅酌一杯雪利酒。在所有这些地方,以及数不尽的其他地方,有一个现象是一致的:我们任何时候都需要咖啡,但我们需要在适合的地方喝适合的咖啡,并佐以与之相配的小食。

我们的欲望是被发明出来的,而格调和咖啡是结为一体的,这从路易十四时期就开始了。

17 世纪 40 年代，咖啡最早出现在私人家庭里。法国海员从东方带回了咖啡豆作为纪念品，并用这种外国饮品来款待朋友：皮埃尔·德·拉罗克在 1644 年的马赛开始了这一做法，而马赛至今仍是法国咖啡贸易的中心。到 17 世纪 60 年代，咖啡出现在两类巴黎人的家里，一类是和东方做生意的商人，另一类是一小部分贵族，他们请来意大利咖啡师，引领着这一时尚风潮。那时的咖啡和今天最稀有的鱼子酱一样昂贵：一磅咖啡豆竟然要到 80 里弗尔——将近 4000 美元，是一瓶最昂贵的香槟价格的 10 倍，而香槟在当时也是新兴产物。到 1669 年，东方风情传到了巴黎，巴黎开启了对咖啡的热情。

当时，法国与土耳其的关系很紧张，苏丹穆罕默德四世派大使苏里曼·阿加·穆斯塔法·拉卡拜见路易十四。在其结束了外交使命后，这位 55 岁的大使在巴黎住了一年，很快便成了法国上流社会的宠儿。他举办的宴会特别受贵族妇女的青睐：咖啡上桌时的情形非常热闹，有年轻英俊身穿土耳其长袍的奴隶随侍左右，为客人们传递镶着金边的餐巾，并往精致的杯子里倒着充满异国情调的咖啡。这位时髦大使 1670 年离开巴黎后，巴黎上流社会的妇女们便开始用咖啡（很可能缺少了英俊的奴隶）来款待客人。

一开始，这种新"走红"的饮品用各种不同的方式向潜在的顾客打着广告。1666 年 12 月 2 日，在杂志《宫廷默想》(*La Muse de la cour*) 中，阿德里安·佩杜·德·叙布利尼将这种走红的"土耳其饮品"称为 17 世纪的万艾可："对妇女来说能够产生奇迹 / 当她们的丈夫饮用了它。"在 1671 年的论文中，雅各布·迪富尔详细阐述了咖啡的许多医学功能：它可以治愈偏头痛，可以治疗便秘，调理月经并治愈痛经，还能刺激味觉——在 1671 年，咖啡商人几乎将它当作一种万能药。

第六章　世界上第一杯高价拿铁咖啡

咖啡商人同时还意识到顾客们需要经过培训才能享受这种新饮品。迪富尔解释说咖啡要趁热喝，但他告诫读者在品尝这种样子奇怪的饮品时可能会烫伤舌头。咖啡还要放在陶瓷杯里，"杯子的边缘要被放在舌头、上唇以及下唇之间"。他还谨慎地说咖啡有苦味。"如果不苦就不是好咖啡。"这是一种循环推理的解释方法。那些实在受不了苦味的人被建议往咖啡里加一点糖。而糖也是另一种昂贵的外国货。最早的拿铁咖啡1685年才出现，在1690年1月29日的一封信里，塞维涅夫人将这种混合物称为"加咖啡的牛奶"或"加牛奶的咖啡"。

想一想：经过如此的渲染，巴黎几乎无人没有品尝过这种新饮品。后来到了1671年春，在圣日耳曼集市上——在圣日耳曼教堂附近举行的每年一次的活动，社会各阶层的人都会到出售各种商品的小摊上来逛逛。在这里，从野生动物到大师之作应有尽有。一个亚美尼亚人，真名为阿鲁蒂乌尼奥安，自称为帕斯卡尔，开设了一个被称为迈松咖啡馆（maison du café）的新摊子（见图12.2）。自此，咖啡第一次在巴黎公开露面了。这个咖啡摊距现代巴黎最富传奇色彩的双叟咖啡馆（Aux Deux Magots）以及花神咖啡馆（Café Flore）仅几步之遥。这些咖啡馆是20世纪20年代"迷惘一代"的麦加，是"二战"后法国伟大作家与艺术家们——从萨特到毕加索——聚会的地方。咖啡馆从那时起就成为到巴黎旅行的第一站。在第一家迈松咖啡馆出现后将近三个世纪里，咖啡馆与巴黎塞纳河左岸就一直联系在一起。

在17世纪后半叶，咖啡屋在整个欧洲兴起。那些在巴黎出现的咖啡屋是全世界热潮的一部分，在其他大城市里也是如此。确实，人们一起坐在公共场所喝咖啡的观念只是在巴黎出现咖啡屋之后才开始的，而咖啡最初也只是作为啤酒的一种廉价替代品走进公众的日常生活，后来却具有了不可想象的奢华格调。

最早的咖啡屋于 1650 年或 1652 年出现在牛津，咖啡屋的主人是一个叫作雅各的犹太人。这家咖啡屋开在商业大街天使旅店一个租来的房间里。1652 年，鲍曼的咖啡屋在伦敦的圣迈克尔街开业。而后，咖啡屋在英国、低地国家以及德国铺开。尽管咖啡屋在欧洲其他地方很受欢迎，但法国人却对咖啡不屑一顾，巴黎人在公开场所喝咖啡是二十年之后的事了。

在 17 世纪 70 年代早期至中期，帕斯卡尔和其他几个亚美尼亚人在圣日耳曼街附近开了几家咖啡屋，但都没有获得成功。让·德·拉罗克是第一位咖啡领域的欧洲历史学家，他将这些人的失败归咎于与英式咖啡屋太过相似——那里也卖啤酒；有太多人抽烟，而且太脏，总而言之不够"高雅"。而使咖啡屋变成时尚的咖啡馆，今天又被全美国重新发现的金科玉律，是由一个叫作弗朗西斯科·普罗克皮奥·戴·科尔泰利的西西里人发现的。他先是在帕斯卡尔的圣日耳曼咖啡馆里干活，后来用攒下的积蓄在 1675 年或 1676 年开了一家自己的咖啡屋。这家咖啡屋至今仍旧在圣日耳曼集市附近的图尔农街上营业。

从一开始，巴黎咖啡馆便有了它自己的风格。那些第一批在巴黎开咖啡馆的人有着科斯特兄弟［Costes Brothers，今天巴黎咖啡市场的领导者，拥有波布尔咖啡馆（Café Beaubourg）和玛丽咖啡馆（Café Marly）等时髦咖啡馆］的远见，即巴黎的咖啡馆一定要高雅漂亮，顾客们坐在那里是为了欣赏别人和被别人欣赏的；咖啡馆要完全融入新法国风格中，并成为奢侈品的展示舞台，而巴黎正以此得名。正因如此，新型咖啡馆吸引了新的顾客，特别是高雅的妇女——那些从未想到过会踏足咖啡馆的人。

普罗克皮奥（很快改名为普罗考佩）决心让他的咖啡馆与风行于欧洲其他地方的咖啡馆截然不同：这里不许抽烟（从那时起便再未有

太多改变的一条规矩);没有啤酒。和他现今的继承者们一样,普罗考佩认识到人们愿意为高雅的用餐环境付出高价,但那个环境要优雅到足以令他们流连忘返。这里的咖啡用银壶;桌子是大理石的;屋顶有枝形吊灯;墙上还悬挂着最新的地位象征:镜子(是法国出产的镜子而非普罗考佩的故乡意大利)。法国皇家公司成立于1665年,直到1672年才生产出质量和数量均令人满意的镜子。普罗考佩的咖啡馆无疑是使用这种法国制造的奢侈品的第一批商业机构。墙上这些镜子无疑标志着他对路易十四的拥戴以及科尔贝对高端行业掌控的决心。

普罗考佩店里的侍者们身穿一种具有异国情调的衣服,就像在圣日耳曼集市里一样。他们戴着有皮帽檐的帽子,穿着飘逸的长袍,也许是在向亚美尼亚人——巴黎咖啡馆的先驱们致敬。他们显然满足了人们对于亚美尼亚人的幻想,因为这种奇异的服装可见于所有早期的高档咖啡馆。很快,当戏剧家们想要表现咖啡馆的侍者时,比如弗洛朗·当古在1696年的喜剧《圣日耳曼集市》中,为了使观众很快就能辨认出来,这个人物便扮装成了一个亚美尼亚人。在当时的流行俚语里,"去亚美尼亚人那里"就意味着去咖啡馆。

17世纪70年代中期,咖啡还以另外一种方式走红。流动的咖啡小贩走街串巷地兜售咖啡。他们带着一个托盘外加一个小火盆及其他必要的工具,以便去私宅里当场制作咖啡。他们身着黑衣,腰上系一条洁白干净的大围裙;现在高档咖啡馆的侍者们依旧是这样的装束。17世纪的巴黎,与咖啡有关的一切都要是高雅的,即便街上的小贩也要向这种新饮品的标准看齐。那些真正的咖啡行动派可以购买"容易携带的咖啡壶,小到可以装进口袋里",同时还包括全套的装备:咖啡、勺子、咖啡杯等。尼古拉斯·布莱尼在1692年巴黎指南上便有这样的介绍。这也许就是西方发明的最早的咖啡壶,今天市场上漂亮的胶囊咖啡机的雏形。这证明,从一开始人们就有可以随时随地喝到高档咖啡的需求。

普罗考佩的咖啡店在图尔农街上一直开到1686年，随后搬到距此很近的福塞圣日耳曼街（今天老喜剧院街，现今世界上最古老的咖啡馆仍在13号经营着）。1689年，巴黎城最著名的剧院法兰西喜剧院就在它的对面开张。从那时起，这家咖啡馆便成为演员们在演出前后聚会的地方。4月18日，新剧场以拉辛的《费德尔》重新开张，由他的情人尚梅兰主演。普罗考佩也去了，就坐在前排的中间。更有创造性的是，他设了个小吃摊子（不知是否穿着亚美尼亚人的行头？）。巴黎观众看演出时吃小吃的传统便从那时开始了，一直延续到今天。

其他咖啡馆也紧跟着普罗考佩的脚步。1690年，弗朗西斯科·洛朗在克里斯蒂和多芬两条街的交叉路口开了洛朗咖啡馆（Café Laurent），那里很快便成为作家们的聚集地。若阿基姆·克里斯托弗·内梅茨出版了1718年的《巴黎旅游》（*A Paris Sojourn*），他在书中告诉外国游客，因为"几乎每个人"午饭后都要去喝杯咖啡，人们可以"在巴黎看到无数的咖啡馆"。内梅茨声称"一条街能有十至十二家甚至更多的咖啡馆"。这无疑有些夸张。但根据1715年的官方统计，在普罗考佩开咖啡馆后40年，巴黎有300～350家咖啡馆。在17世纪，这就像星巴克一样成功了。1759年的《大字商务词典》声称："几乎每家巴黎咖啡馆都是经过豪华装饰的。"

关于巴黎咖啡馆的早期绘画，路易·迈利1702年《咖啡馆漫谈》（*Entretiens sur les cafés*）的卷首画，证明了普罗考佩的咖啡馆有多么成功（图6.1）。画的是一个典型的巴黎咖啡馆：舒适的扶手椅，盛开的植物，时尚的吊灯和蜡烛发出的温暖的光；穿着异国情调服装的侍者端着银制的咖啡壶。

这幅画同时凸显了巴黎咖啡馆的社会特殊性。在其他欧洲国家

图 6.1 时髦咖啡馆最早的样子,此画凸显了时尚的顾客和室内装饰。画中描绘了在夜晚去喝咖啡、吃零食已成为巴黎人的时髦消遣

里，很少有妇女出现在咖啡屋里。相反，所有关于早期巴黎咖啡馆的记述中都有对妇女的描述，比如 1700 年一位匿名作者在小册子《格调代表作》里写道："那些地方有很多客人出身于名门望族，男性和女性都有。"确实，画中的妇女不是一般的妇女，而是贵族妇女：服装和珠宝，特别是华丽的发型（以这种发型的发明者路易十四情妇的名字命名），都是她们社会地位的象征。（卢梭在 1694 年的喜剧《咖啡馆》里提到一天中有固定的"妇女时段"，专指妇女们光顾咖啡馆的这段时间。）年轻牧师的在场为她们喝咖啡的场景增色不少。

背景处，男人们在安静地打牌、下棋，这和当时英国、德国的咖啡屋里男人们的消遣方式截然不同。在那些地方，男人们肆意地抽烟、赌博。17 世纪的巴黎，咖啡屋的角色由带表演的卡巴莱餐馆充当，那里只有男顾客，他们去饮酒，也许还吃点美味的食物，香肠是主要的下酒菜。这些卡巴莱餐馆环境嘈杂，毫无格调可言；而咖啡馆则是格调的集中地，在那里能够看到使巴黎得以闻名的各种奢侈品，无论是其中的装饰还是顾客们的服饰。

这幅画前景里的小碟子和食物还展示了巴黎咖啡馆的另一个特点。一开始，咖啡馆有些像简陋的餐馆，随时供应小吃（毫无疑问，这就是为什么美国人今天还经常用"咖啡馆"来指称小餐馆），但咖啡馆供应的小吃就像画中的背景一样非同寻常。巴黎咖啡馆是第一个只提供优雅小吃的公共场所。

甜点从一开始就是时尚咖啡馆的特色，直到今天依然如是。咖啡馆和甜点的结合，在今天看来再合理不过，但这套组合却是直到甜点烹饪书出版 20 年后才被早期的高档咖啡馆发明出来。于是在 17 世纪最后几十年的巴黎，咖啡馆和甜点一起出现在公众面前。最初，所有烤制的点心都在咖啡馆里做，但到 1691 年，尼古拉斯·布莱尼——他写过咖啡论文，还是一个巴黎通——列出几家专供咖啡馆的甜点商店。另外，咖啡馆还出售大量的冰激凌和冰冻果汁，比如琥珀或者麝香果汁、康乃馨冰激凌。

更令人印象深刻的是普罗考佩咖啡馆及其他早期咖啡馆提供的饮品种类，当然主要的饮料有：咖啡、茶、巧克力。1676年，国王授权新成立的制酒者及软饮料商行会可以"制作和销售咖啡及咖啡豆"，这就解释了普罗考佩及其他咖啡馆业主们在近一个世纪里都被称作软饮料商的原因。（现代的"咖啡商"一词直到1750年前后才被广泛使用。）软饮料商这个称呼或许有些歧义。咖啡馆确实销售软饮料，但他们卖的柠檬水里也是掺兑酒精的，而绝大部分饮料是我们所称的充满了异国情调的鸡尾酒。

以鸡尾酒"太阳之露"（rossoly）为例，这种酒深得路易十四的偏爱。据说他喜欢狂饮这种鸡尾酒，就像他对其他钟爱之物一样。一杯"太阳之露"由茴香、茴芹、香菜、莳萝、香菜籽碾碎并混合，然后在太阳下晾晒——再加上几滴白兰地。还有一种波普罗酒，混合了麝香、琥珀、胡椒、糖、茴芹、香菜、柠檬油以及红酒。当柠檬油被胭脂虫红颜料染成红色以后，波普罗酒就成为"象征完美爱情的魔水"。同样，混合了肉桂水、康乃馨水、香草和糖的"维纳斯之油"特别受女士青睐。这些"水"不是掺了白兰地就是红酒，还都是十年以上的陈酿，女士喜爱的也许是这些早期鸡尾酒中最烈性的几种。香槟也位列其中。香槟被发明出来时刚好赶上在早期的咖啡店里出售。

从一开始，咖啡馆还有另一个我们今天的时尚咖啡馆必备的特点。从17世纪的画作上可以看出，户外的时髦背景特别适合这些外国的新饮料（图6.2）。咖啡馆的桌子、椅子以及咖啡馆的全部家当，不是摆在树下就是摆在屋外的柱廊里，于是便创造了早期街头咖啡馆的效果。

就那时的咖啡而言，并不清楚是否达到了今天顶级意大利特浓咖

图 6.2 17 世纪晚期印制的广告画宣传咖啡等新兴的外国饮品,广告还展示了路易十四宫廷成员在户外穿着盛装的样子

啡的水平。当时的咖啡用的是土耳其制法：一盎司咖啡兑一品脱水，然后用大火煮十次，滤出后便可以享用了。这样煮过的咖啡与今天比起来有些淡，但也不像今天这样苦。直到1760年前后才第一次采用浸泡法。路易十四时期，法国咖啡全部从阿拉伯进口。随着摄政时期开始，印度咖啡出现在法国。到了18世纪，正如奴隶在法国首次成为公开讨论的话题，来自加勒比海等法国殖民地的咖啡成了时尚。

咖啡馆的开业与日报的产生并不是完全的巧合。就在普罗考佩开咖啡馆的时候，第一家巴黎日报，弗朗西斯·科勒泰的《日报》——这样命名是因为每一期都包含了"当天的故事"——在1676年1月27日创刊（这家报纸只存在了一周：每期故事都围绕着巴黎夏天的热浪，以及上百人因为不会游泳却跳进塞纳河消暑而丧生的消息）。1686年，普罗考佩咖啡馆开始张贴一种刊登着当天消息的单面报，并把这种报纸高高地贴在咖啡炉的管子上。报童会把报纸送到咖啡馆，特别是报道法国时装和奢侈品的报纸《梅屈尔·加朗》，因此经常光顾咖啡馆来展示她们衣服的时装先锋们，在啜饮"维纳斯之油"时也不会浪费时间。

咖啡于1696年正式登上路易十四的早餐桌。10年后，圣西蒙记录道，每天在国王午餐后，房间四周的小桌子便会摆放上全套的咖啡用具，"你只需走过去自己享用"。和往常一样，臣子们追随国王的榜样。下一个世纪里，咖啡和巧克力成为风靡全国的早餐饮品，逐渐取代了红酒浸泡面包这种被称为汤的传统早餐。

与此同时，咖啡继续向巴黎进军：1728年有380家咖啡馆，1788年达到1800家，1807年有4000家。（为了便于比较，据估计，人口更多的纽约市在1997年有7000家饭馆。）而这还仅仅是开始。咖啡馆的黄金时期出现在1915年，根据《巴黎日报》（*Le Monde*）的数据，在巴黎有350000个可以享用咖啡的地方。（不用多说，这些并不都是现代咖啡馆，但和 17 世纪的咖啡馆一样奢华。）根据 1995 年的调查，25% 的法国成年人会天天去咖啡馆。

今天，去咖啡馆坐坐成为每个游客去巴黎的一个项目。现代的游客们做着自从咖啡馆出现后人们就一直在做的事：三个世纪以来，法国首都的游客们认为去咖啡馆坐一坐就可以吸收一些难以企及的法国格调。1685 年，而后又在 1701 年，巴黎警察局长收到一份备忘录，警告说"有很多外国人"聚集在一起，很危险，并建议关闭所有的咖啡馆。我们不清楚为何当局没有禁止巴黎咖啡馆无限制地发展，但是路易十四和科尔贝——最为努力地重塑巴黎世界奢侈品之都的这两个人，肯定都知道普罗考佩及其追随者们成功地创造了（也许是历史上的第一次）一道风景——那些人们想要看到的人（现在法国人称为 pipole 的人，即富人、漂亮英俊的人以及名人），会在那里流连忘返，会在那里吃饭，在那里喝饮料，在那里被别人欣赏。他们肯定理解这些咖啡馆的关键元素，它们创造了最为优雅的法国传奇，它们在全欧洲传播着巴黎成为一座新首都的信息。

这些早期的高档咖啡馆用另一种方式预示着今天美国时尚咖啡馆的出现：它们的特浓意大利咖啡和拿铁咖啡确实价格昂贵。在巴黎咖啡馆最初出售的咖啡只要两个半苏——六美元多一点——当时在巴黎最贵的商店里出售的一磅肉是这个价格的两倍。因此，从一开始，在公共场合出现的咖啡便是最为昂贵的一种饮品。当然，第一批顾客们花钱享受着西方人前所未有的味觉大餐，同时也在享受着西方人前所未有的一种娱乐方式。

今天，2004 年夏天，巴黎奥克斯·德克斯·马戈斯咖啡馆（距离普罗考佩咖啡馆不远）的一杯意大利特浓咖啡要四欧元（约五美元）。侍者们穿着白色的拖地围裙，打着黑色领结，延续着 17 世纪 70 年代早期咖啡小贩们的传统。作为报偿，他们可以想象着海明威——"二战"后咖啡馆的常客——去咖啡馆里朗读自己的作品。而现在坐在普罗考佩的美国继承者们的咖啡馆里啜饮着高价拿铁咖啡的人们，并不能想象出海明威当时咖啡馆的样子，但他们知道自己是在延续 1675 年以来时尚城里人的传统。现在缺的只是让侍者们再次穿上亚美尼亚人的服装……

第七章

发明香槟酒的那一夜
——当带气的酒一夜走红时

The Night They Invented Champagne

事实并不像人们所说的那样：香槟酒并不是在一夜之间被发明出来的。但是这种带气的酒在试验了仅仅三四年后便制作成功了。如果我们考虑到这是制酒史上最富革命性的一个想法，那么发现香槟酒的制作秘密便真的可以算是一夜之间的事。1669年还没有香槟的存在。到1674年，香槟不仅出现了，还被最初的时尚食物与酒类指南誉为时下的"流行"酒以及法国最好的一种酒。从此，香槟的走红一发而不可收。

没有什么比香槟酒更能诱发人们的奢侈体验的了。在香槟三百多年的历史上，最神奇的就是这种体验始终都在。到18世纪初期，香槟占据了一个特殊的位置，直到今天，它仍然充当着无论公共还是私人场合里所有最盛大庆典的当家用酒。自从17世纪晚期起，若没有香槟，每个庆典和典礼都会感觉少了些什么。另外，这种冒着气泡的新酒成为法国崭新形象不可分割的一部分，也是路易十四着力打造的法国人形象的一部分。正如伏尔泰在《俗世之人》一诗中所写："这种透明的酒喷吐的泡沫是我们法国人最光辉的形象。"这种带泡沫的时髦好酒正是为这个崇尚时尚的民族特设的。

这种新法国国酒的产生出自一人之手，此人是众多富有远见的发明者之一，他们一起让路易十四的统治时期光芒四射。发明香槟的人其实最不适合这项工作，他不是那种能够向世界推销折叠伞和时尚咖啡馆的市场天才。他是一名本笃会的修士，只满足于用葡萄创造魔术，而对个人名声全无兴趣。如果不是其他修士记录下他的事迹，我们都想不到这个香槟工业最著名的品牌——唐培里侬（Dom Pérignon），就是那个让世界知晓香槟酒秘密的人的名字。

17世纪60年代末，皮埃尔·唐培里侬神父掌管雷姆斯附近汉特威尔斯修道院的地窖。他在那里直到1715年去世，恰逢路易十四的统治时期。香槟发明之时正好促成它成功的条件也都成熟了，香槟成了为这个熠熠生辉的时代而生的熠熠生辉的酒。这种酒也确实与烛光和镜子交相辉映。

直到17世纪60年代末，当人们谈到香槟酒时，都泛指香槟产区的酒，不是浅红色便是粉色，不带气泡，由黑比诺葡萄制成。唐培里侬在汉特威尔斯时，那个地区正在酿造白葡萄酒，香槟产区的造酒者们特别热衷于一种特殊的白葡萄酒——灰葡萄酒。这种葡萄酒全部用红葡萄制成，颜色与通常的白葡萄酒不同，因此被称作"灰葡萄酒"。

葡萄酒的转变之风并不总开始于法国最负盛名的红酒之乡。唐培里侬来得正是时候，正好赶上几个世纪的技术和习惯的转型期，这是很难得的时机。而他也推动了改革浪潮并获得了成功。当变革完成时，如果谈论一种小批量生产的新型带气的灰葡萄酒，人们在习惯上只会想到香槟，直到现在依然如此。正是这种新产品使香槟产区从此登上国际舞台，很快便赚取了丰厚的利润。

很显然，唐培里侬发展的酿酒技术在一段时间内无人可以效仿，因此他的名字成了第一个香槟品牌——这种带气的酒的同义词——最初的香槟酒被简称为唐培里侬酒。直到 18 世纪早期，多姆·蒂埃里·吕诺，另一位本笃会修士，经常造访汉特威尔斯，与他的酿酒家族一起分享了修道院的秘密。他们在 1729 年开了第一家公司，称为梅森（Maison），专门从事香槟酒的生产。[梅森·鲁伊纳特（The Maison Ruinart）至今仍在酿造香槟酒。]

我们手头掌握着大量关于唐培里侬如何进行酿酒革新的资料。我们知道他是当时这项革新的领军人物：他将几种产于不同葡萄园、不同品质及不同成熟程度的葡萄相互混合。（他发现如果葡萄没有完全成熟就进行采摘，酿出的葡萄酒就很容易带气。）他也许是法国第一个认为葡萄酒该被保存在瓶中而不是桶里的造酒者。由香槟酒酿造者首先发现这一规律是很合理的。酿造其他酒，用瓶装很重要，因为酒放在瓶子里比放在桶里更好发酵。酿造香槟酒时，无气的酒封存在瓶子里可以产生气泡。唐培里侬同时还倡导要在好的地窖里保存发酵中的瓶装酒：1673 年，他命人挖了新的地窖来贮存香槟酒。最重要的是，唐培里侬首先意识到二次发酵法是将无气酒变成带气酒的关键。

香槟产区是所有酿酒地区中温度最低的。在收获葡萄的晚秋时节，酿酒过程中，在葡萄糖完全发酵前，低温阻止了酒的自然发酵，等天气转暖——一般在复活节后，第二次发酵过程便开始了。这种发酵过程在法国其他地区无法实现，酿酒者须在无气酒变得有气前控制发酵过程。今天的香槟酿造者学习唐培里侬的方法，也在秋天开始酿酒，延缓装瓶，直到早春温暖的天气使酒再次发酵。唐培里侬等的时间还要长，甚至会等到暮夏，这样第二次发酵就可以尽量自然。另外他还意识到为确保酒中有气,除顾及天气外,还要做其他的事。唐培里侬发明了一种酿酒法,今天获得专利的酿酒法就是这种方法:他加入酒精和糖来确保第二次发酵的成功。这是他发明的最重要的酿酒技术,没有这项发明就没有香槟酒。

早在 1718 年,在一本标志着葡萄酒文学诞生的书里——《如何管理葡萄园并在香槟酒区酿酒》,唐培里侬被认为是发明了使香槟带气技术的第一人。此书的作者,即另一个来自雷姆斯地区的教士,卡农·让·戈迪诺透露了"著名的唐培里侬秘密"。他说在临死前,这位汉特威尔斯的酿酒大师命一个本笃会的随从写下这样的话:

一瓶葡萄酒加一磅糖,五至六个去皮桃,肉豆蔻粉和月桂粉。充分搅拌后,倒入半瓶上等白兰地,放至火上煮沸。用一块上好的布过滤后再次煮沸。

唐培里侬是第一个懂得必须将现代香槟制造商所称的香槟酒前糖液加入到无气的酒中的人,只有这样做才能保证第二次发酵的成功。

在今天的香槟产地,在装瓶前,酿酒者仍然遵循着唐培里侬的方法:他们在桶装酒中加入糖液,如今是燕麦与酒和糖的混合物。他们懂得唐培里侬凭直觉所发现的道理:这种混合液体能够帮助无气酒中残余的酵母第二次发酵。于是,加入的糖就转化成酒和二氧化碳。当所有这些都被存入瓶中时,带气的酒便产生了。今天引导第二次发酵的过程已经以"香槟制法"的名义获得专利,并被正式认为是制作纯正香槟酒的唯一方法——当然这一切,都是法式的。

唐培里侬酒开拓新市场的速度,即便今天的标准衡量也是惊人的。确实,这种带气的酒一旦被人们享用,便开始占据几乎传奇式的地位,仿佛那不是酒而是开启新生活的一把钥匙。1674 年,最早介绍新型法国大餐的书《高级享受的艺术》便宣称香槟是"最走红的",说"香槟的味道诱人,芳香甜美,甚至可以令亡者还魂"。此书还补充说:"香槟是酒品中最为高贵可口的,也使其他的酒相形见绌。"

同时,在海峡另一端,英国王政复辟时期的喜剧中流传着这样的传闻,即参加聚会的人可以借助这种新酒来提神,即便在过度狂饮了一整晚之后。1676年的喜剧《时尚男人》讽刺了那些不断追求时髦的人,乔治·埃德里奇将"带气的香槟酒"誉为时髦绅士们夜晚聚会的上佳之选:"它迅速抚慰了/可怜而痛苦的人们/令我们嬉闹令我们笑/令我们浇下满腹忧愁。"公众乐于相信香槟的气泡有刺激性欲的作用。(埃德里奇那群厌世者或许应该提到年近五十的布里吉特·巴多特,他说香槟"在我感到厌倦时给我乐趣"。)

在17世纪90年代末和18世纪初,有一大批法国喜剧专门讽刺追赶时髦的法国人对高端新产品到底狂热到什么程度。在17、18世纪之交时,让－弗朗西斯·勒尼亚尔一次又一次地将香槟置于舞台的中心。他在这些剧作中描绘了巴黎的花花公子大肆挥霍还生怕赶不上时髦的情形。在他的作品里,那些坚持只买最好最贵商品的人经常会喝一种酒,他们用新的词汇来描绘它——"冒气泡的葡萄酒"。

在18世纪的最初十年里,香槟经常出现在一类与酒有关的歌谣里,这类歌谣在当时法国的上流社会极为流行。这些歌谣一次又一次地重复着埃德里奇在《时尚男人》里的话——香槟是晚会后的上佳之选:"该是用香槟来唤醒我们食欲的时候了。"(让－巴蒂斯特·德鲁阿尔·德·布塞,1711年)"酒鬼们,醒醒吧!他们把香槟拿出来了!"(路易·勒马尔,1715年)

很快,早期烹饪书便开始倡导一个理念,即只有法国菜才能使这种新酒派上用场。在1712年版的《皇室及中产阶级菜谱》一书中,弗朗索瓦·马斯洛特增加了一个系列的菜谱。他在菜谱中说,如果为了省钱的话，这些菜可以与白酒相配，但与香槟相配则会更好。所以，一种简单而优雅的鱼片（同样适用于鳟鱼、三文鱼和蛤蛎）的做法是：将原料裹上黄油加入蘑菇煎至焦黄，倒入半瓶香槟，最后淋上龙虾酱将汤汁调稠即可。

香槟作为上佳酒品的地位得益于香槟酒长期以来一直供不应求。就在香槟成为最高档的酒品时，由于装瓶和贮存等问题，香槟的产量非常有限。今天，香槟装瓶时的压力——第二次发酵时每平方英寸90磅——可以受到严格的控制。而只有在巴斯德的发现出现后，人们才能科学地掌握发酵过程，这是20世纪初才发生的事。最初，装瓶的成败无法控制，修道院酒窖里炸了许多瓶子，而唐培里侬用尽各种方法来弥补损失。

人们很快认识到这种气酒需要比以前更结实的瓶子。香槟发明的时候，法国政府大力鼓励法国玻璃工业的发展。汉特威尔斯地区开了好几家新工厂。1711年，唐培里侬的教堂终于成功说服了附近的玻璃商生产出既可以抵抗压力又能防止变质的不透明玻璃瓶。那时他们的损失率经常在30%；由于酒瓶在地窖里炸裂，有几年的损失率还会达到90%。此外，修士们还知道这种气酒需要不同形状的瓶子。第一批香槟装在苹果形的瓶子里；这种瓶子有10英寸高，瓶颈很长（有4英寸至5英寸）。这种形状的瓶子使气泡不易在瓶中自由流动，因此开瓶会有一定困难。现在我们用的梨形瓶是在18世纪逐渐被采用的。第一批香槟瓶是黄色或蓝色的，但深绿色很快成为首选。

在17世纪末，人们通常用浸过油的大麻做香槟酒的瓶塞，或者用裹着动物油脂的木瓶塞。没有密封塞，第二次发酵产生的气泡就会散失。西班牙瓶塞工业一直对唐培里侬充满敬意，是他意识到瓶塞有助于保持香槟的气泡，才使瓶塞出了名。而开瓶的声音，从一开始便是香槟酒体验的一部分。

这种备受青睐的酒由于极其短缺，很快便价值连城。1694 年，香槟酒的价格是香槟产区以前出产的最好的酒的九倍——这还是人们从雷姆斯附近酒窖里直接购买的价格。巴黎商人经常在此基础上翻两倍甚至四倍。在 18 世纪早期的香槟鼎盛期，一瓶香槟可以在巴黎卖出 8 里弗尔——将近 400 美元。而此前据估计，一个拥有 35 到 40 个仆人的贵族大户如果一天能喝光三瓶酒，一共也只花 6 里弗尔。

早期的香槟没有品牌，很多瓶子上面印有特定雇主的徽章，这一做法使我们能够详细了解早期香槟市场的情况。香槟很快被誉为"酒中之王"：所有的宫廷显贵及显贵的崇拜者们都一定要享用这种标志身份的饮品。英国对这种气酒的喜爱也随即开始，我们掌握的第一批唐培里侬酒窖的订单标记着 1711 年 11 月 14 日：修士们被要求通过加莱向英国送去 600 瓶酒。（聪明的英国商人知道裂瓶一事，特别叮嘱瓶子必须用"厚玻璃"。）香槟的名声在 18 世纪继续攀升。国际贸易评论家经常指出，到世纪中叶，随着法国奢侈品的国际市场迅速扩大，法国的香槟和勃艮第红酒成为需求量最大的法国酒。他们还注意到，即便在印度这样遥远的地方，对于香槟酒的需求仍然是巨大的。

巨大的需求，高昂的价格，小规模且不确定的供应：这很容易导致欺骗顾客的状况。有报道说，不法商人和饭馆在酒中加入各种不知名的原料，使酒产生气体。这些酒只在开瓶的那一刻才有气。在 1690 年，巴黎咖啡馆的顾客已经被告诫说他们被侍者欺骗了；只要从高处往杯中倒酒，低等的酒里也会自然出现气泡。有人劝告那些担心买了假酒的人在开瓶前先晃动酒瓶，这样他们至少可以得到一杯带气的酒。

那些有幸买到正宗香槟的人都得到了如何享用这种时髦奢侈品的详细指导，所有这些说明都在讲解如何保持好酒中的气泡——这在过去是很不确定的事。他们被告诫说要用一种 1669 年发明的新杯子，唐培里侬也正是在那时刚刚掌管修道院的地窖。这是一种被称为"笛子"的细长型杯子。当时的香槟非常容易跑气，确实需要这种能保持气泡的"笛子"杯。在18世纪晚期，"笛子"杯被coupe取代。coupe是一种宽宽的浅底杯，据说这种杯子可以使饮者的鼻子更贴近气泡从而更添啜饮香槟的乐趣。至此，气泡已经可以稳定地保持一段时间，人们可以用宽杯子喝酒而不必担心跑气了。今天，原来喝香槟的"笛子"杯再次被人们用来喝"带气的酒"。

关于怎样保持香槟气泡的建议五花八门。宴会主人被建议在饮酒前几分钟再从地窖里把酒取出来，开瓶之后再把酒放在装有两三磅冰块的冷却器中冷却（这在当时也是很难办到的），然后再装上瓶塞以免跑气。（如果未开瓶便先冷却，瓶子就很容易碎裂。）瓶子要被冷却大约十分钟，如果时间过长也容易跑气。（《高级享受的艺术》一书的作者却反对将香槟冷却的做法，并主张香槟酒应在比较冷的天气里从地窖里拿出来直接喝。）

很显然，由于容易出现诸多变故，购买早期的香槟酒是一件有风险的事。但是热衷好酒与大餐的人们都认为，为得到品酒的乐趣，冒这种风险是值得的。因此在1690年由安东尼·菲勒蒂埃编写的17世纪末最优秀的法语词典里，编者用香槟为例来解释典型的法国动词régaler（款待）："如果想要款待谁，就要用香槟酒。"

从此，全世界聚会的主办者们听从了菲勒蒂埃的律条，简单的开瓶动作便开启了一个优雅、时尚、有格调的世界，香槟怎能不为宾客们带来特殊的感觉？第一杯充满气泡的香槟酒，正如所有歌曲里唱到的那样，施展着它的魔力，使我们感觉香槟仿佛刚刚被再次发明出来一样。

第八章

钻石之王

——钻石,钻石,以及更多的钻石

当今天我们提到"王冠上的珠宝"时,英国王冠上的珠宝就会跳入我们的脑海。17 世纪末,这种珠宝还不存在。当时世界上真正称得上王冠上的珠宝、真正配得上皇家专用珠宝的,只有路易十四的珠宝系列。1643 年路易十四继承王位时,法国没有什么值得称道的宝石。到路易十四末期的 1715 年,法国王冠上的宝石已经是当时西方最为昂贵的珠宝。

今天,我们说钻石是永恒的。对我们来说,这闪光的宝石象征着财富、地位,甚至忠诚,但路易十四对浪漫的钻石有稍许不同的理解,他认为钻石比其他宝石更能向世界展示他的权力、地位和影响;他还看到钻石能够很自然地映衬出他所钟爱的那种炫目的格调与华丽:钻石是这位充满活力的国王所用的宝石的上佳之选,是宝石中的香槟酒。在凡尔赛最盛大的宴会上，钻石第一次发出了从未有过的绚烂光芒。除了路易十四，无人敢如此炫耀他的众多钻石：他是第一个喜欢炫耀自己的人，近来现代摇滚及说唱歌星们竞相追随的风潮便是由他开创的。凡尔赛时代是第一个钟情于钻石的时代：钻石现在拥有如此高的地位，都要得益于路易十四为它们量身定制的角色。

卡地亚、梵克雅宝、尚美巴黎、宝诗龙：对于今天去巴黎的游客来说，巴黎旺多姆广场附近云集着如此众多的全世界最华贵的珠宝店，最能让游客们领略到巴黎这座世界奢侈品及奢侈品购物之都的风采。仅是这些珠宝店的名字就足可以说明问题了。它们是珠宝商（joailleries），请不要与珠宝匠（bijonterie）相混淆。法英词典将两个词均翻译为"珠宝商人"，英语里没有珠宝的层次之分——因此，蒂芙尼和哈利·温斯顿也许是英国唯一真正意义上的珠宝商人。法国人需要用两个词来将珠宝商这个珠宝世界的艺术家，与珠宝匠区分开来。

珠宝商们革新了珠宝的制作方式，并改革了珠宝的佩戴方式，他们开创的是艺术品而不是批量生产的装饰品。最重要的是，珠宝商并不关心金属，不管金属多么值钱；他（很少有妇女涉足这一行业）打交道的是最上乘、最珍贵的宝石。最伟大的珠宝商富有想象力地创造了珠宝托，这样世界上最美丽的宝石可展现它们的形态和光泽。有了珠宝商，珠宝制作在路易十四时期成了高雅艺术。于是，到了17世纪晚期，珠宝购物成为体验巴黎不可或缺的一部分。当路易十四对钻石的巨大热情引发了珠宝制作和珠宝体验的变革后，世界上顶级的珠宝商自然而然地将巴黎视为他们的家。

在路易十四之前，没有人将钻石视为最好的朋友。路易十四执政之后，钻石从相对默默无闻的角色发展到至今仍然享有的地位，成了最为珍贵的宝石和送礼佳品。路易十四告诉全世界的观众，小小的钻石可以具有巨大的能量，可以成为国王和任何付得起钱的人的最好朋友。

17世纪前，极少有人会想到钻石。在文艺复兴时期关于宝石的论文里，钻石在重要性方面仅列第18位，远落后于红宝石和蓝宝石，当然还有文艺复兴时期可以替代一切宝石的珍珠。

珍珠是文艺复兴时期地位的象征。根据文艺复兴时期的绘画，欧洲的宫廷成员和亲王们若想显示权力或者财富，他们就会在衣服上缀满珍珠（有些是假珍珠）。17世纪初，加布里埃尔·德埃斯特雷，即亨利四世的情妇非常喜欢珠宝，但独爱珍珠——她拥有3500颗珍珠。路易十四的母亲，奥地利的安妮王后在17世纪初所拥有的最昂贵的珠宝是一串令人垂涎的珍珠项链。在她儿子统治末期，钻石项链（由单串分等级的钻石组成的项链）取代了那串珍珠项链，成了最奢华的珠宝。路易十四只在宫廷大丧时才会佩戴珍珠。在其他场合里，他和其他宫廷成员都竭尽法国国库所能，尽情地炫耀所有的钻石。

从15世纪末开始，人们整整花了两个世纪的时间，航行到世界各个角落探寻，这才使钻石取代珍珠成为最令人垂涎的珠宝。哥伦布首航前，费迪南德和伊莎贝拉将珍珠视为最想得到的东西，金、银、香料也比不上它。直到1498年第三次出航，哥伦布才完成了这个愿望。当他在帕罗斯湾（今天的委内瑞拉）发现牡蛎层后，便开创了珍珠热，这一热就是150年。珍珠充斥着欧洲市场：大量的珍珠在当时空前绝后地出现在市场上。到了17世纪中期，当所有已知的珍珠宝藏都被发掘一空时，钻石第一次大量涌入了欧洲市场。

18世纪前，欧洲市场上的钻石全部来自印度。在达·伽马开通去印度的航线前，在16世纪初只有少量钻石从印度出口。甚至在达·伽马航行结束后，钻石贸易依旧低迷，钻石被对珍珠的狂热掩盖了锋芒，并未碰到走上市场的合适时机。另外，与珍珠不同，最早来到西方的钻石并不是最上乘的钻石。印度人只对粗糙的宝石略微加工，他们更重视钻石的大小而不是光泽度，他们还认为给宝石上光只是为了掩盖瑕疵。（这些看法很可能与当时在印度为宝石上光难度很大有关。）在西方，自从 15 世纪有了金属转轮后，上光变得容易了许多。但 17 世纪前的上光技术很原始：真正的琢面工序直到 17 世纪中期才被发明出来。

只有在 17 世纪 60 年代的巴黎，所有使钻石受到欢迎的因素才一一具备：有愿意去印度寻找最好宝石的钻石商人、石匠的技艺足以令这些钻石熠熠生辉，还有深谙钻石潜力的珠宝商，以及愿意用新的方式利用宝石的大众需求。到了 17 世纪 60 年代初，钻石的热潮终于来临了。

在所有早期航海者的记录中，让－巴蒂斯特·塔韦尼耶（Jean-Baptiste Tavernier）去东方的游记脱颖而出：没有一个冒险家如此一心一意地只为了探寻宝石而出航。珠宝商出身的塔韦尼耶不仅深谙宝石之道，而且愿意不远万里去购买世界上最好的珠宝。他对钻石尤为钟情：去看看东方统治者们的钻石收藏，去参观钻石矿，并了解钻石在当地市场的销售情况。

塔韦尼耶称自己是"开辟了通往钻石矿藏之路的第一个欧洲人"。印度戈尔康达城堡（现已是废墟）是当时的世界钻石交易中心，塔韦尼耶参观了那个地区所有的钻石矿，特别是传奇式的科鲁尔矿，当时许多最好的钻石都是从这里开采出来的。他描述了科鲁尔史诗般的壮观景象：六万个男人、女人和孩子从河床的沉积物中挖掘钻石。他还对工人们进行了描述，说他们和后来的钻石矿工一样，用身体偷运钻石——但这并不容易，因为男人"除了一小块布遮盖"外，其余身体部位都是裸露的。有人把钻石嵌入眼睛；一旦被抓住，眼珠就会和钻石一起被挖出来。塔韦尼耶还对钻石进行了描述：他接触到了世界上最大的钻石——这颗钻石重达 900 克拉，但却被一位愚蠢的石匠打碎。（路易十四时期的克拉与现代的概念略有不同。）他还记述了钻石市场的情况——今天这里仍叫作戈尔康达，在他的记述中，这里很像今天法国南部的块菌市场：几个人兜里揣着小包走在小镇的市场里，几乎不说话，只在各自手掌上画记号，直到生意完成，在外人眼里几乎什么都看不出来。

塔韦尼耶还记录了外国旅行者与本地人之间亲密无间的关系，这是很少见的。他说印度人对外国人很友好，"特别是法国人"。他说外国商人在印度非官方市场上购买钻石时，印度人从来不在重量上作假；他还记述了替他看管物品的仆人是怎样保护他的。

而塔韦尼耶的随身物品蔚为可观：他带着大笔财富独自穿过印度北部，他还带去了大量的金饰和瓷器。当时欧洲金匠的工艺颇为有名，也被印度统治者们所珍视，于是他用当时最昂贵的珠宝饰品来交换钻石，在他的君主和早期皇家珠宝匠的帮助下，他要让全世界都为钻石着迷。

塔韦尼耶被誉为现代钻石交易之父。而构成一个市场需要两种人。如果没有对钻石充满欲望的人，塔韦尼耶也无能为力。

塔韦尼耶在 1665 年和 1666 年购买了钻石。他于 1668 年 12 月回到法国，很快便发了财。到 1669 年 2 月，路易十四已经买下了塔韦尼耶带回来的所有东西：44 颗大钻石以及将近 1200 颗小钻石——但谈到路易十四的钻石，"小"只是一个相对的概念。他只购买那些能令人赞叹的宝石；他从不要真正意义上的小钻石；他王冠上的小钻石再一般也有 8～12 克拉。而"大"钻石则非常大。路易十四从塔韦尼耶那里购买的最大一颗淡蓝色钻石有 111 克拉，在当时比欧洲所有的白钻石都要大。

这颗宝石很快便成为众所周知的法国王冠上的蓝色钻石，也成为路易十四代表性的宝石。1673 年，路易十四将这颗蓝钻石交给国王两名御用石匠中的一位——让·皮托。他将这颗钻石重新打磨成西方人喜欢的样子（塔韦尼耶所不喜欢的做法）。这颗减小到 69 克拉的钻石，具有漂亮的形状（有人称之为心形）以及明亮的光泽，它的光芒令每个见过它的人都难以忘怀。国王选了最平凡的宝石托，托上只有几个尖头，可以穿上丝带挂在脖子上。一直到他漫长统治的末期，这枚蓝色钻石出现在了大大小小的庆典上，法国宫廷也因此赢得了不少赞誉。

钻石因宫廷而成名，很快便享誉欧洲。一直到 1792 年，蓝钻石都是王冠上的宝石。法国大革命中，小偷盗走了以前皇室的大部分珠宝。蓝钻石于 1812 年重现于伦敦，丹尼尔·埃里阿孙为重新销售而重新雕琢了它，使这颗心形钻石变成 45 克拉的橄榄形宝石。到 1839 年，这颗蓝钻石一直属于亨利·菲利浦·霍普。从那以后，这颗被称为霍普钻石的宝石便开始追随新一类的名流，因为据传说不幸会降临到钻石原来的主人身上。这颗钻石一直到 1958 年才结束流浪，由后世的塔韦尼耶——纽约珠宝商哈利·温斯顿将其赠送给史密森研究院。

这颗蓝钻石在 20 年中价值翻了一倍，这证明路易十四不仅深谙改造宝石之道，还知道如何衡量珠宝的价值。就在他改造这枚最心爱的钻石的前一个世纪，欧洲的磨光工匠们逐渐从增加钻石的深度变为增加钻石的切面，从而使之拥有最耀眼的光泽。最上乘的玫瑰切割法（在一个平面上做出 16 个切面）是路易十四早期的宠儿。18 世纪初，拥有最多切面并标志着打磨工匠们的真正成就的钻石——在底板上有 32 个切面，底板下有 24 个切面，十足的光彩夺目——这种钻石已接近完美，并且风靡一时，先是在巴黎流行，后来便流行于全欧洲。

直到现在，光泽仍然是钻石最受欢迎的因素：可以说路易十四让我们形成了对钻石的认识。熠熠生辉的完美宝石，现在被认为是订婚戒指的完美选择。那颗蓝钻石很久以来一直被认为是第一颗光泽宝石，尽管在技术上并非如此，但这证明从一开始路易十四就将光亮程度作为首要的考虑。老式雕琢法并不适合路易十四：他希望他的宝石能够明亮照人。在他之后，法国贵族们也纷纷将他们的旧宝石重新打磨得更加光亮。

当路易十四选择用最平常的方式来装配最大的钻石时，便宣布了珠宝商历史的开始。17世纪前，珠宝匣一直很受重视。欧洲几个主要的宫廷都在竞争，看哪里的金匠能够做出最漂亮的珠宝匣。路易十四对于光泽度的钟爱改变了这一切：他不需要任何夺走珠宝光芒的物件，后来霍普钻石简单的装配向隐形珠宝匣迈出了第一步。这种珠宝匣在20世纪因卡地亚、梵克雅宝而闻名。珠石一颗一颗相互支撑而不需要用叉齿来固定。在路易十四时期，珠宝匠第一次成了珠宝商，他们不再依靠吸引眼球的宝石匣，而只是用托架，并且尽量做得不起眼，让人感觉一切都被忽略了，只有珠宝除外。

突出光泽的雕琢和隐形的装饰托同时出现在巴黎并非巧合。路易十四对钻石的渴望使17世纪下半叶的巴黎成为欧洲唯一的一个首都；在那里，打磨工匠和设计师可以令最新的时尚成为现实。（直到18世纪早期，伦敦才有一位工匠掌握了光泽雕琢的技艺。）卢浮宫附近地区，距离珠宝商的现代之乡旺多姆广场并不远，很自然地成了珠宝商的第一个聚集地。

17世纪60年代后，来自皇室的订单就已经让早期珠宝设计师们应接不暇了。至少其中的两位具有非常大的影响力——他们是弗朗西斯科·勒菲勒和吉勒·勒加雷——其设计作品足可以出书。1663年，勒加雷的作品集被普遍认为是最具影响力的珠宝设计书。勒加雷是光泽雕琢这一法国新技术的最佳代表：他所有的设计都需要至少16个切面的钻石（他的技艺被称为 taille en seize，是光泽雕琢法的雏形）；有些钻石还拥有 32 个切面。他的作品集是第一本没有介绍任何天然（没有切面）珠宝的书。似乎可以这样说，路易国王的品位决定了全世界炫耀宝石的方式。正如时装的时尚一样，17 世纪末，由巴黎设计师来决定珠宝时尚走向的时代开始了。

这些法国设计书是最早承担着今天尼曼·马库斯圣诞商品目录功能的书。在此前一个世纪出版的这类设计书，只为珠宝商及顾客提供模型。从 17 世纪 60 年代开始，尽管后人仍在模仿这些书，但法国的珠宝设计书不再用于这一目的，而是为了炫耀在巴黎珠宝店里实际销售的所有光彩夺目的珠宝款式。勒菲勒的珠宝设计书在 1668 年由著名的书画家及商人巴尔塔扎·蒙科尔内出版，这是经过了精心策划的珠宝书。这本书的封面标明，书中全部珠宝都在"位于圣·雅克的蒙科尔内珠宝店"里销售。

同时，蒙科尔内还在推销着巴黎这个奢侈品之都以及法国全新的奢侈生活方式。书中的第 6 号珠宝是一枚光彩夺目的镶嵌着钻石的胸针，其背景是美丽的巴黎圣母院。第 9 号则在"皇家打猎聚会"背景的映衬下，展示着漂亮的坠饰系列，每一款都由钻石构成，这些都无疑在暗示着没有一种场合不适合钻石，而凡是购买蒙科尔内商店的坠饰的人都会因为拥有了这些小饰品而对奢华的皇室生活有了更加深切的体会。

路易十四对钻石的渴望极大推动了奢侈品市场的时尚。在众多设计师当中，路易十四热情的最大受益者是皮埃尔·德·蒙塔西，他在卢浮宫旁有一家出售高级珠宝的商店，此外还开了一家作坊，在那里工匠们试验着怎样在一块宝石上做出多个切面的方法。最重要的是，他实现了国王对于珠宝的梦想。路易国王在选择了宝石之后便与蒙塔西一起探讨如何打磨和装配。蒙塔西用蜡做出珠宝托的模型，将宝石嵌于其中，呈现给国王等待认可。为了这位皇室主雇，蒙塔西将珠宝互相匹配的技术变成了艺术；全套首饰通常是很普通的：耳环、项链、胸针、一只或者一对手镯。国王珠宝商们的眼界无疑更为开阔：最名贵的皇家珠宝可由多达数百个部件组成，价值几百万里弗尔（几千万美元）。

1691年，蒙塔西和路易·阿尔法兹，一位据说是销售世界上最好的珠宝的钻石商，一位是经常受命于路易国王为其打磨宝石的磨光匠。这两人奉路易十四之命为王冠宝石开列出了珠宝清单。从他们的描述中，我们了解到路易十四在每一件珠宝上的花费，也知晓蒙塔西将多少件珠宝改成了最漂亮的饰物；我们还得知，国王、珠宝商以及钻石工匠们如何一起提高了钻石的商品地位。

仅在1669年，路易十四就花费了150万里弗尔（近7500万美元），其中，90万用在塔韦尼耶的钻石上，50万则给了另一位从印度回来的商人巴祖。（1974年，哈利·温斯顿用2450万美元购买钻石，据说这是有史以来最大的一笔个人花费。路易十四的花费很可能超过了这个数字。）到1683年，王冠珠宝的消费额已经达到700万里弗尔（逾3.5亿美元）——而国王仍在购买。1685年，国王和蒙塔西又做了两大笔生意，每一笔都有多达一百余颗的钻石纽扣，价值超过了100万里弗尔。这里的钻石纽扣不是镶有钻石的纽扣，每颗纽扣就是一颗大钻石。

这部分财产显然最让国王称心。早在17世纪90年代，路易十四就下令将纯银家具（总共有27吨）以及凡尔赛宫令客人目眩的金盘架熔化成金银，以支付长期战争中的军费开支，但他却不愿舍弃这些钻石。到1715年他去世时，王冠宝石价值高达1200万里弗尔（6亿美元），相当于9000磅左右的黄金。除了蓝钻石，国王的钻石还包括索尼西，重达55克拉，是西方最大的白钻石；还有两颗钻石均超过 40 克拉；两颗超过 30 克拉；16 颗介于 20～30 克拉；21 颗介于 15～20 克拉；132 颗介于 5～10 克拉，一共有将近 6000 颗钻石。没有一颗小钻石。几乎所有这些都是路易十四购买的。这一清单也让人们看到路易十四怎样让自己的王冠珠宝变成清一色的上等钻石：在钻石之外，他只拥有 1500 颗其他类型的宝石，而珍珠不超过 500 颗。

他的这一投资，在我们今天看来确实物有所值。没有人，而在他之后也确实无人如此沉迷于对钻石的炫耀之中。而这种炫耀很容易解释为什么在他统治时期，珠宝制作被重新定义为对钻石的炫耀。路易十四最早悟出了钻石最可以传达出这样的信息：钻石的主人是世界上最富有、最有权势的统治者。

1669 年，就在他买下塔韦尼耶和巴祖的全部珠宝后，国王便开始实践他的这一想法。路易十四为自己制作了全欧洲最漂亮的衣服。当他穿上这身衣服时，当时的人说他"仿佛笼罩在光芒中"，年轻的"太阳王"身上的每一寸都闪着光。他的衣服上"镶满了"他所拥有的每一颗钻石，这就意味着他没有多余的钻石分给他弟弟了，而他弟弟则"仅仅"用了次一等的珠宝和珍珠。这场皇家时装秀意在打动土耳其大使（这位大使的到访是促成巴黎咖啡馆出现的关键因素）。但这位土耳其客人说，他故意表现得不为所动。他的翻译被告知一定要强调国王身上珠宝的数量和大小，但据说大使回答说，在他自己国家同样的场合里，他主人的马匹所戴的钻石比这还要多。（宫廷《简报》对这次典礼的官方记述中将这段话省略了。）

但年轻的"太阳王"已经是"太阳王"了，显然任何负面的反应都不会阻挠他超越东方统治者（更别说他的马了）的决心。1715 年 2 月 19 日，他在去世前（同年晚些时候）最后一次行使国王职能，为波斯大使穆罕默德·利兹·贝格举行了招待会。在会上，路易十四展示了自 1669 年后他使钻石艺术所达到的高度，并向全世界证明没有其他国王比他更为成功。他脖子上挂着蓝色的钻石；浑身上下用上了总价值为 1200 万里弗尔的王冠珠宝。这套服装非常重，据皇室日志记录，国王在饭后便匆匆离开并脱下了这身行头。

在路易十四漫长的统治时期内，他和珠宝匠们非常富有想象力地找到了可以在男人身上堆满钻石的地方。国王的帽子上有一个别针，由七颗大钻石组成，其中最大的重 44 克拉。他的剑柄上、鞋带上，甚至吊袜带的纽扣上都嵌着钻石。他衣服上的每一个物件都镶着钻石纽扣，纽扣孔周围是钻石，从纽扣孔露出来的是钻石光芒——他衣服前身的开气上下，每个兜的周围，衣服上，旁边的开气，甚至上衣后背的开气上也布满了钻石（图 8.1）。他的外套有 123 颗纽扣，镶至少 1500 克拉的钻石。由于服装成为他炫耀钻石的窗口，路易十四本人至少像接待波斯大使的凡尔赛宫镜厅一样耀眼。没有哪一位国王会像路易十四这样佩戴如此众多的钻石。关于他统治时期的最后一次招待会，圣西蒙评论道："戴满钻石的国王都要炸裂开了，他在钻石的重压下不得不弯下了腰。"今天我们喜欢的炫目和光彩这两个词，很可能就是因路易十四而创造出来的。

由于国王对绚烂的热情，17 世纪晚期服装上使用的钻石超过了其他任何时代。国王的口味融入了对钻石和珠宝的购买之中，成为巴黎人生活的一部分。在被认为是第一部现代小说的拉斐特的《深宫后院》（1678）中，男主人公在一家著名珠宝店里看到挑选珠宝的未来妻子，并爱上了她。这一幕指出了妇女生活中一个巨大的改变：人们第一次开始能够接受年轻贵族女子一个人外出购物。

两人的邂逅也说明皇家钻石热怎样成功地使这种闪亮的宝石具有实际的吸引力。据说世纪末在凡尔赛宫举行的烛光晚餐上，妇女的头发因为佩戴着钻石而仿佛着了火一样。当时风行"扫帚"式发型，一种有着 12 支甚至更多冠毛以及羽毛状的发饰，而其间不起眼的珠宝

图 8.1 17 世纪版画，图中路易十四穿着他的一套镶满钻石的服装。他的服装上有 123 颗纽扣，每一颗都由钻石做成；他的鞋带以及吊袜带上都有钻石。国王炫耀着镶有大约 1500 克拉的钻石的外套——这是他白天穿的衣服！

托刚好衬托出宝石的光芒。一种多切面的椭圆形钻石坠，犹如迷你吊灯一般从每一个发卷中垂下。每转一下头，几百克拉钻石与摆放在房间四处的镜子交相辉映。

17世纪初，英国的王冠珠宝是全欧洲最为昂贵的。但在其后的一个世纪里，法国拥有了欧洲几乎所有最好的宝石，而英国宝石如此贫乏，以致乔治二世在1727年加冕时，王冠上用了很多租来的钻石。不到半个世纪，路易十四就将钻石从不起眼的宝石变成17世纪珠宝匠罗伯特·德·贝尔凯所称的"宝石中真正的太阳"。法国在17世纪的前几十年进入了"钻石时代"，全欧洲所有的富人都在争相获取这种最昂贵的宝石。

最初，这种新时代的快乐只为凡尔赛豪华宴会嘉宾名单上的少数人所独享。然而，很自然地，其他人也想知道如何能使自己闪亮起来。17世纪末对这种新宝石的需求太多，以致出现了人造钻石。欧洲各地出现了一种新型工业——用水晶和玻璃仿制钻石。当以路易十四为代表的西方钻石风潮很快掘空了印度钻石矿之后，假钻石的产量大大提高了。在18世纪早期，印度的钻石矿已经停产；1730年，当人们从最新开发的巴西钻石矿运来珠宝后，钻石风潮才又重新开始。

有一个人使钻石风潮成为可能——塔韦尼耶。国王对他非常满意，并为这个将霍普钻石带到西方的人加官晋爵。官方资料说加封这一荣誉是"因为塔韦尼耶对国家所做的贡献"，仿佛他将宝石双手奉送给了国王，而不是做了有史以来最大的一笔钻石生意。塔韦尼耶在晚年曾请著名的宫廷画师尼古拉斯·德·拉吉利埃为他画像。画中的他戴着扇形头巾，身穿毛皮镶边的丝绸袍子，是西方人梦想中的印度富豪的样子。背景处的天鹅绒以及更多的织锦与他脚下的东方地毯相得益彰，这一切都是塔韦尼耶做生意得来的财富。从在这方面来看，这幅画像太过夸张，但又可被认为是在小心翼翼地展现着荷兰文艺复兴时期富商画像的特点，不乏严谨和精致。但比起以路易十四所倡导的奢华之风，塔韦尼耶的画像还不够炫目，特别是塔韦尼耶只戴了一颗钻石，而且很低调地戴在小拇指上。这颗钻石是印度的天然宝石，和在西方获得新生的多切面的钻石全然不同。这颗钻石仿佛表达了塔韦尼耶对同行德·贝尔坎观点的支持：法国人对多切面钻石的热情正在"毁掉"法国最美丽的钻石，正如法国对炫目宝石的欲望把他发现的印度世界带入了末日一样。

也许游客们徜徉在巴黎最富丽堂皇的珠宝店里时从未想到过，今日的奢华焦点——旺多姆广场，在法国大革命前一直与路易十四有着密切的联系。广场在1699年落成，标志着巴黎新的购物中心圣宝莱地区已经发展起来了。1699年时广场的中心是1810年拿破仑在奥斯特立茨战役中缴获的大炮做成的螺旋柱；这个广场当时被称为路易十四广场，路易十四的骑马雕像是这里的标志。这再合适不过了，这个人使钻石获得今天的地位，并巧妙地利用钻石来宣扬他的宫廷形象；这个人将普通的珠宝匠变成了珠宝艺人，他们在今天仍然闪耀着光芒，仍然统治着他一手创造的行业。在巴黎，纪念雕像不断变化着，但钻石却是恒久流传。

第九章

象征权力的镜子
——魅力四射行业的技术

Power Mirrors: Technology in the Service of Glamour

装有镜子的天花板,从地板到屋顶都装满了镜子的化妆间,满是镜子的电梯——镜子在今天如此普遍,很少有人知道镜子曾经的昂贵和稀有,也是曾经最奢侈的商品和象征权力的玩具。

17世纪60年代早期,当路易十四第一次发现镜子拥有将室内装潢变得焕然一新的潜力时,所有的镜子都是在威尼斯生产的,而那时制作的镜子最大也只有28英寸高。到他统治末期时,威尼斯的镜子制造业已经衰落了,法国一举取代威尼斯成为这项高利润的高端商品的垄断者。倚仗国家的巨额投资,并在路易十四财政大臣科尔贝的亲自监督下,镜子制造业在法国诞生了。法国镜子已经将现有工艺做到了极致——当无法满足国王对闪亮镜面的欲望时,他们发明了全新的技术。到路易十四末期，法国可以造出 9 英尺高的镜子，超过了路易十四早期的所有镜子。到了 18 世纪早期，全世界进入了镜子的疯狂期：凡尔赛宫有了镜厅；巴黎各处的烛光晚餐都映衬在法国制造的镜子中；从华沙到君士坦丁堡到西奈的宫廷，到处都有法国式的镜子，而且越大越好。

镜子在今天再普通不过，这都是路易十四和他的室内装饰师的功劳。他们最先懂得了镜子的作用——可以使房间更加明亮，并使一切显得既华丽又高贵。今天，一本又一本商品目录里都有大幅的镜子广告：他们不过是在仿效路易十四室内装潢设计的诀窍。

镜子早在古代就已经广泛存在了：埃及人、希腊人和伊特鲁里亚人都有镜子。最早的镜子选用高度磨光的金属；通常用铜来做镜子，也用金、银。现存最早的玻璃镜子的残片可以追溯到公元三世纪。这些镜子都极小（直径 1～3 英寸），大概只作装饰而并无修饰的用途。罗马人用水晶外加一小条金属制成了第一面透明的镜子。由于非常难做，透明镜子未能迅速打入市场。因此，16 世纪前，很少有人见到过玻璃镜子。

玻璃镜子很可能最早出现在 14 世纪洛林公爵的领地（现法国东部）。到 16 世纪早期，威尼斯玻璃工人垄断了镜子的生产。在 15 世纪末，威尼斯进入了镜子生产的黄金时期。他们发明了制造透明玻璃的工艺，取代了那之前的绿色玻璃。威尼斯还首先制造出玻璃盘，其表面平滑，映出的形象不会走形。平滑且半透明的玻璃配以能够反射的银色金属，现代镜子便发明了出来。

尽管多次尝试，法国的玻璃制造者们在很长时间内都无法复制意大利的产品，这使威尼斯人一度成为这一高端行业无可争议的统治者。那时镜子是人人渴望的最昂贵的商品。文艺复兴时期，一面上等的威尼斯镜子的价格比一幅大师的画作还要高。这些早期镜子确实被视为伟大的画作：它们有着极为奢华的镜框，有时甚至采用珍贵的外国木料或象牙。而另一些镜子则用了镶嵌宝石的贵重金属。镶着镜框的镜子连成一排挂在墙上，就像收藏家们展示他们收藏的名画一样（今天的装潢师们正在向这种风格回归）。

如果我们想到那些漂亮镜框里的东西，就会觉得这种明星式的展示方式很令人难以置信。早期威尼斯镜子令人吃惊之处在于它们的面积其实非常小。17世纪30年代，路易十四的母亲，出生在奥地利的王后安妮站在一面镜子前喷香水。她非常骄傲：那面镜子有18英寸高，15英寸宽。在那时，这已经是一面大镜子了，值得人们从远道前来观看。关于法国最高或者最大的镜子，这是人人都会知道的消息，并乐于互相交流。就好像今天的艺术品或古董，人们会为凡·高的画付出高价，而摄政时代最珍贵的写字台也在私人手中。在17世纪50年代，法国最有名的镜子的主人是尼古拉斯·富凯，路易十四第一任财政大臣：它被认为非常大，有24英寸宽。

这种出名的镜子自然引得其他人也纷纷行动起来。贵族妇女开始相信，她们梳头和化妆都需要镜子。（没有人能超过路易十四，他拥有29面早期化妆镜。）那时的装潢师们首先意识到闪亮的镜子有着巨大的展示潜力。镜子在当时也是非常昂贵的。1651年5月14日，著名记者让·洛雷兴奋地报道了一次大型宴会。这次宴会是为了当时的大美女、公爵夫人德·隆格维尔而举办，"50面威尼斯镜子映衬着笑声，充满魅力的露臂服装，手和上臂——都是宴会里的享受"。我们现已习惯了，50面威尼斯小镜子也许并不算多，但却创造了我们今天对室内装饰最终的渴望：从地到天的镜子。

这次盛大宴会之后10年，在路易十四初期，法国开始了镜子的热潮，每年都要从威尼斯进口上百箱镜子。提到集装箱，我想到一个令人印象深刻的集装箱：1665年从威尼斯运来216箱，总重6.2万磅。路易十四自然是最大的主顾。17世纪60年代中期，他每年的花费多达20000里弗尔（100万美元）——大概是400面镜子的价格。他曾一次把当时的情妇路易·德·拉瓦利尔的房间布满了镜子（共144面）。这样大量地购买镜子，一方面标志着法国室内装潢出现了新风格，另一方面也导致了法国国库的逐渐空虚——正是在那个时候，法国政府开始努力应对突然出现的资金短缺情况。

科尔贝在成为国王的首席财政顾问后，决定迅速停止将法国稀有的金银储备送到威尼斯人的钱包里。法国自然要接手这一高度赢利的奢侈品生意。他们不只要自己制造镜子，还要造出比以前更大、更好的镜子。于是1664年秋，路易十四时期最大的冒险行动开始了。

科尔贝给法国驻威尼斯大使皮埃尔·伯恩兹下令：发现技艺高超的镜子制造者并把他们吸引到法国来。这一任务的难度不能被低估，它是17世纪最大的间谍活动。威尼斯政府很清楚要保护他们的摇钱树，阻止工人传播垄断镜子制造的秘密。美仑奴镜子的制造者们知道如果泄密将会受到怎样严厉的惩罚。威尼斯法律规定，如果哪位工匠将技艺传到国外，他将被勒令回国；如果拒绝回国，那么他所有的亲戚都将被投入监狱；如果这样做还不奏效，那么就会派间谍去暗杀他。没有什么比威尼斯宗教法庭更具权威的了。威尼斯宗教法庭通常管理着宗教事务，但也掌握着威尼斯最大的线人网络，所以承担了控制主要制镜工人的任务。宗教法庭对于制镜工人非常残酷，他们更像黑帮教父而不是有感情的普通人。

科尔贝和他的手下深知他们对手的残忍。在写给巴黎的第一封回信里，伯恩兹警告科尔贝说，如果执行该计划，威尼斯人"会把我们都抛到海里去"。在接下来的两年半里，法国和威尼斯陷入了制镜秘密的争夺中。神奇的是，双方所有的信件都被保留到今天。这些通信表明自1664年12月科尔贝下令伯恩兹开始实施计划后，法国和威尼斯都在不断想办法将对方抛到海里去。

利用杂货商作为中间人（杂货商垄断着镜子买卖，是打入技工群一个很合适的方法），伯恩兹大使挑出了一些候选人。在4月底，他通知科尔贝机会来了。科尔贝派出一个名叫茹昂的人到意大利将人才活着带回来。6月底，茹昂成功地在宗教法庭的眼皮底下，将镜子制造大师拉莫塔和他的徒弟皮耶特罗·里格、祖安尼·丹多罗偷运到法国。（拉莫塔也是一个声名狼藉的人物。传说他曾杀死过一位神父。他离开威尼斯是因为他认为自己并不会失去什么。）

威尼斯方面并没有一直被蒙在鼓里。7月初，他们在杂货商店里发现了这笔交易的证据。他们开始审问逃跑工匠的亲属，并下令驻法大使阿尔维斯·萨格里多去寻找这位工匠。7月21日，萨格里多报告说制造玻璃的炉子已经搭了起来，目标就是造出"比威尼斯更好的镜子"。他安慰宗教法庭说最初的产品很令人失望，镜子很小，"只有10英寸高"，还"冒黑光"。

但科尔贝却是棋胜一着。当宗教法庭还在追踪第一批工人时，他已经在准备第二次偷运了。1665年7月19日——就在萨格里多嘲笑第一批法国镜子的前两天——科尔贝知道他将要拥有四名技艺高超的工匠：安东尼奥·德拉·里维塔、吉罗尼莫·巴尔比尼、吉奥瓦尼·西瓦诺以及多美尼科·莫拉塞。科尔贝的人很快采取了行动，因为他们有人在小船上恰巧听到一个威尼斯人向另一人详细描述了"法国间谍"（正是听到这番谈话的人）正试图将意大利制镜子工人"引诱出境"。"吓得半死"的法国间谍赶快开始了偷运行动。他们就在那一晚的"半夜，坐在一条船上，由24个全副武装的卫士保卫……到凌晨4点，他们50人已经出了海"。他们逃离了威尼斯共和国的管辖，在白天到达了费拉拉，换乘马车继续赶路。终于抵达巴黎后，这些工匠向科尔贝保证说可以马上制造出"6~7英尺高的镜子，而且法国的新镜子肯定是全世界最好的"。

第九章　象征权力的镜子

对科尔贝来说，这些宏大的许诺就已足够了。1665 年 12 月，皇家制镜厂（Manufactory Royale）在高档的圣安东尼路伊利街区开工了。中世纪以来，这里一直是巴黎的家具制造中心。这个皇家官方制镜公司有着很清楚也很艰巨的使命："为装饰皇宫、为大众娱乐而制造镜子，要和美仑奴的镜子一样透明、一样完美。"1666 年 1 月 22 日，这家新公司的专利权在巴黎高级法院注册。公司的管理人员由尼古拉斯·迪努瓦耶领衔的巴黎资本家们担任。他们获得了法国制镜的绝对垄断权。任何人擅自制造镜子，其工具和产品都将被没收，还要被罚以巨款。

皇家制镜厂享受了 125 年的垄断地位，时间比其他于 17 世纪 60 年代开设的皇家制造厂，如蕾丝厂、挂毯厂等都要长。建于 1665 年的这家工厂今天仍然存在，现称为圣戈班［Saint Gobain，以一座位于法国东部的城堡命名；部分业务于 1962 年从那里搬过来］，是仍在经营的最古老的欧洲企业。圣戈班现在的产品很多——从绝缘体到为光纤电缆制造的玻璃光纤，但它仍然制造镜子，仍然继续着提高法国声誉的工作：贝聿铭用的玻璃板，也就是游客们进入卢浮宫金字塔的玻璃板就是由圣戈班生产的。但在 1665 年，皇家制镜厂离这样的辉煌还有很长的一段路。

一开始，威尼斯大使威胁制镜工人。科尔贝只成功地留住了德拉·里维塔，许给他一大笔可观的年薪。路易十四私下签署了一份文件，许给他一年 1200 里弗尔，将近六万美元的薪酬——这比当初给莫里埃尔（1000 里弗尔）和拉辛（600 里弗尔）的薪水还要多。德拉·里维塔与法国签下了四年合同，他的钱包鼓了起来，自尊心也在暴涨。而威尼斯共和国却陷入了一片恐慌。新大使马可·安东尼·久斯蒂尼安尼匆匆赶到巴黎，受命为阻挠珍贵秘密泄露可以采取任何行动。

从那以后双方便开始了针锋相对的攻势：威尼斯大使威胁制镜工匠说，有最黑暗的命运在等待他们；而法国则用重金抚慰他们。比如，有两位制镜工人都是单身，科尔贝为他们提供了丰厚的彩礼（75000里弗尔，超过350万美元）迎娶法国新娘。（这笔钱可以与巴黎最富有的商人为女儿准备的嫁妆媲美。）路易十四甚至亲自慰问以提高士气。1666年4月29日，路易十四亲自参观了玻璃作坊，并参观了玻璃的制作过程。当国王四处参观并与工人谈话时，科尔贝则在他身后向工人们发放金币，仿佛他们是聚会宠儿一般。

1666年5月，法意双方变换了战术。威尼斯官员伪造工人妻子的信，央求丈夫回家，但制镜工人并没有受骗，说写这些信的人"比他们的妻子要聪明很多"。无疑，对于将妻子带到巴黎，他们并不十分兴奋。制镜工厂向公众开放，制镜业成为巴黎最热门的行业；时尚的巴黎人尤其喜欢去参观国王十分热衷的东西——能看到这么多半裸上身的身强力壮的工人，或许也是吸引众多游客前往的原因。久斯蒂尼安尼大使在给宗教法庭的信中写道："经常能够见到这么多漂亮女人，对于威尼斯工人有着非常强的吸引力。"

1666年6月，作为报复，科尔贝找了一位伪造能手，仿照丈夫的口气写了一批信，请妻子们来巴黎团聚。对方并没有落入圈套，科尔贝便派打手去威尼斯绑架这些人的妻子。8月7日，威尼斯得知了他的计划，想要将妻子们监控起来，但妻子们生气地抱怨说"她们不会离开家"。这种爱国宣言其实是个花招；宗教法庭的人两天后再回来时，发现这些工人的妻子们已经离开了她们声称很爱的家。威尼斯下了逮捕令，但她们和丈夫一样，在警察到来之前已经越过了国境。

现在到了漫长肥皂剧的最后一集。威尼斯大使得知最早被诱惑到法国的制镜高手，即传说是杀人犯的拉莫塔并没有得到法国皇家的巨额高薪，因此对他的同行很是妒忌，于是大使说服了拉莫塔，让他相信报复这种不公的办法只有杀死他的对手德拉·里维塔。1666年12月的一天，拉莫塔和几个朋友全副武装地来到制镜厂。德拉·里维塔的伙伴们很快也拔出了枪。在枪战中，拉莫塔肩部中弹，两个工人断了手指。（有谁知道在混战中报废了多少价值连城的镜子。）当时一个皇家警卫团正在从工厂附近返回位于樊尚基地的途中，忙赶来分开了交战中的制镜工。

接下来威尼斯方面使出一个传统的伎俩：下毒。1667年1月初，巴黎最有才华的上光工人痛苦地死去。大使的信写得很委婉："那个工人现在到了另一个世界；我不知道他是死于自然原因，还是人为所致。"1月25日，一个最好的吹玻璃工人莫拉塞也在经受了几天"剧烈"的痛苦后突然死去。科尔贝下令剖尸，而验尸结果并没有定论，这让威尼斯大使松了口气。他骄傲地向宗教法庭报告说这些工人的死是"用了些技巧，干得很利落"。

2月中旬，科尔贝在威尼斯的间谍已经找到了新的对象，但这一次被宗教法庭听到风声及时阻止了，并把"邪恶的"制镜工人关了起来。由于关押条件太差，其中两人自杀，另外两人被送往军舰。到这时，所有在巴黎的威尼斯人都清楚地知道制镜是个非常危险的职业。他们写信回家，请求宗教法庭正式赦免他们，并给他们回家的钱。1667年4月5日，他们的要求不仅全部得到满足，并且还加上了一条：允许他们在威尼斯开设自己的工厂。

科尔贝和往常一样，又抢先了一步：他深知对手们想要做什么，并且了解到法国制镜厂的主管们已经完全学会了意大利人的手艺。另外，由于厌烦了威尼斯人狂野的西部作风，他降低了意大利工人的工资并加快了让他们离开的进程。1667年4月，在第一位威尼斯工人来到巴黎两年后，留在巴黎的工人和他们的妻子返回了故乡。

国王和他的大臣投入如此高昂的代价，当然希望得到迅速且卓有成效的回报。刚刚建立的制镜厂确实很快便做出了无瑕疵的镜子；1666年2月26日，工厂主管将镜子呈送到科尔贝面前。但这只是昙花一现的事。在最初的几年里，制镜厂确实与上一位威尼斯大使的判断相符：质量确实不行。直到1667年科尔贝仍决定进口威尼斯的镜子，以便给制镜这个新行业启动的时间。事实上，法国在1671年以前一直依靠美仑奴制镜厂，但是路易十四越来越看重镜子的装饰潜力。因此年复一年，科尔贝一共签订了将近两万里弗尔的订单（近100万美元），以满足国王每年对镜子的需求。制镜厂建立的初衷就是为了阻止贵重金属外流。但一开始并不如意，直到1672年情况才有所改变：从那以后，威尼斯进口被取消，所有在法国购买的镜子都由皇家制镜厂生产。

就在那时，凡尔赛对镜子的热衷与日俱增。仅仅在1672年，法国宫廷的订单就提高了近一倍，一共购买了700多面镜子。从那以后，路易十四对镜子的狂热使本已风起的镜子热潮更加升温。在接下来的25年里，他买下了价值35万里弗尔的华丽镜子，约合1750万美元。到1676年，路易十四开始将镜子作为室外装饰不可或缺的一部分：他为第一个全部由镜子装饰的人工洞室揭幕。同时，路易十四酝酿着有史以来最著名的一次为镜子付出的开支：镜厅（Hall of Mirror）。他想让镜厅作为自己统治时期最有纪念意义的建筑工程——凡尔赛宫的核心。

1682年5月6日，法国正式宣布将政府所在地设在凡尔赛。但没有人，甚至包括路易十四自己也未能按计划修建一座梦想中的宫殿：36000名工人和6000匹马依然在工地上忙碌着。路易十四依然执意要带着他的家眷、大臣，还有全部宫廷成员搬往凡尔赛。1682年12月1日，他以镜厅向公众开放为由举行了一次盛大的乔迁庆典。尽管价值65.4万里弗尔（约3300万美元）的豪华室内装饰并未完工

（直到 1684 年 11 月 15 日路易十四的建筑师朱尔·阿杜安·芒萨尔以及御用画家夏尔·勒·布兰才完成了他们的工作），但为装饰凡尔赛宫最著名的房间的镜子已经做好了；就在前一晚，最后一批镜子也到位了。路易十四和科尔贝终于向世界证明他们要接手制镜业的宏伟计划是值得的。

让·多诺·德维兹将 1682 年 12 月的《梅屈尔·加朗》的头版文章献给了这一新的奇迹。他将镜子描述为"放在真实物体前的假窗"，并不无夸张地写道："它们能够……将一个美术馆扩大几百万倍，仿佛没有尽头。"圣–艾尼昂为此写了一首长诗："正因有了这许多镜子／宫廷里所有钻石的火焰／将沉寂的夜晚变成白天般明亮。"路易十四向世界奉上了一座辉煌的宫殿，第一座无论白天黑夜都灯火通明的城堡。

镜厅不仅仅是光辉的设计，它同时也宣告了法国已接过制镜业统治者的旗帜。在皇家制镜厂建立 15 年后，法国第一次制造了没有任何瑕疵的镜子；它制造的镜子规模是前人无法想象的。17 面巨大的圆顶镜子（每一面都有将近 18 英尺高，6 英尺半宽），将房间变成一个延伸的光的拱廊。从一开始，镜厅便成为路易十四王宫的亮点。在每一面镜子中间是宽大的窗户，而透过窗户，人们可以看到安德列·勒·诺特（André Le Nôtre）的花园杰作。

游客现在可以欣赏到的镜子里只有 10 面是第一批法国制镜工人的作品。现在的游客仍然能够看到路易十四及其宫廷成员以前使用过的镜子。当他们站在镜子前时，也许能记起在 1682 年，人们第一次能够在镜子里看到自己的全身。

从路易十四宣布凡尔赛宫正式开放的那一刻，这个城堡便成为不容错过的景点。第一本专门描述凡尔赛宫的英文版图书——孔布尔的《从历史角度看世界最壮观的奇迹——法国皇宫凡尔赛》1684 年出现在伦敦的书店里。同年，克劳德·索格兰在书里称凡尔赛为"世界第八大奇迹"，而镜厅为"最有魅力的景观"。索格兰还告诉游客从巴黎前往凡尔赛的方法（有收费1.25里弗尔的车，合60多美元，一天可以往返两次；四个人可以合租马车，每人花费不到三里弗尔，合150美元）。

凡尔赛也许是最早的主题公园。比起王室及其访客们独居的地方，这座城堡以及花园从一开始便向公众开放：游客须穿着得体，须得到通行证才可以从巴黎动身来此参观。到了凡尔赛后，他们可以很尽兴地参观各个景点，可以在公园里散步、野餐，可以买明信片（或者17世纪的替代品，即主要景点的小画。根据约翰·洛克的描述，这种小画卖2~5个苏，合大概5~12美元），而且还可以乘坐最早的过山车。（那时的小说家马德林·德·斯屈代利描述为"一种喷漆镀金的机器，叫作过山车，你可以坐上它从陡峭的山上飞速而下，如果你小心就不会有危险"。）虽然不是迪士尼乐园，但路易十四创造了一个有着远大前景的观念，而所有这一切的中心就在你面前的昂贵的法国镜子上。

镜厅很快便成为路易十四炫耀其统治以及新法国风格优越性的地方。比如1687年的年鉴（图9.1）里记述了上一年很有代表性的场景。暹罗国王弗拉·拿莱希望国家向西方开放，于是派出了一个由重要贵族和高级官员组成的代表团。1686年9月1日，路易十四在凡尔赛宫举行了招待会，这是他统治时期精心设计的一场招待会。穿着最华丽的衣服，整个宫廷都在他身边，路易十四把王座设置在一半是镜子的房间里，他完全是一位"太阳王"，那个时代真正的传奇式的统治者。使者们正式拜见了国王，同时也注意到法国科技创造的奇迹。1687年他们返回暹罗，向家乡人讲述了用闪耀的镜子装饰的房间，暹罗国王很快便向法国皇家制镜厂下了订单——4000面镜子，

图 9.1 1687 年的年鉴让我们看到了路易十四及宫廷成员全部聚齐在新建成的凡尔赛宫的镜厅里。这正是镜子被派上用场的那种典礼——迎接暹罗第一任大使的招待会。画中绘有几面大镜子

用来装饰他的墙和门。这一订单来得再及时不过：法国东印度公司正在拼命地与英国及荷兰的公司抢生意，而那两家公司很早就做起了东方的生意。

1689年1月，詹姆士二世流亡法国，很快便被带到凡尔赛宫参观。玛丽王后说她"被震撼了，特别是宏伟的走廊"。她称之为"全宇宙最美丽的走廊"。对她来说，这样的反应并不正常，因为英国多年来一直想打入奢侈品业，并终结在镜子工业上对法国的依赖。在早期凡尔赛的参观者中，这对英国国王和王后本应一眼看穿凡尔赛宫能够照出人影的魔法，那不过是用烟雾和镜子造出光亮的把戏而已。

要想使镜子出名并且比古典大师的名画还要价值连城，有两个因素是必需的：手工艺人的水平和规模。因此，在1665年第一批制镜大师来到法国后，科尔贝曾许下诺言，要制造出"六七英尺高"的镜子来。在任何熟悉制镜历史的人看来，在巴黎皇家制镜厂成立17年后落成的凡尔赛镜厅，不仅标志着法国制镜业对威尼斯的胜利，同时也是展示这一任务出色完成的契机。作为法国占领制镜业再好不过的广告，镜厅里的每一面大镜子最多由4块镜子组成，其规模是以前从未有过的。

而到1682年11月镜厅揭幕时，情况远远不如科尔贝的想象。镜厅里17面大镜子不是由4块镜子组成，而是21块：顶上是3块圆镜子；然后是3面小的长方形镜子；下面是另外15面镜子，每一面都有26英寸×34英寸大，一共357面。换句话说，镜厅的这些镜子并不比1650年法国—威尼斯镜子大战前的大多少。镜厅也许是装饰史上最大的骗局。

事实上，科尔贝1665年许的愿并未实现。到1682年，法国的镜子没有在任何方面超过威尼斯，因为他们的制镜方法与威尼斯完全一样——先吹玻璃，然后再压平切割。这样制造出来的镜子的高度超不过 35 英寸到 40 英寸，即便这个尺寸也很难达到。一开始，吹玻璃工人很少有足够的肺活量。更重要的是超出这个尺寸的玻璃不平衡，太薄了就过不了装边这一关。为了掩盖科尔贝巨大梦想的失败，路易十四用漂亮的窗户装饰来迷惑世界各地的游客。

在这出镜子闹剧中有两个具有讽刺性的节点。首先，制镜方面的最大突破其实就在眼前了；如果镜厅推迟几年落成，它就能成为法国辉煌的明证，就能成为镜子的现代时期开始的标志。其次，1683 年 9 月 6 日科尔贝去世，他无法知道他的预感是怎样的正确。

自从法国开始迷上镜子以后，伯纳德·佩洛特这个由路易十四批准入籍的意大利人，就被认为是这个行业中最好的工匠之一。据说早在 17 世纪 70 年代，伯纳德·佩洛特就在研究一种新技术；1687 年，他第一次当众宣布取得了技术突破，这是在镜厅完工后的第三年。1687 年 3 月，让·多诺·德维兹兴奋地向读者宣布佩洛特不再去吹玻璃，而是"将其置于各种大小不等的金属桌上"。4 月 2 日，皇家科学院召开会议，佩洛特正式呈报了他的发明，而"科学院颁给他一纸证书"。

在发明成果丰硕的时代里，在众多发明家中，佩洛特并不具有创业的敏感性。他骄傲地接受了证书，但这仅仅象征荣誉的文件并不能保护他的发明。接着，他又继续着自己的实验。事实上，佩洛特对发表法律声明以保护自己发现的做法很迟钝，这使他失去了对这一技术的掌控权。1688 年，另一位玻璃工匠阿布拉罕·泰瓦尔得到了许可，可以采用这一"在欧洲闻所未闻"的全新技术——浇灌玻璃来制造镜子。1691 年，另一位玻璃制造的高手路易·德·内霍向国王呈现了四面镜子，这是第一批用佩洛特的方法成功制造出来的镜子。从那以后便一发不可收。皇家制镜厂雇用了内霍，1692 年他成为圣戈班的一员。在他的帮助下，皇家制镜厂实现了佩洛特发明的商业化，从此法国便登上了世界统治者的宝座。佩洛特将他们告上法庭,但却只得到了 500 里弗尔(不到 25000 美元)的赔偿——在这一高收入的游戏中,这笔钱真是九牛一毛。

如果没有这项革命性的技术,镜子也许永远不能成为室内装潢的核心元素。佩洛特取得突破的技术,亦即刚把金属浇铸好就把熔化的玻璃浇上去,将国王的期待向前推进了一步。终于,法国有了值得吹嘘的东西,而且也确实大吹特吹了一番。1696 年,让·奥迪古·德·布朗科出版了《制镜工艺》,这是第一本详细探讨玻璃制造与镜子制造的书,其中镜子被誉为"最为耀眼的艺术"。

布朗科给予镜子最高的评价,称赞说法国如今可以制造出如此"巨大的镜子,真是前所未见"。热尔曼·布里斯在巴黎指南的修订版中,骄傲地告诉游客们"法国人发明了铸玻璃和灌浇的技术。一开始,玻璃是吹出来的,现在威尼斯仍是这么做,因此他们无法做出皇家制镜厂那么大的镜子"。英国物理学家马丁·里斯特尔描述了 1698 年去参观巴黎玻璃厂的经历,特别是参观了工人们为"88 英寸长、48 英寸宽的镜子"上光的情景。正因为有了这一新技术,最大的镜子是路易十四统治初期的两倍。与此相比,镜厅中那些 26 英寸 ×34 英寸的镜子就不值一提了。

里斯特尔是幸运的,那时最大的镜子还未问世,他所见到的镜子已颇为壮观:从新技术刚刚发明的 1688 年到 1699 年,这种尺寸的镜子只造出过三面——虽然曾经尝试过许多次,但都在完成前碎裂了。1700 年左右,镜子的生产终于稳定了,制镜业又登上了一个新高峰:可以造出 100 英寸的镜子——大概相当于凡尔赛宫一整块镜子大小——这个尺寸在 1884 年之前一直未被超越过。到 1920 年,世界各地都采用了佩洛特在 17 世纪 80 年代发明的制镜技术。

1690 年,法国刚刚采用了新技术,画家让·迪恩·德·圣-让便第一个画下了大镜子进入私人房间的情形（图 9.2）。一位追求时尚的妇女刚刚买到一面时尚的镜子，并请人做了配得上这个镜子的高价镜框。她将镜子放在梳妆台上，看着有些别扭，因为梳妆台并不能很好地展示镜子的魅力——法国装饰书很快便教会人们如何利用大镜子，可惜在当时还未出版。她为新买的物品深深着迷，摸着脸颊仿佛在问："这真的是我吗？"她的这个动作现在看来很天真，在当时却是可以理解的：在那以前没人想到穿衣镜的分类里会有全身镜的存在。全身镜正好与法国时装业的黄金时期相遇了。17 世纪 90 年代，时装女王们正可以通过镜子来查看她们穿上全套时装后的每个细节。

当制造大镜子这一艰巨的梦想终于成了现实，整个镜子文化很快便发生了变革。威尼斯拒绝改革，依旧吹着玻璃。1697 年 6 月 24 日，法国驻威尼斯大使向科尔贝的继任者卢瓦公爵骄傲地宣布，美仑奴的工人已经放弃了制造大镜子的努力。于是，到 18 世纪中期，威尼斯制镜业几乎消失了，这意味着制镜业在 17 世纪最后几年中取得的巨大利润中并没有创始者们的份。

在 1698 年至 1700 年，镜子生产已跨越了尺寸的障碍。这段时期成为皇家制镜厂最具标志性的几年。镜子销售翻了四倍；仅 1700 年，工厂收入达到 100 万里弗尔，近 5000 万美元，远远超过了镜厅的全部造价。外国销售量也呈天文数字式地猛增：法国镜子行销全欧，还远销到君士坦丁堡、中国和拉美，而镜子也不再是皇室和富人们的专利，而成为普通人的消费品。镜子的尺寸成为价格的关键因素。当大镜子成了奢侈品潮流，小镜子的价格就下降了。1700 年，最新生产的 110 英寸的镜子价格高达 3000 里弗尔，约合 15 万美元，而 12 英寸 ×10 英寸的镜子则只有 3 里弗尔，不足 150 美元。1685 年 6 月 13 日，塞维涅公爵夫人劝告正在装修房间的女儿不要再添置小镜子了："你的装修不能奢华到要去购买你负担不起的物品。" 10 年过后，这种购买

图 9.2 1690 年,法国制镜者将最早的大镜子搬进了人们的家里。这是最早的画,人们在镜子中不只能看到自己的脸。画中妇女摸着自己的脸颊,惊奇于这一神奇的体验

已经不再是奢华的行为了。17世纪最后20年，巴黎有一半家庭从皇家制镜厂购买了镜子。

早在1697年，马朗纳便在他关于巴黎生活的书中宣称："丝带、镜子、蕾丝是巴黎人不可或缺的三样东西。"不到半个世纪，很多法国人从以前很少照镜子变成将照镜子作为日常生活的一部分。在此之前，只有少数有钱的贵妇才有我们今天在女士手包里常见的那种小镜子。到17世纪最后几十年，这种镜子随处可见，在英国也形成了风潮，被称为袖珍镜子。人们都将镜子当作法国的又一时尚。很多指导妇女学习巴黎人穿着的时装画都将袖珍镜子称为另一种奢侈品。德维兹刊登了一幅画（图9.3），指导时尚妇女使用小镜子的最时髦方法，以确保妆容和发型的所有细节都准确无误。今天，当我们尽力掩饰这一举动——偷偷看一眼我们的口红，在大风天看看头发是否散乱时——我们都会想起17世纪率先行动起来的妇女们，我们也会像她们一样高兴地炫耀凡尔赛时代这项最实用的遗产。

法国人将镜子从凡尔赛搬进了自己的家里，他们证明了离开镜子便"不能活"。还有一项被我们今天所忽视的，就是我们在能照到全身的镜子前检查自己的衣装，也是第一次突破了宫廷界限的事。自从皇家风格进入私人家庭的那一刻，镜子便成了室内装潢的中心。镜子的新作用第一次突出表现在豪华的私人聚会上。

有时，人们会照搬皇家的风格——而这其中最豪华的莫过于17世纪的一场婚礼——圣西蒙的婚礼。他以记录凡尔赛生活的长篇（也是很刻薄的）传记而闻名。圣西蒙《虚荣的篝火》式的婚礼极尽奢华。1695年4月8日，婚礼在圣西蒙岳父马绍尔·德·洛格的私人小礼拜堂举行，当时正值午夜——此时的黑夜为这个闪耀的时刻提供了最好的镶边。德维兹在4月的杂志里详细报道了这场婚礼，读者了解到，"宫廷以及巴黎所有的名流"全部聚集在这个迷你的镜厅里。

图 9.3 一幅时装版画,描述了妇女如何用时髦的新款装饰物——袖珍镜子来检查她们的妆容和发型

人们不但能够在"巨大的镜子"中欣赏到形形色色的俊男靓女，还能看到对面大窗户外的美丽花园——凡尔赛花园的各个角落，就连远处的蒙马特山都被映在了镜中。

1704 年 6 月，布勒伊特男爵宴请芒陀公爵。当客人们步入餐厅时，花园（同样仿照了凡尔赛宫）里的橘子树"突然灯火通明"。公爵的座位在门的对面，门一直通向橘子林的中心；他一落座，门便开启，走廊顿时亮了起来。后来有人描述说那是一座"灯的拱廊，映衬在桌边的镜子中"。

路易十四统治末期，凡尔赛模式风行全欧。1715 年 6 月 6 日，波兰国王在华沙举行大型舞会，为狂欢节揭幕。每个房间都有明显的凡尔赛风格："每扇门的对面都放置着镜子，所有的装饰都增添了一个奇妙的影子。"自然，所有的镜子都是从法国皇家制镜厂购买的。

18 世纪初，法国陷入了镜子热潮中：每个人都渴望拥有一面崭新的大镜子，而皇家制镜厂生产的这些镜子也价格不菲。圣西蒙——很显然已经忘记了镜子是他婚礼上的主要角色——充满讽刺地回忆了费耶斯克伯爵夫人在 17 世纪 90 年代末镜子一上市时就赶快买了一面的情形。"'伯爵夫人，'她的朋友们问道，'你是如何弄到手的？''哦，'她答道，'我有一块毫无用处的土地，只能用来种小麦，我就卖了，换来这面富丽堂皇的镜子。我是不是做了件很奇妙的事？想一想：是要小麦还是要这么漂亮的镜子？！'"

到 1704 年，镜子热潮波及了资产阶级。热尔曼·布里斯在书中鼓励到巴黎的游客去参观为让·泰弗南修建的镜子庄园。泰弗南是一位金融家，靠与政府私下做军火交易发了横财。他的房子造价 20 万里弗尔，逾 1000 万美元。这笔钱大多用在了"豪宅中最出名的巨大镜子"上。

法国大镜子在各个方面都改变了凡尔赛时代人们的生活，其中的一些变化在我们今天仍然很明显。1699年，当时凡尔赛宫的首席建筑师罗伯特·德科特将室内装潢向前推进了巨大的一步。他将84英寸×42英寸的镜子挂在了国王的新皇宫玛丽宫的壁炉上。到18世纪早期，德科特已经是当时巴黎的豪宅——圣日耳曼区诸多豪宅的主要设计者了。在每一座豪宅里，他都将大镜子置于壁炉上，同时也宣传着他所开创的潮流以及皇家制镜厂的作品。德科特的名声很快传播开来：他行遍欧洲，重新设计或装修皇家及想要拥有皇家风格的宅邸。无论走到哪里，他都留下了自己的烙印：壁炉上的大镜子。很快，当时一半的设计书都出自德科特和克劳德·奥德朗及其他建筑师之手，这些书都印有指导读者如何将壁炉装饰成皇家壁炉或法国壁炉的版画。引领潮流的法国设计师向更广泛的大众展示了每个人的家都能具有凡尔赛的格调。

　　镜子直到今天依然占据着室内装潢的重要地位。早期名牌镜子的追随者们只扮演了次要的角色。他们一开始将大镜子面对面地放在圣日耳曼时尚豪宅的客厅里。很快，设计师们借用这一技巧来开阔空间，不只是客厅，还有卧室——很快便是各个房间。今天，任何人，任何时候，无论专业设计师还是普通人，都在家里或公寓里给镜子设置了明星般的地位——无论是满墙的镜子还是摆在壁炉上的一面简单的大镜子——这都证明了我们依然要感谢以1682年镜厅揭幕为代表的那种远见卓识，还有那些冒着生命危险和艰苦努力才使这一切成为可能的人们。

第十章

明亮的灯光，大城市
——从街灯到夜生活

Bright Lights, Big City: From Streetlights to Night Life

　　城市的别名由何而来？芝加哥被称为"风之城"，任何人只要在几个有风的天气里体验一下那里的湖畔效应，就会知道这个昵称的含义。费城的教友派信徒的历史使得"友爱之城"这个别名显得很自然。不过城市的别名也不总是那么容易解释。有谁能够很快便知道纽约为何被称为"大苹果"？还有巴黎，"灯之城"这个名字是从哪里来的？"灯之城"意味着灯火通明的城市，意味着充满刺激而现代的都市，因此很容易看出为什么会把这个名字给了巴黎。但是，这个称呼是何时开始，又是为什么呢？我们从来都不敢肯定，但有一点很清楚：是因为路易十四的巴黎的灯火第一次引起了人们的关注。在17世纪的最后几十年里，巴黎成了"灯之城"，它是第一个能够在天黑之后让街灯一直亮着的城市。

今天我们认为城市就应该是灯火通明的，在那里从来没有绝对的黑夜。2003年7月的美国东部大停电之所以如此臭名昭著，便是因为它改变了人们的这一概念，即使仅仅是一个晚上。关于那天晚上可怕的黑暗有很多报道：所有的照明统统都没有了——交通灯、霓虹灯以及动画大屏幕——纽约这个世界最大、最多姿多彩的城市失去了它所依靠的命脉。在我们熟悉的这个城市中，夜晚是夜生活的时间，这是一个充满活力的诱人词汇，我们用它来描绘能够让城里人在夜晚离开家去参加的各种娱乐和社交活动——人们有时会通宵达旦，整夜不归。这就是现代人对城市的理解。

在路易十四之前，没有哪座城市在天黑后仍然灯火通明。相反，太阳落山后的城市会陷入一片黑暗之中，很难想象城市的街道里能够有任何的娱乐活动。在17世纪的巴黎，演出从下午3点开始，这样剧院最晚就可以演到7点——在冬天这确实是在天黑以后，但还远不是令人恐惧的真正意义上的夜晚。从感觉上，黑夜来临是在晚上9点。如果安分守己的巴黎人必须要在夜晚出门的话，就一定要打着灯笼或照明火把；9点之后，任何不带灯笼出门的人都会被当场拘捕。人们普遍认为在欧洲主要国家的首都里，黑暗街道里的活动都与非法活动相关：巴黎人则害怕劫匪会在城市的街道里肆意流窜。

路易十四很快意识到巴黎不能满足他的愿望；如果白天的生活方式不能延伸到夜晚的话，巴黎就不能成为奢侈和魅力之都。所以从统治伊始，路易十四就有了一个具有革命性的想法——1662年，他称需要一种"便利服务"，亦即某种形式的照明。他说，这样一来巴黎的"街道将会在夜晚更加繁忙……做生意的人们会更加自由地活动"。在下达了皇室命令后，巴黎很快便成了全世界唯一一个有夜晚照明的城市。在路易十四统治时期，人们非常惬意地徜徉在巴黎灯火通明的街道上时，巴黎便成为第一个这样的城市——在那里，日落后室内外的公共生活依然不停歇。巴黎成了第一个"不夜城"。

早先也有关于城市照明的几次尝试。几个世纪以来，每逢正式假日或者有危险的时候，巴黎政府就会让居民在窗口彻夜点燃一支蜡烛。16 世纪时，第一次开始了关于怎样使这一措施永久化的讨论。1504 年，最高法院要求巴黎凡是面向街道的窗口必须在 9 点以后点燃一支蜡烛。在这一世纪里还通过了许多类似的法律，但都没有太大的影响。直到 17 世纪 60 年代，路易十四下决心使他的首都无论夜晚还是白天都要繁忙起来；除非特殊情况，巴黎的夜晚绝不会是漆黑一片。

路易十四本打算让私人企业来操办此事。1662 年 10 月 14 日，巴黎圣宝莱大街赖斯·霍尔斯这个地方，打算摆脱传统市场格局、另辟购物蹊径，成立了一个新行业的总部：巴黎灯笼与火把中心。中心的老板是手眼通天的阿贝·劳代蒂-卡拉法。和许多现代伟大的企业家一样，劳代蒂-卡拉法深知富有创意的想法和宣传战同样重要。他发出了小广告——这是我所知的小广告策略的第一次应用，广告详细描述了新系统将如何结束黑夜的统治。

在巴黎最繁忙最重要的地方（卢浮宫附近的主要广场上），都会有身穿制服的举火把人。这些带着足够多的火把及一磅半"最好的黄蜡"并且身穿制服的提灯人，和今天的出租车司机一样，必须登记注册并且有一个号码。（卡拉法的目标很高：他计划使用 1500 名提灯人。）人们需要做的就是去某一个指定地点，交一定的钱，就可以在提灯人的带领下去巴黎的某个地方。提灯人腰带上系着带有巴黎徽记的沙漏，每隔 15 分钟记录一次。这一新型服务并不便宜。如果要请提灯人陪他们走 15 分钟的路，需要支付 3 个苏，大约 7.25 美元，比早期时尚咖啡馆里的一杯咖啡还贵。而若要请提灯人上马车，人工为你驱车照明的话，那么 15 分钟就要支付 5 个苏（12.50 美元）。（小广告上说"15分钟内，人们可以到达巴黎任何一个想去的地方"。)

巴黎人为这一新的"便利服务"而疯狂——当时有一首很流行的歌曲赞颂劳代蒂-卡拉法"点亮了全法国"。尽管这一制度很受欢迎，但很快便寿终正寝了；被称为"太阳王"的路易十四发现他的首都仍然不能在日落之后亮起来。这一次，他决定亲自出马。1666年10月，他设立了一个由名流组成的委员会，每个成员负责两个街区。派给他们的任务对今天的大都市的市长来说再熟悉不过：保持巴黎大街的清洁，使这些街道更加安全，以使巴黎的经济更加繁荣。

第二年3月，国王决定听取委员会的建议，第一次将管理巴黎城的任务交给个人负责。他设立了一个职位：巴黎警察中将，身兼市长与警察局局长——在17世纪，"警察局"最早指的是城市行政管理部门，但那时这个词已经开始有了现代的意义。由路易十四挑选的这个尼古拉斯·德·拉·佩内被证明是一个非常出色的行政官，他掌管了巴黎30年。在此期间，佩内主持过几项法国历史上最有政治敏感性的调查工作（最著名的是下毒事件，国王的情妇蒙特斯潘侯爵夫人被指控使用了壮阳剂、毒药以及恶魔崇拜以使自己受宠于国王；事情的真相从未被披露过，但当这些事被证实后，路易十四便命令佩内组织大规模的活动来掩盖此事）。此外，他同时还预见到了巴黎历史上最大的一次变革。

佩内一上任，便投入到对黑暗和危险街道的治理工作中：他认为定点照明，而不是靠人手提，才是未来的可取之路。1667年9月7日，就在佩内上任后六个月，巴黎的小贩夏尔·康托以及国王的御用号手耶罗斯米·特龙松走街串巷地大肆宣传街道照明即将开始：2736盏两英尺宽的玻璃罩灯笼将被置于巴黎的912条街道上。小街道的两端各有一盏灯，长的街道则在中间加一盏灯。街灯计划"将于下个月开始实施"——令人吃惊的是这个时间表竟然如期实现了：1667年

10月29日，夏尔·罗比内在新闻简报里骄傲地宣称：巴黎"现在的夜晚就像正午一样明亮"。这种新闻式的夸张用法此处真是再恰当不过。全新概念的城市生活迅速成了现实——自从这3000盏灯在1667年10月被点亮后，便一发而不可收。

对于巴黎来说，街头照明从一开始就是行政管理的梦魇。为了延长灯笼的寿命，各种办法都被尝试过了。最初，这些灯笼被放在街道中间20英尺高的地方，后来决定将这些灯笼放在有房子的一边，离地面一层楼高。后来，这些灯笼用滑轮来升降，把这些连着灯的绳子装在一个金属管里，放在离灯最近的房子的墙上。控制滑轮的把手被固定在这根管子下面的小盒里。无论从视觉上还是从节省空间的角度看，这个系统都适合以建筑为中心而且街道狭窄的城市。

照明的成本很高，因此国王计划增加一项新的税收，"泥土及灯笼税"，旨在支付打扫街道以及照明的费用；仅仅灯笼一项就已经吃掉了这项税收所增加的额外收入。到世纪末，这项税收是27.5万里弗尔，相当于1350万美元；而每年仅仅蜡烛一项，巴黎就要花费20万里弗尔，即1000万美元——因为需要能够燃烧8～10小时的大蜡烛。（每晚巴黎要消费掉1625磅蜡烛。）到此时，照明计划已经执行了25年。这一制度非常成功，灯笼的数量翻了一番，达到近6500盏。

另外，维修也是令人头痛的事。房主被指派每年负责一定数量的街道。每个街区有指定的点灯人，发给他们滑轮盒的钥匙，外加一个足够装下10～15支大蜡烛的篮子。夜晚会有人摇铃，提醒他们要及时点灯。点灯计划经历了很多改变。最初，灯笼从10月底一直点到第二年4月初；1708年时，照明时间延长了，从9月1日到第二年5月底。从此以后，每年9月从7点钟开始点灯，10月在6点半，11月在6点，12月和1月在5点，2月在6点，依此类推。（由于我们现在计算时间更加准确,经过一些调整,巴黎今天的街道照明时间依然遵照这个时间表。)

这种造价昂贵的"便利服务"有着严格的监管制度。每个街区设有一个官方点灯人,他们负责灯笼的清洁和维护。每个街区还有一个剪烛花的人,负责灯捻的维护;如果灯捻太长并且"烧成炭",蜡烛就会"冒烟,亮度则明显减弱"。因此剪烛花者每天晚上要为冒烟的灯笼剪灯捻,然后再重新把蜡烛点亮。

如果有人没有履行职责,或者毁坏了昂贵的灯笼,那就麻烦了。1698年2月17日,一个名叫弗朗西斯科·特里弗林的巡视员发现市政厅旁的莫尔特莱里大街这个重点巡逻地区,即今天的市政厅大街上,有一盏灯笼坏了。他派人去找点灯人帕尤(帕尤在白天是个谷物商),帕尤派女仆过来查看;女仆把灯笼拿下来报告说灯笼坏了,官员便询问是否坏了很长时间,"她说她也不知道,而且对这些规矩一无所知。"佩内对谷物商帕尤处以30里弗尔(近1500美元)的重罚。

尽管点灯制度在最初有很多缺陷,但是改变起来却是很缓慢的。热衷于改革的人们对1666年创建的皇家科学院非常不满,因为每项变革都需要经过它的认可。直到1745年12月,"反射镜"(现在法国人对街灯的一个通称)才获得了专利。最初的"反射镜"是配上金属反光玻璃的油灯;最早的一盏灯安装在圣日耳曼街附近的道芬街旁。这种灯能够更好地照明,但是由于它们非常贵,所以蜡烛依旧占有统治地位。到1812年,灯芯已足够支持整整一晚上,这样就结束了几代剪烛花者的辛苦。1818年时,巴黎有了第一盏汽油灯。1843年,协和广场终于有了电灯。

所有早期的技术——从滑轮到冒烟的灯芯,在今天看来都十分原始,而在当时却都是非常前卫的,而且是大步的发展。这些新技术出现后,人们开始怀疑自己以前是怎样生活的。年轻的国王深知灯笼在他的巴黎计划中的角色，他说这些灯"能够点亮他的王国"。1669 年，在点灯计划开始后两年，国王颁发了纪念奖章。奖章的一面是国王的侧面头像，另一面是一圈拉丁文包围着，文字是：城市的安全与光亮。妇女左手提着一盏灯笼，右手是一个漂亮的皮包——她既象征晚上再没有盗贼出没抢劫巴黎商人的钱财，又象征着这些街灯所带来的繁荣，这是路易十四所深信的。

欧洲其他地方的统治者认为法国国王的骄傲是很有道理的。1670 年，阿姆斯特丹成为第二个引入照明街灯的城市。1680 年，柏林的普鲁士政府竖起立柱来悬挂灯笼。维也纳最初在晚上点灯是在 1687 年。1666 年伦敦大火毁坏了伦敦中部的大部分地区，因此点灯不是伦敦的首要考虑，直到 1694 年才有处理点灯事务的机构。即便那时，伦敦只是在没有月亮的夜晚才会点灯。

从一开始，灯笼就是巴黎的一项主要发明。无论如何，它都是现代城市的标志。在当时，几十年内一直都有人反对点灯，他们担心街灯会扰乱城市的安宁。日内瓦到 1793 年才安装了街灯，有人上街毁掉新灯笼，叫喊着："这里不是巴黎，人们对灯笼不感兴趣！"

那些认为路易十四置巴黎于不顾而只关注于凡尔赛宫的历史学家们，忘记了法国首都在路易十四统治时期内的巨大变化。那时，巴黎成为第一座灯火通明的城市；直到现在，巴黎一直是非常有格调且非常现代的城市。在一开始，精彩、刺激是巴黎光辉形象的基础。从 1667 年 10 月点亮蜡烛的那一分钟起，巴黎的夜晚就开始存在了，随之而来的是一种新的城市体验。

巴黎人很快便为突然能够享有的新事物而兴奋不已。1673 年 12 月 4 日，塞维涅公爵夫人和一群密友在深冬最黑暗的时候聚在一起共进晚餐。席间的谈话很愉快，聚会直到午夜才结束。因为有了新的便利服务，客人们各自回家，每个人向着不同的方向。在回家的路上她们又开了一个派对:"我们觉得在午夜之后走到圣日耳曼街的另一头很有趣。"——塞维涅公爵夫人住在马尔拉斯区的孚日广场附近;这一行她走到了城市的另一端——只为了送一个人回家……"都因为有了这些新灯笼,我们才能兴高采烈地回家。"夜晚在巴黎外出,以前是令人恐惧和害怕,而突然间,它的夜晚成了晚间娱乐活动的延伸,甚至本身也成了一种娱乐。17 世纪的最后几十年里,夜生活第一次充满了乐趣和魅力。

国王和他的巴黎市长兼警察局局长还开始了其他改变巴黎面貌的改革。1669 年,最原始形式的广告、店铺招牌开始充斥着整个巴黎。在那以前,店铺里用巨幅的画,通常非常宽大的画来招揽生意(通常会扩展到街道中间),而且挂得非常低,不仅阻碍交通,还影响了街灯的照明。国王下令将商店招牌全部摘掉,并且统一大小(尺寸小了很多),再重新高高挂起(距离地面三英尺半),宽度不得超过两英尺。

那时的街道非常破旧,都是土路,如果赶上下雨,街道上基本上全都是泥。国王下令为这些道路铺上鹅卵石,从此这成为浪漫巴黎的一部分。很快,国外的游客开始描写这些街道。1698 年,英国著名的物理学家马丁·里斯特尔赞叹这些街道在铺上石子后变得如何干净,如何漂亮("铺的是很硬的石头,大概 8 英寸见方")。他还描述了这些街道如何使城市显得美丽。里斯特尔曾在 40 年前去过巴黎,那时正是在路易十四改革之前。这次 1698 年的旅行让他有了焕然一新的感觉。"40 年里,巴黎成了一个全新城市。这是肯定的。"里斯特尔总结说,"自从国王加冕后,(巴黎)改变了很多,变得更好,成为一座崭新的城市。"这一切都是从街灯开始的。

17 世纪末,画家尼古拉斯·盖拉尔二世画了第一幅(图 10.1)后来广为人知的巴黎夜生活的图景,亦即城市在日落后如何依然不受

图10.1 这是最早的描绘夜生活的画作。这幅17世纪末的画作表现了最早的街灯是怎样操作的,以及巴黎的夜晚在街灯亮起来后有了怎样的改变

干扰地运转着。画家还表现了巴黎是怎样点灯的。在画面的右边，我们看到一位衣冠楚楚的先生，他正准备摇铃宣告点灯时间到了。点灯人按规定履行着职责，将蜡烛放入灯笼中，而他的孩子正弯腰看着篮子，准备点亮下一盏灯用的蜡烛。那位把灯笼放下来的先生站在附近的房子旁，等着蜡烛就位后再把灯笼挂上去。

盖拉尔的画同时还表现了巴黎街灯制度对城市及市民的影响。看看一尘不染的街道，还有整洁的铺设着的鹅卵石。画面左边的商店在新近延长了营业时间后，生意非常兴隆。商店灯火通明，装饰时髦，既繁荣也很诱人，证明了街灯和商业确实有着很密切的联系。盖拉尔还画了一类新兴的职业厨师，这一职业在街灯出现后才产生。这种厨师主要做烤肉，那是一种外卖带回家里吃的烤羊腿。画中的这对夫妇正享用着烤羊腿外卖；顾客也可以在商店里，用装点墙壁的盘子享用美食。这幅画告诉我们，对于路易十四而言，街灯就是幸福生活的同义词。

俗话说"灯红酒绿"，巴黎确实如此——至少路易十四最关心的就是"灯红酒绿"的城市。在巴黎成为不夜城的那一刻，人们突然开始觉得巴黎比实际的更大了。尽管17世纪巴黎在面积上有所扩大，但到路易十四末期，巴黎就已经被伦敦超过，因为伦敦经历了更大程度的发展。然而巴黎的导游书总是夸大巴黎的面积——甚至宣称巴黎"是一个属于自己的世界……是世界上人口最多的城市"。

巴黎给人以人口众多的印象，正如里斯特尔这样的外国人所注意到的——"巴黎人充满了好奇心，他们比伦敦人更喜欢出门去观看美妙的演出"。巴黎人的这种好奇心体现在当他们有了新的理由可以外出，或者有了可以闲逛的新时间段，巴黎人便会毫不犹豫地涌上铺设一新的街道。为了满足他们，国王下令拆除12世纪末到15世纪的城墙遗址，以取消城市的边界。

巴黎市中心（在法国仍然被称为"城墙中的巴黎"，尽管城墙已经在很久前就不见了）的城墙拆除后，国王立刻为巴黎增添了第一条笔直壮观的大道，亦即现代所称的"林荫大道"，从此林荫大道成为法国城市规划的一个重要特征。街道两旁树木林立，豪宅众多，"林荫大道"成了巴黎人散步的好去处。香榭丽舍大街也许是世界上最早的林荫大道，最初在1667年建造，正值点亮街灯的这一年。所有这些市政改革都使巴黎成为具有更深层意义的灯之城：一座令人兴奋的现代都市。

就在"太阳王"将巴黎彻底改造为现代都市的时候，他同时也在为巴黎竖立纪念碑。他给卢浮宫建造了一个新的门面；用里斯特尔的话说，他"翻修"了巴黎很多古老的标志性建筑，并为城市增添了新的景点。在所有这些举措里，国王遵循着这样一条总原则：他希望这些建筑能够得上17世纪第一次出现的一个形容词："不朽"。他希望自己因为这些建筑而不是因其数量而被人们记住。这些建筑如此重要，必然要为后世所瞻仰。而它们早已声名远播，来自国外的游客都认为来巴黎就是要把它们尽收眼底。巴黎拥有无与伦比的建筑物以及全新的娱乐享受，路易十四兑现了他的承诺，也促成了现代旅游业的诞生。

在古代——特别是在古罗马，有钱人的度假方式就包括了旅行。随着古罗马的衰落，这一传统逐渐没落了。中世纪及文艺复兴时期，很少有人做很重要的旅行。公主们为了结婚会横跨欧洲，通常却无缘重返故乡；宗教鼓励朝圣，就有了十字军长途远征；大使背负着外交使命出行；一些伟大的冒险家进行了传奇的远行；雄心勃勃的商人会为了新的商品和市场而去旅行。但几乎没有人想到去国外的城市游览景点并享受那里的娱乐活动，没有人会为了享受而去旅行——直到"太阳王"创造了"不可超越"的首都以后。他还让一种对人们生活有着更深影响的现象成为可能：旅游业。

17世纪八九十年代，巴黎的旅游业大幅发展。一个当时的编年史作者说，1697年，仅来到时尚的圣日耳曼街区的外国游客就达到1.5万人，第二年，来到圣日耳曼的游客翻了一番。国外游客在心里自然会将巴黎与他们的家乡相比较：他们在信中描述了这第一座灯火辉煌的城市。里斯特尔在1698年参观巴黎时，为这里的街灯所震撼。他说："我们伦敦非要人把灯收起来半个月，仿佛月亮每天都会出来为伦敦的街道照明似的。"对此，里斯特尔的同胞玛丽·沃尔特丽·蒙塔古夫人也认为："巴黎比伦敦好的地方就在于……晚上经常有街灯照明。"在给朋友的一封信中，蒙塔古夫人称赞了巴黎的街灯，她补充说妹妹也和她在一起，两人"一起在外边游逛"。她还在信中暗示说新的街灯也成了一个景观，和巴黎的其他景点一样值得人们前去欣赏，而且也是巴黎城给予外国游客的一项便利服务。

第一部现代导游书证明了蒙塔古夫人的话。1718年，尼梅兹在为德国游客写的旅游指南里，为他们描述了"灯火通明的"全新体验：来到巴黎就像"突然从阴影中走到了明亮的白天"。为了好好欣赏这一新景观，尼梅兹建议游客们到由几条街道交接的十字路口去，这样就可以欣赏到"少有的奇观"——相隔一定距离的街灯向各个方向伸展。在1692年的导游书里，马拉纳将街灯列为现代世界的一大奇迹："这项发明本身就值得一看，不管你离得有多远。每个人都必须去看看希腊人和罗马人想都没有想到过的东西……这一景象如此壮观，即便阿基米德在世也不可能做得更好。"

游客来到巴黎后很快就会发现，这些街灯也能够在十分具体的方面影响他们的起居。科勒泰在1689年的巴黎导游书里强调，这些街灯一直亮到凌晨两三点，"就好像白天一样明亮"。因此，尼梅兹补充说，现在"在晚上出来活动的人和白天一样多"。而这第一批在夜晚出门的人能做些什么呢？和我们现在任何大城市里的人差不多。"很多商店，还有很多咖啡店、烧烤屋（图10.1）、酒吧都开到晚上10点或者11点。"尼梅兹骄傲地告诉国外读者，他们远离巴黎的家乡还没有这些新的晚间活动。第一次，旅游涵盖了今天人们在度假中所做的一项基本活动：你可以一直购物逛街直到累倒。

1669年，在路易十四纪念街灯出现的纪念章上，画中人举着厚厚的钱包，仿佛在表达着国王的愿望：从抢劫犯手中扣下的钱能够花在法国的奢侈品上。几十年后，尼梅兹重申了路易十四当初的想法。他告诉德国游客去巴黎要多带钱，因为街灯把巴黎变成了一个购物天堂："在这里花钱，你会拥有更大的快感和满足感，而你生活的城市则是完全与世隔绝。你被财富包围但却不能体会到快感。"他总结说，伦敦和阿姆斯特丹是很好的城市，但只有在巴黎，游客才能够拥有真正的快乐，特别是花钱的快乐。巴黎开始晚间照明后，俊男靓女们便沉浸于夜晚的高端购物活动，而外国游客自然也开始做着时髦的巴黎人所做的事情。

我们用来描述这一新型旅行的词汇——"旅游"以及"旅游者"，只是到了19世纪早期才出现，但这种由人所创造的体验，这种为了快乐而进行的旅行就是从17世纪晚期开始的。1690年，时尚界的权威杂志《未锁的女更衣室》（*The Ladies Dressing Room Unlooked*）开始讨论起这种新风尚：年轻的英国贵族在他们导师的陪伴下去国外，到欧洲大陆去游学，就好像今天的大学三年级学生出国交流一样，既有教育意义也能获得享受。"一般游学"很快变成了"豪华旅游"，人们在欧洲大陆停留的时间越来越长。

关于旅游的词汇最早出现在法语里是可以理解的，因为从一开始，巴黎就是现代旅游业皇冠上的珠宝，是每一条旅游线路的中心，无论一般的旅游还是豪华出游。（事实上，一般的旅游基本上就是在巴黎多作停留。)配备了第一本真正意义的导游书后(里斯特尔说这种书可以在伦敦的每个书店里买到),最初的旅游者们开始探寻"太阳王"与佩内创建的那个壮观的纪念碑式的可供漫步的城市。在夜晚,游客和白天一样购物、在外就餐、在咖啡店里小憩;他们做着现在的人们在巴黎仍然在做的事。今天,无论是夜晚还是白天,我们怀揣一本导游书,游览各个景点,沉浸在国外城市的氛围里——这就是在追随最早一批游客的足迹。

但是,我们与他们有一处明显的不同。用蒙塔古夫人的话说,他们"一起外出",在巴黎待上好长时间。我们今天很少如此了。尼梅兹告诉游客们,他们应该计划在巴黎待上一年,好好享受巴黎的娱乐。巴黎的时尚生活如此迷人,即便不能花上一年的时间,六至八个月也是可以的。尼梅兹的导游书还为要去巴黎花钱的人提出了警告:他们有可能"太过沉迷于法国的魔力,以至回家以后再没有什么能够满足他们的口味"。乔·扬和萨姆·M. 刘易斯也在1918年说过——在美国参加"一战"后,另一次大规模的出国游突然成了现实——"在他们见过巴黎以后,你怎么让他们安分地待在农场里?"

第十一章

防雨的漫步
——从折叠伞开始

Waterproofed Walking:
The Original Folding Umbrella

今天,那些在雨天里走在城市人行道上的人们肯定不会喜欢在大雨瓢泼时出行。然而,他们有着雨伞和雨衣庇护,下雨本身只是有些不方便,倒不是阻止出行的大事。

在17世纪晚期之前,没有人可以理解现代人对雨天的想法。在防雨用品,特别是雨伞尚未被发明之前,人们梦想着我们现在所忽视的事:能够在雨天出行,而且不被淋湿。雨伞是一项解放性的发明,它使人们可以在雨天仍然以尽量正常的方式进行正常的活动。在一开始,雨伞非常笨重:尽管雨伞能够起到防雨的效果,但它们的作用非常有限。

18世纪初,一位聪明的发明家发明了第一把好用的雨伞——第一把能折叠起来的伞。让·马休斯(Jean Marius),这个将雨伞带入现代社会的人非常了解当时改变巴黎的奢侈品业,于是，他将雨伞设计成装饰品，其意义远不止于实用性，而是又漂亮又时髦。马休斯的这项发明使得雨伞的实用性与时髦并重，因而在下一个世纪里，一把折叠伞成为去巴黎旅行的富有游客们的必买商品。

　　折叠伞的发明正好赶上巴黎转型为世界时尚、奢侈品以及高端购物都市的时期。确实，很少有奢侈品像折叠伞那样对人们的生活方式产生了如此巨大的影响；它帮助人们用一种新的方式来享受这座城市。这种易于携带的雨伞促成了使巴黎成为时尚之都的各种活动的兴起——从漫步到游览景点再到购物——所有这一切都依靠上街游逛的自由度，这在以前是不可能实现的。就像新的街灯使高档的巴黎在夜晚依然继续运转着，折叠伞则延续了人们高质量生活的时间：雨天再也不会将时尚关在屋子里了。相反，折叠伞让他们有机会去炫耀时尚的品牌装饰品，第一次，人们懂得去追求品牌饰品——让·马休斯做的漂亮的"袖珍雨伞"。

　　今天，雨伞是我们最需要的物品之一。在全世界，它们是最容易丢失的物品，而且也是最不容易被归还到失物招领处的物品。在巴黎，失物招领处将雨伞的低返还率归结为，如果有人在地铁里捡到一把雨伞，他们更有可能把它带回家，而不是交到招领处。对于18世纪初的城市人来说，新兴的雨伞是一件贵重物品，那是充满了异国风情的全新理念：珍贵、别致、时尚。

　　雨伞有着悠久的历史。类似于现代的雨伞或者阳伞的东西，最早出现在埃及人的壁画和希腊花瓶上。这些伞被称为皇室阳伞，因为它们完全是荣誉的象征——显贵们请人给自己作画时，会让仆人在旁边撑起一把阳伞，借此来炫耀他们的地位。直到17世纪末，所有这一切都是地位的象征。尽管让仆人在头顶撑伞会使脸部有阴影，但让人知道你雇得起人来为你遮阳才是最重要的事。

　　没有证据表明这样的伞是用来避雨的；所有代表它们的希腊和拉

丁文词语都与阴凉有关，而从未涉及雨。我们现在用的英文 umbrella（雨伞）也是如此，这个词从拉丁文 umbraculum 而来，其中修饰成分 umbra 表示阴凉。

在 16 世纪末和 17 世纪早期，伞开始有了两方面的改变：首先，人们更加注重阳伞的实用性而不是象征意义。其次，发明家们开始尝试在以前的阳伞上使用从没有用过的防水材料。

最早用伞来防晒不是地位的象征，而是早期异国时尚风行的结果。到东方或者主要的港口城市旅行的人带回了中国纸伞。在日记里，英国绅士学者约翰·伊夫林描述了他于 1644 年 10 月在马赛买的那把伞。当旅行者们将这些外国纪念品呈现在皇宫里时，追求时髦的人马上就爱上了它们。很快，手工艺人——首先在意大利，然后是法国——开始尝试这一新的玩意：在 16 世纪最后的几十年里，我们看到了欧洲最早的阳伞。

欧洲最早造出的阳伞有些也许很漂亮，但大多数并非如此。蒙田见到了最早的阳伞，便在《论虚名》一文中写道，它们"给手臂带来的负担，比为头部减轻的要多得多"。事实上，在 17 世纪最后几十年之前，阳伞不可能不笨重。当时由于通常用皮革来做伞，骨架要么用鲸鱼骨，要么用木头，一把伞大概有四磅重，四英尺长。17 世纪早期，开关阳伞的小装置被发明出来了。这时阳伞的体积尽管仍然很大，很难舒服地拿在手里，但可以夹在腋下——至少男人可以拿了，而绝大多数妇女则因为太重甚至都不想一试。

那时，为了防雨，男人通常的做法是戴上宽边的皮帽子；无论男人还是女人，通常用沉重的宽领斗篷来保护自己不被淋湿，尽管早期用皮革做的阳伞可以为那些不在乎重量的人当雨伞用。从 16 世纪末开始，发明家们，特别是意大利的发明家，运用了各种各样的材料：蜡、油以及普通的树胶材料。没有证据显示早期的防水材料是否达到了预期：在路易十四时代以前没有任何防雨服的销售记录。经过一个世纪的尝试和失败，就在最早的防水材料试验有了科学记录后不久，防水材料的市场在1677年的法国形成了。

1677年夏，两个男子跳入了巴黎的塞纳河，其中一个人赤身裸体，拿着用防水皮革做的包袱，包袱里是他自己的衣服。另一个人在平常的衣服外边穿着最初的防水衣和防水裤。法国皇家科学院（也是路易十四资助的另一个组织）组成的代表团聚集在岸边，仔细观察这一试验，以便证明两人从水中走出来时衣服是干的。这件大事由约翰·洛克记录在1677年9月16日的日志里。这一试验是雨伞开启了现代时代的最早明证。雨伞的现代时代来临了：到1677年，正当最早的时装业初具规模时，很显然巴黎人希望能够在雨中行走并在到达目的地的时候衣服还是干的。自从那两人在那个晴朗的夏日跳入水中后，最早的防水裤、防水服、防水靴的广告便出现了。其他一些发明家则将注意力集中到刚刚发明的法语词——雨伞上面。法语是第一种出现这个与雨相关的词的语言。

很难确切地知道第一把雨伞是何时制造的，这主要是因为大多数语言只是在防雨用品出现以后才发明了雨伞这一新词。从未给防雨用品发明过专门词汇的英语，是最难搞懂的。在英语中，直到18世纪，"雨伞"和"阳伞"两词才有了区别，而且那时这两个词依然是混用的。在那以前，很难确定雨伞这个词确实是指我们今天所知的雨伞。

法语无疑是第一种承认雨伞存在的语言，因为雨伞最早就是在法国推广的。"雨伞"一词于1680年第一次出现在词典里。我们从萨缪尔·佩皮的日记以及约翰·洛克的日志里得知，英国当时还没有用雨伞。法语中新出现的"雨伞"一词在17世纪最后几十年在巴黎被广泛接受，这正是让·马休斯（路易十四时期最有远见的发明家）将原始的防雨工具变成现代雨伞的时候。

马休斯是制作钱包的高手。他因此对宫廷妇女们漂亮手包的金属机关非常熟悉。他把这项技术应用到了雨伞制造方面。到 1705 年，这一原始的庞然大物被彻底变得现代了。如果今天见多识广的时尚先锋们看到他的发明，也很难分辨出它与雨天放在他们公文箱里小巧时髦的折叠伞有任何区别。三个世纪以后，马休斯做的雨伞中仍然有两把保留了下来，有一把还保留着最初深绿色的府绸伞套（图 11.1），伞的布料上涂了油或树脂以起到防雨的效果。

显然，马休斯深知要为雨伞开拓市场，就必须要让雨伞容易携带。幸亏有了与现代折叠伞相类似的钢架结构，他发明的雨伞不但可以关闭，而且也可以撑开（图 11.2），这就是我们定义的折叠伞，第一把可以不费力气地拿在手里、挂在腰带上或者塞到提包里的雨伞，也是第一把人们在雨天愿意整天都带在身边的雨伞。

1709 年，马休斯改进了他的发明，改进后的雨伞仅有 5～6 盎司重，折叠后根据型号不同只有 7.5～9 英寸长，关闭后的直径只有 1.5 英寸。但是马休斯的折叠伞很大，张开后有 22.5 英寸高，伞面直径达 17.5 英寸。关上它，只需按一下位于上部的按钮；打开它，只需顺着手柄把伞撑开。（可打开部分的把手是钢结构的；下面部分是木质的，还有铜制的伞把。）马休斯还在伞架上拴了绳子，以防止雨伞在大风天时向外翻。他甚至还发明了一个小伞套，用匹配的材料制成，可以把伞放在里边收起来。

另外，马休斯意识到没有广告宣传，雨伞的用途就不会被广泛理解，很容易被束之高阁。于是他开始为袖珍雨伞开辟市场，告诉大众阳伞是为了遮阳，而雨伞则是为了避雨——特别是他的这项发明，由于所使用的布料，既可以遮阳又可以避雨。为了这个目标，他开始了第一次真正意义上的宣传活动。

路易十四对这项发明特别感兴趣。1710 年，他颁布了一项皇家

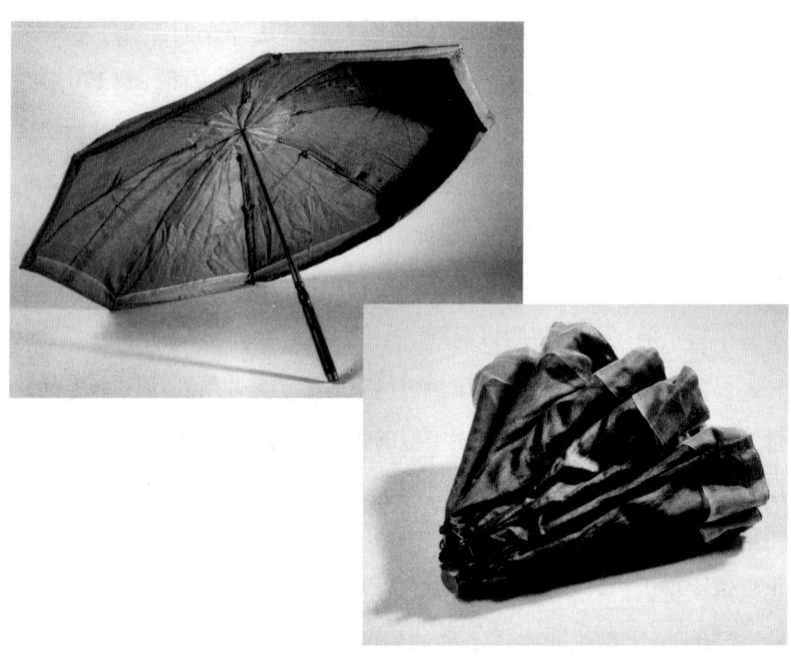

图 11.1 这是最早的折叠伞,今天折叠伞的前身,1709 年由让·马休斯改良而成。打开后,可以看到防止大风天时伞向外翻的绳子。这是一个很普通的款式,为男款;伞面用的是最初的材料——深绿色的油布

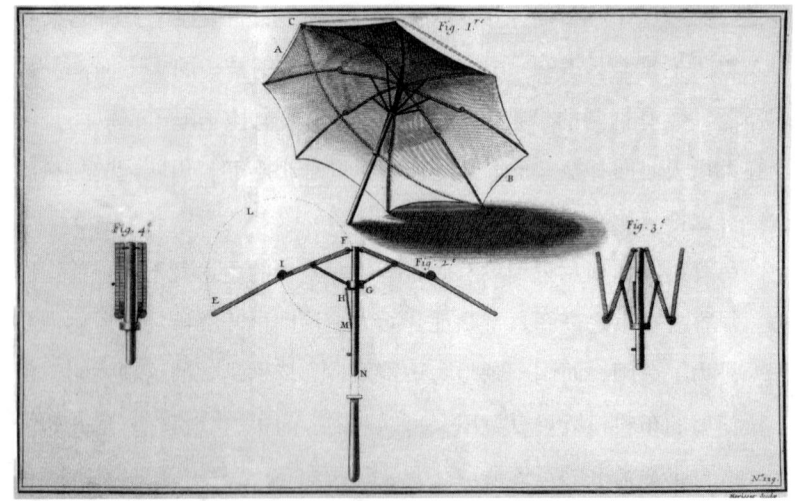

图 11.2 马休斯画的图,用以向皇家科学院解释雨伞的结构

特许状,这是现代专利的雏形,其内容业内人士都已知晓。这份文件授予马休斯可以享受对雨伞生产的五年垄断权。(任何被查出的违法者都将被罚款1000里弗尔——将近50000美元。)在这项特许状中,这项发明的名称至今仍然保留在法语中,专指马休斯制造的这种雨伞:"parapluies brises",其字面意义是"分裂的雨伞"。从很多方面看,这项特许状很特殊,首先就是它本身的存在:授予生产者五年垄断权,而手工艺人在过去从没受到过这样的礼遇。其次,特许状一般措辞简单,而这项特许状却很可能是通过广告代理商来起草的(或者由雨伞所谓的"作者"来草拟):它对这项新发明大肆吹捧,并详细阐述了为什么每个人都一定要拥有这一特殊的新产品。

当时的时尚报纸《梅屈尔·加朗》的主编德维兹在文章中宣称,他已经拥有了一把雨伞。他鼓励读者去马休斯的店里买一把。马休斯的商店位于圣日耳曼街区,店标是三个漏斗,毗邻巴黎时尚购物街圣宝莱大街。

皇家科学院多次大张旗鼓地为马休斯做宣传。这些平日里聚在一起探讨严肃的科学问题(比如温度计等科学仪器的改进方法)的学者们,在他们公布的研究结果中对新雨伞赞扬有加,说它"比其他的伞轻很多","可以方便地装在口袋里携带",而且"同大型伞一样坚固"。他们肯定地说这种雨伞"只有五六盎司重",而且宣称"已被广泛使用"。皇家科学院的评估正是马休斯希望得到的信息。1715年7月,在取得巴黎警察局局长达让森侯爵的许可后,马休斯在巴黎街头张贴了海报广告:"装在口袋里的雨伞和阳伞"(图11.3)。

皇家科学院、警察局局长以及国王本人,法国这些最高权威者们让马休斯成了家喻户晓的人物。确实,皇家专利以及海报都宣告马休斯拥有了时尚配饰业此前从未享有过的权利:"每一把伞上都会印上他的标识。"让·马休斯成为时尚历史上最早的品牌。

马休斯所用的海报宣传方式在当时非常特别。当时标准的方式是宣传单，只有文字而没有图画。而马休斯的雨伞广告，既有文字也有图画，必然是今天广告牌的始祖了。这同时也标志着一种新的时尚广告出现了；第一次，时尚业能够将强烈的视觉效果表现在街头。

马休斯在巴黎街头展开的广告攻势正表现出他的这项发明具有很大的商业前景。这段文字详细解释了袖珍雨伞的实用与坚固。为了强调雨伞的体积小，这幅画描绘了"装在套子里的伞"到底是什么样子。这则广告同时也体现了马休斯的第二个重要观点：这些是"前所未见的最时髦的伞"；"伞边和伞把上都有很多装饰，即便是最苛刻的顾客也肯定会满意"。

为了加强效果，广告里还画了两个巴黎人，他们因为拥有了全城最时髦的雨伞而满意地笑着。左边是一位妇女手握非常华丽的雨伞；右边是一个小伙子（或者一个男孩）拿着一把朴实得多的伞。这种袖珍伞既坚固又时髦，适合每一个人。这两人的形象就是为了反驳可能会威胁到袖珍伞销售量的性别问题而设计的：因为评论者们已经在说这种伞更加适合妇女使用。马休斯希望能够很快消除这一说法，而他的宣传战略确实取得了效果，当本杰明·富兰克林于1767年9月第一次来到巴黎时，巴黎吸引他的第一个街景就是每个人都带着一把折叠伞："无论男人还是女人，手中都握着一把伞，以备下雨时用。"

广告海报上写着"皇家科学院的先生们证实"，以说明马休斯的发明有着和大型伞一样的作用，并且很好携带，"每个人都可以很方便地随身携带，以防备坏天气"。确实，马休斯说，雨伞已经找到了它的定位，"根据销售情况，这项新发明好像已经被大众很好地接受了"。

马休斯声称每个人都拥有了一把他的折叠伞，我们不禁要怀疑这一说法的准确性。我们不知道第一批伞的价格，但肯定不是所有人都买得起，除了那些非常富有的顾客。确实，在1754年，这种折叠

图11.3 1715年7月,马休斯用以宣传雨伞的广告海报。他在广告里加上了图画,以表现雨伞对男士和女士都适用,以及雨伞折叠后能够有多小,而且能被放在匹配的伞套里保存。这张广告对这一新发明高唱赞歌。右下角处是巴黎警察局局长签署的可以在巴黎大街上张贴此广告的许可

伞的售价第一次被文字记录下来，其价格仍然在15～22里弗尔，即750～1100美元之间，比同一商店里只卖9里弗尔的不折叠的伞贵得多。由此可知，富兰克林所看到的那些时髦的行人是花了一大笔钱才拥有了马休斯发明的既实用又时尚的雨伞。

折叠伞在18世纪仍然是需要想一想才能去买的奢侈品，这是马休斯影响力的证明。也许他最重要的影响就在于一种被越来越多人接受的理念：雨伞是不可或缺的装饰品。18世纪30年代，德国出现了雨伞的广告，而这时雨伞在英国刚好开始走俏起来。无论如何，雨伞被人们认为是在巴黎能够得到的最好的东西。

1769年，巴黎警察设立了"公共雨伞"制度，亦即在卢浮宫或者路易十五的宅邸（今天的协和广场）等重要场所不分昼夜地出租雨伞（按小时收费）。这是雨伞走出奢侈品市场的第一步，这个过程直到19世纪才完成。在那以前，法国雨伞一直受到海峡对岸的英国的竞争。直到20世纪，法国一直在马休斯开创的这个领域里占领着统治地位：这一奢侈品贸易牢牢掌握在法国人的手中，而英国人则掌握着便宜雨伞的大众市场。

在17世纪末，即在时装业最初兴起的几十年里，时尚的巴黎人穿上了越来越漂亮的昂贵服装。这让他们更加受到巴黎多变天气的影响。马休斯发明的袖珍伞使妇女们体验到了以前想象不到的独立性：她们不再需要仆人来撑伞挡雨。在城市里，一旦拥有了这种行动自由，她们就能去最早期的明星理发店，或者光顾当红的服装店，或者去购买漂亮的穆勒鞋。

折叠伞的发明在三个世纪前怎样改变了第一批买主的日常生活，能够留到今天的证据很少。我们有一些对雨伞有着最大热情的女顾客的信件。1712年6月12日，来自巴伐利亚的帕拉坦公主为她在德国的亲戚描述了这种新伞："这种伞可以随意带到各处，以防你在半路突然遇到下雨。"

公主的信告诉我们折叠伞在城市（马休斯的宣传只针对城市）以外的重要功用。公主解释得很清楚，她觉得雨伞很重要，是因为它第一次给妇女一种被我们现在所忽略了的机会：她们无论何时都可以在户外漫步，独自欣赏花园或者她们乡间宅邸周围的风景。

在路易十四治下最后几十年的法国，女作家们已经在宣传这样的理念：只有我们与大自然取得心灵上的交流，才可以更加透彻地了解自己。这种理念后来成为浪漫主义的基本原则之一。也许我们在塞维涅公爵夫人的信中可以看出与大自然用新的方式进行交流的欲望。她抱怨说自己经常冒着"被淋湿"的危险，在天气不好时在只有外衣和帽子的保护下出门。1680年6月21日，她说她计划找个小小的保护，她称之为"雨伞"（这是最早使用"雨伞"一词的一个例子），她要把雨伞支在宅邸里重要的地方。有了这样的保护，她就可以自由地在室外"观赏无限的风景"。塞维涅公爵夫人觉得她的发明很重要，下决心一定要告诉《梅屈尔·加朗》的时髦读者。有了马休斯的发明，下一代的妇女们可以完全自由地在乡间漫步，无论何时，也无论去哪里。她们可以尽情地观赏无限的风景，然后把所见所感写在信件或者小说里。

设计有时会被定义为形式和作用的统一体。我们知道马休斯发明的雨伞非常先进，因为三个世纪后的今天，我们的折叠伞也没有太大的变化。如果忽略袖珍伞各种不同的功用，我们也许就会认识到让·马休斯的雨伞是注重设计的那个时代里最重要的一项设计产品。有多少设计作品可以同时在文学史和购物史上产生重要的影响呢？

第十二章

新型购物
——古董、高档家具、室内装饰

收藏家的生活方式现在在我们身边非常普遍,已经不再是美国上流人士的专利,尽管绝大多数人不会到克里斯蒂或者索斯比拍卖行去拍卖东西,甚至很少有人会真的踏入装饰华丽的美国大古董店,但随着《巡回鉴宝》(*Antiques Roadshow*)节目一季又一季、一周又一周地播出,全美国的观众已经对古董有了很多了解。人们追溯起古董的源头;人们对古董的来历产生了兴趣;人们想要知道关于传家宝的一切知识;人们还喜欢在拍卖会或者易趣上买东西。最重要的,人们痴迷于收藏所带来的快乐:一种猎取的兴奋感。今天,全国各地有越来越多的古董集市和古董跳蚤市场。古董集市刚一开张,便会有成群的古董迷围在桌子或者摊位前,要么淘便宜货,要么淘宝贝,要么迅速买下中意的物品。

促成今天古董狂的那份热情形成于17世纪的最后几十年，这是很好理解的。毕竟，对于当红设计师和配饰的狂热与对由某一天才设计师制造的家具或者某一作坊出品的瓷器的狂热是一脉相承的。无论是获猎古董还是购买奢侈品都不可缺少对品牌的狂热追求。另外，这两种购物都是对当红风格的追求，古董则将时装购物的准则带进了室内装潢领域。

17世纪60年代以前，收藏世界的范围很小，也很私人化。就在17世纪60年代中期，购物发生了革命性的改变。正因为商品的陈列方式发生了改变，新的器具开始销售，顾客们对待商品的态度也不同了。他们对购物以及室内装潢的观念发生了改变。收藏的范围扩大了，古董也成了一类货物，人们会像买名牌服装一样买古董。

首先，这意味着那些对古董发生兴趣的人喜欢路易十四时期巴黎开创的购物环境：新型的商店，新的市场，灯火通明的夜市；这也意味着新的收藏家，就像最早的时装女王一样，决心把他们的爱好带到公众场合里去——他们想要第一个发现下一个走红的制陶艺人或画家，想要第一个拥有前几天国王刚买过的那款花瓶。对于将只有少数伟大的收藏家的世界变成今天的古董集市和跳蚤市场，建立起这种被很多人认可的具有竞争意识的购物方式非常重要。最后，这些收藏家不再是在所谓的私人博物馆里独享各自的宝贝；他们将古董和收藏品当作一种装饰，将其变成家居装潢的重要组成部分。于是，他们在固定的场所购买古董，比如集市，那里有各种各样的高端商品——从豪华的布料到漂亮的餐具，应有尽有。就在这种地方，猎取的兴奋感第一次走出了私人博物馆，走进了全欧洲的客厅。

现代的古董和古董业最早出现在巴黎也是很有道理的。在17世纪60年代，没有其他城市被认为是可以收集和展示各种奢侈品的地方。今天来到巴黎的游客，只要曾经淘过古董——很多人甚至不愿去别处淘宝——就会来到世界上最大、最著名的跳蚤市场，即位于巴黎城北的圣图安市场朝圣。其他很多人会将逛古董市场作为巴黎旅游的一项内容。

我自己最喜欢的集市是巴黎城外每年两次的夏都集市（Chaton）。每年 9 月和次年 3 月，各有 10 天，四百多位古董商从法国各地涌来，在塞纳河畔搭建起既能引发巴黎人购物热情，又具有淳朴村趣的舞台。

城市的享乐是第一位的。这个古董集市的中心是一个小型的购物城。夏都市场的设计严格遵照典型的法国城市规划，这种几何图形对很多美国城市都产生了影响，比如费城的市中心。每条街道都有整洁、通常也很优雅的商店或摊位；有些街道还会像帐篷市场一样带有顶棚。这样，那些去夏都淘古董的人，就像在城市里购物一样，经常从室内逛到室外，再从室外回到室内。熟悉巴黎的游客们都知道夏都的街道标牌全部是蓝底白字，这在今天的巴黎仍随处可见——集市里的这些街道都以巴黎第 11 行政区（巴士底稍北的一个街区）的街名命名：理查·勒努瓦大道、舍曼·韦尔街、德奥伯坎普夫大街，等等。

夏都市场里的巴黎街区也展示了法国乡村很戏剧化的一面：在集市北端的摊位提供的是食品和葡萄酒，而不是漂亮的古董花瓶和椅子。游客们可以在此休息，在桌边品尝美味佳肴，不用为买不起集市里的东西但又抵不住诱惑而焦虑，就好像他们突然被拉到法国的乡村深处，来这里庆祝一年一度的节日一样。有些商人站在他们的摊位上剥着牡蛎，有些人做着香肠，还有些人切着巨大的熏火腿——这些火腿赋予夏都集市一个非正式的名称：火腿集市。

夏都集市的名声以及吸引今天游客们的那种高端奢华与乡间野趣相结合的情调，却是 17 世纪 60 年代的产物。那时，拥有几个世纪历史的巴黎集市体系正在转型，从中世纪开始风行全欧的传统娱乐形式向一种全新的形式转变着。在这种新型的集市里，最早的现代收藏者们开始猎取各种各样的珍宝，他们想用这些古董（正如今天的收藏家们一样）将餐桌或客厅布置一新。

早在12世纪，巴黎人就开始期盼着一年一度的圣日耳曼集市——每年复活节后在户外持续三周的集市。16世纪早期，圣日耳曼修道院（今天这个时尚街区便以此得名，即圣日耳曼街）建起了带顶棚的集市。从那以后，这一集市就有了固定的地点。

17世纪前的欧洲，中世纪的集市仍很风行，其中最有名的是伦敦的泰晤士河畔冰雪节，只有在泰晤士河结冰的时候才会举行。和所有的传统集市一样，冰雪节为大众提供了娱乐。伦敦人可以滑冰，甚至可以在冰上烧烤；商贩们用毛毯搭起很原始的小摊，人们在那里购买纪念品。1683年举行了最为宏大的冰雪节，最富异国情调的商店为大众提供着最具实用性质的娱乐：那是一家印刷作坊，人们花六便士就可以把自己的名字印在纪念品上。

到路易十四时期，圣日耳曼集市和伦敦冰雪节的不同之处仅在于，它举办的时间和地点是固定不变的。巴黎人去集市是为了看变戏法表演、木偶表演、野生动物，还买很多低档但实用的商品。后来到了17世纪60年代中期，圣日耳曼集市发生了巨大的改变。马戏表演仍然是集市的一部分，甚至意大利传统的即兴喜剧也开始在那里非常简陋的舞台上演出。粗陋、无计划、随随便便的集市很难成为路易十四时尚首都的典型活动。于是低档的娱乐成了配角，取而代之的是集市的新热点，这个热点是中世纪集市很难想象到的：高级环境中的高端购物。新的圣日耳曼集市是购物史上的一个里程碑。

在新的环境下，富有、时尚的顾客成为第一批新型集市的拥趸。他们去集市是为了享受快乐的，正如之前以及之后逛集市的人们一样。

但他们去集市的最大目的是为了另外一项娱乐。在17世纪60年代中期的圣日耳曼集市上，购买奢侈品第一次真正成为一项公众活动。贵族们去集市，就好像在晚上外出看戏或者赴晚宴。他们成群结队，穿着入时。在集市上，从巴黎最高档设计师的配饰，到银器、餐具、珠宝，无一不是他们猎取的目标。他们不停地购物，直到累倒。只要是高端商品，就可以在集市上找到。在一个屋檐下就可以看尽巴黎。如果在购物间隙想要休息的话，有精致的茶点可供享用，让人们舒缓精神后继续购物。是的，就在这样的集市上，开始有了古董商人。

到17世纪60年代中期，这一年一度的活动已经颇具规模。集市持续两个月，从2月初直到复活节前的星期天。这个没有顶棚的集市里共有20顶帐篷，大概350个摊位。一幅17世纪末的画作（图12.1）展现了这个集市的结构图，这是城市规划的经典之作。画家没有画屋顶（直到一个世纪之前，这还被认为是集市最著名的建筑特点）：他想要凸显这个早期购物城的整体布局，因为就是这一布局让圣日耳曼集市与传统集市截然不同。在这些帐篷里是一种全新形式的集市——今天古董市场的雏形。每一座帐篷都由走道隔开，每条走道都以巴黎街道命名——诺曼底街、比卡迪亚街等，而集市里的通道与外边的街道是连在一起的。

就在圣日耳曼教堂地区成为新的时尚中心之时，每年集市上的商品都反映着巴黎最新的发展趋势。多亏了早期新闻记者的敏锐，我们才能知道这种转型是何时发生，并如何发展的。这些人像今天的记者一样追踪着市场动态，向早期的时尚追随者们提供巴黎市场的重要资讯。

让·洛雷是第一个报道这一集市的记者。1664年当集市刚刚开始时，他在1664年2月23日的《历史的缪斯》报上向读者宣告这一集市即将成为奢侈品贸易的中心：人们可以在这里买到银器、漂亮珠

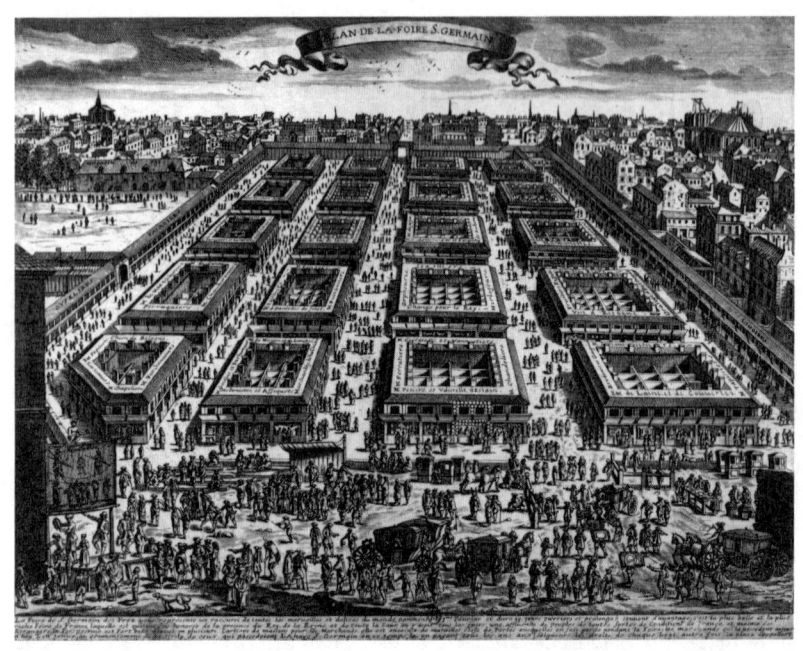

图 12.1 一幅关于 17 世纪末巴黎圣日耳曼集市的画。古董市场就从这里开始。当时的评论者们对市场漂亮的布局赞许有加

宝、亚麻制品、瓷器、镜子、绘画——这个集市拥有今天人们对古董市场所期待的一切。洛雷说得很清楚，这一集市只瞄准了高端顾客；他还补充说俊男靓女们已将这个集市变成了他们的展示场。他们通常来得很晚——真正的时尚顾客们要在剧院散场后才会出现——他们在蜡烛和火把的映照下购物，而此时"珠宝最为耀眼"。洛雷所说的很可能既有购物者身上的珠宝，又有在珠宝匣里展示的珠宝。从此，圣日耳曼集市成为巴黎奢侈生活的一部分，人们去那里购买最新款的商品，或者展示已经拥有的时尚。

在对1666年集市的报道中，克拉瓦特·德·马约拉斯指出，有些商店是购买不同器具所必须去的地方：胡金小姐的商店里有最漂亮的银器；位于波布大街的弗朗西斯·马迪尔店铺有着"最清澈的水晶，最耀眼的吊灯"；而在蒙西厄·弗罗斯特的篷摊（第一个指称商贩摊位的词；也指剧院包厢），有着最漂亮的绘画——不只是老套的画作，还有我们现在所称的古典大师的作品（尽管有些人在当时并不算太老），马约拉斯专门以普桑为例，虽然去世仅仅一年，普桑已经成了最为人们所景仰的法国画家。在查尔斯·罗比内特对1666年集市的描述中，将焦点集中于集市里最著名的一位光顾者身上：人们看到国王在亲自挑选吸引眼球的绘画、家具以及珠宝。

国王如此大张旗鼓地光顾古董市场，只意味着一件事：那些还没有去集市的时髦巴黎人很快就要去逛集市了。确实，让·弗朗西斯·列雅尔和弗洛朗·当古写的两部喜剧，都叫作"圣日耳曼集市"，都在17世纪90年代中期上演，这证明当被重新改造为高端购物的天堂后，圣日耳曼集市越来越兴旺，也越来越好。这两部喜剧也暗示出，在1664年东印度公司成立后，商人们开始经营起首先在法国流行开来的外国货。

在两部喜剧的开头，都有商人向逛集市的人们吆喝的场景。他们兜售着"来自中国的丝绸"、"来自黎凡特的货物",甚至还有"暹罗的帽子"(自从1686年暹罗大使觐见路易十四之后,这种帽子便流行开来)。1672年,注定要改变巴黎风貌的东方货物在圣日耳曼集市开始销售了:在亚美尼亚人阿鲁蒂尼安的摊位上,咖啡第一次出现在了法国的公共场所。两部喜剧都记述了这件事,身着亚美尼亚人服装的咖啡店主——他们身穿亮丽的带有异国花朵图案的服装在集市里卖咖啡。这些早期的咖啡馆成为17世纪70年代中期以来圣日耳曼街区的主要亮点。

在巨大的室内集市里卖货的商人们渴望摆脱中世纪低档购物的氛围。为了这个目的,他们发明了全新的购物体验——精品店的雏形。这是完全公众性的购物体验,还有什么比集市更加大众化呢?但这些店铺仍然高雅、时尚、奢侈。集市里精明的商人不仅提供了时尚的购物体验,还带来了一些变化——他们将高端购物变成一种乐趣,一个购物的舞台。

列雅尔的喜剧(图12.2)展现了集市是如何展现自己的魔力的。这幅画表现了几位商人在小店里等待顾客的情景。这些货摊和我们今天在高端精品店集市所看到的摊子一样诱人。而商人们自己也穿着入时,发型时尚,如同他们富裕的主顾一样。值得注意的是,有一家小店的主人是一位年轻漂亮的女郎;店主的性别是新购物场所的一个魅力所在。18世纪早期的巴黎旅游指南向德国等欧洲大陆的游客们解释着巴黎的集市,他们显然对这种做生意的方式非常陌生:"在法国,妇女打理着大多数的店铺,她们和男人们一样对生意了如指掌。另外,她们的美貌经常能够吸引顾客并做成大买卖"。

在前台,我们看到哈里金,列雅尔的喜剧里的一个角色,正试穿亚美尼亚袍子。当哈里金穿戴整齐后,就开始为顾客们奉上在背景处的高级摊位里摆放着的一盘盘精美的甜点、咖啡和其他饮品。好好休

图12.2 一位富有的巴黎人正在圣日耳曼集市里闲逛。妇女们正在给哈里金穿上时尚咖啡馆里侍者们穿的亚美尼亚长袍,这样,他就可以到背景处的摊位——那个时尚的咖啡屋里去工作了;这些小吃摊可以让时装迷们于奢侈品购物的间隙休息一下

息后，时髦的巴黎人会继续在附近的摊位里淘宝。在列雅尔的剧里，哈里金的开场白正好体现了全欧洲顾客们第一次看到集市里如此多高质量商品时的反应："人类的欲望真是无穷！我听说集市里的所有人都拿着巴黎最好看、最好吃的东西；我想买下这里的所有东西！"圣日耳曼集市也许发明了零售业的妙方。

参观过新的高端购物场所的外国游客留下了详细的记录。这些记录解释了为什么圣日耳曼集市会如此独具一格。最吸引他们的是，最为聪明的导演——巴黎的商人们深知灯光是使他们的商品明亮耀眼的基本要素。游客们为街灯的美丽所震撼——集市走向高端的时候也正值巴黎推行街灯，正如马拉纳在1692年的作品《一个西西里人向他的朋友记述巴黎》中所写的那样，"每家商店里的那些灯使集市显得异常亮丽辉煌。"到了1718年，环游世界的蒙塔古夫人仍然认为英国的集市全然没有法国那样高端时尚，而灯光是法国商人们营造"炫目"舞台的必需品。圣日耳曼集市很好地证明了路易十四城市改革的成功：夜间购物出现了。

集市第一次将古董购物——甚至古董这个概念本身——推向了更广大的人群。在那以前，被称为古董的都属于古玩一类。（这其中还包括很多今天的收藏家不再追逐的天然的怪异物品：独角兽的角，异国贝壳、畸形动、植物、埃及木乃伊。）古玩是少数上流社会收藏家们的专利，他们并不想把古玩用于室内装潢，而是要摆放在私人博物馆和他们的古玩柜里。16世纪出现了古玩以及稀有物品市场开启的迹象。最早的公开拍卖会开始了：在法兰克福的集市上，有一个销售古玩的专区。基本上，经常去那里光顾的依然是传统意义上的收藏者，他们的目标是在那里交换彼此的收藏品。在17世纪后半叶之前，古玩交易既够不成规模，也不够大众化，因此没有商人愿为此开店。

17世纪60年代中期，为我们记述时尚信息的洛雷很快便注意到商人们在圣日耳曼市场上不再去卖古玩,而做起了高端古董生意。洛雷最早提示我们:古董交易已经在各个方面都发生了变化。在17世纪的最后几十年里,古玩的性质及意义都有了变化,而且,这类物品有了一群新的买家:追求高端时尚的人开始追逐古董了。

当集市塑造了一群渴望在购物场所里纵情享受的时尚公众时,新型商人们便会满足他们对一切时尚物品的欲望。今天的我们会称这些人为古董商人,但在17世纪,这个行业尚处在萌芽阶段,因此并没有固定的名称。商人们创造了非常优雅的购物环境,他们销售的商品或许应被称作家居时尚,包括令人垂涎的商品——高级家具、画作、高级瓷器——这些正是俊男靓女们希望在他们优雅的家中所炫耀的。路易十四宠爱的珠宝商皮埃尔·德·蒙塔西所卖的珠宝非常有名,其实他也卖旧画、雕塑、稀有瓷器以及水晶制品。另外,几乎所有这些商人都销售来自东方的外国货,而这些东方货首先是在圣日耳曼集市被推广给公众的。

确实,17世纪最后几十年席卷欧洲的东方装饰热潮很好地诠释了古董为何以及怎样在法国得到了新生。人们也能够同时了解到古董到底都包括什么。首先在圣日耳曼集市上,而后在巴黎的商店里,商人们将古典大师的画作、铜器以及各种各样的物品(一开始只被笼统地称为中国器具及家具)摆放在一起,形成统一的装饰风格。

所有这些东方物品都颇具异国风情,其中有些很古老。于是,新型收藏家们会去同一风格的商店购买古董(比如古典大师的绘画),或者去购买也许是古董也许不是古董的时髦货(比如日本制造的边桌)。与此同时,这种商店还出售时髦物件,这些物件没有年代标记,只标注为外国货:法国手工艺人开始制作那些被认为具有中国风格的家具和物品(通常是上了漆,并绘有中国人物以及在异国风情背景下的奇异动物)。很快,一个时髦的新词被发明出来,用以描述这个流行的装饰领域。1692年，尼古拉斯·布莱尼在他的巴黎旅游指南中将所有这些具有东方风格的物品，无论是进口的还是法国制造的，无论新与旧，都统称为 lachinage。这是一个自造的词，意思类似于"中国式的"。17世纪末，中国式古董在法国非常流行。据说凡尔赛宫的某些房间"比东方还要东方"。这种装饰风潮宣告着一个时代的开始——法国制造的东方风格物品成为全欧洲追逐的目标。

中国式古董的市场激发了法国手工艺人的创造力。17世纪50年代，瓷器的大众市场初露端倪，当时有少数非常珍贵的高档中国瓷器餐碟出现在欧洲人的餐桌上。从此，欧洲人渴望打入这一奢侈品的市场。17世纪90年代中期，皮埃尔·希康努尔及其他法国陶艺家们实现了人们的这一梦想，造出了能够与中国瓷器相媲美的陶器。1698年，物理学家马丁·里斯特尔参观了刚刚开始规模化生产的圣克卢瓷器厂。在这里，他承认自己"分不出这里制造的罐和中国瓷器有何不同"。到1709年，路易十四认为法国陶瓷工匠们可以满足国内市场的需求，因此禁止外国瓷器的进口。

没有哪个手工艺人能够像马丁漆工家族（Martin dynasty of vornisseurs）一样引发了中国式古董的热潮（他们在家具上多层上漆，这一技艺使法国古董到今天依旧可以无与伦比地光彩照人）。在布莱尼1692年的指南书中，关于巴黎最好商店的介绍中包括了当时为"中国风格"家具所做的早期广告。马丁家族将今天称作"涂漆"（japanning，17世纪的英语，意为"使发黑光"）的工艺变成了一种高雅艺术以及摇钱树。

吉拉米·马丁，马丁家族的缔造者，是最早从中国式古董中受益的人。1714年他得到了皇家特许状，这是对他所发明的装饰及上光工艺的官方认可。他的后裔在18世纪将他所开创的传统延续了下去。皇家特许大印即证明他们的技艺与著名的中国涂漆术几乎别无二致。

由于技艺出众,他们的名字成为家具上光行业中最早(显然也是极少数)的品牌。即便在今天,无论马丁家族是否还在从事家具上光这一行业,商人及收藏家们都会用"马丁漆器具"来指称所有雕绘或雕刻着东方图案,或有着高亮度、透明亮光漆的物品。马丁的产品统治着奢侈品贸易中的漆具领域——就像舒洁和邦迪——品牌名称就是这一行业的同义词。

这种装饰新工艺鼓励了那些利用外观来炫耀的新型设计。在上漆工艺发展的同时,有一种新的家具开始被推广到市场。根据文字记录,1692年5月,四件最早的五屉柜被送进了凡尔赛宫。和衣柜一样,五屉柜也是在17世纪90年代出现的。五屉柜满足了将衣服分开存放的需求,这是高档时装和配饰发展所带来的影响。在那之前,衣服只是被简单地叠好放进大柜子里。在时装出现重大变革的时代,这样简单地收藏衣服已经行不通。(你能想象将圣罗兰和拉克鲁瓦服装以及香奈儿手包放进同一个大箱子,然后再扣上盖子的情景吗?)高雅的巴黎人对这种新的储藏方式的依赖,最初见于17世纪90年代的一种叫作"抽屉式"的流行发型。五屉柜和大衣橱不仅具有基本的储存功能,而且具有宽大的表面,可以炫耀新的上漆工艺。

路易十四的统治宣布了法国家具黄金时期的来临,在150年里,全球富有的顾客只想拥有法国制造的家具,而那些不太富有的人则希望拥有法国家具的复制品。在这段时期内,伟大的法国家具商统领着全世界家具的时尚。1550年,法国举办了历史上第一次公开拍卖会,在会上拍卖的大多是来自英国的家具。在路易十四提升了法国家具制造的地位之后,这种现象再没有出现过。路易十四从很多方面帮助法国家具业建立了统治地位,其中最著名的也许是他对安德烈·夏尔·布勒(Ardré Charles Boulle)的资助。他封布勒为皇家家具匠,并在卢浮宫现在摆放胜利女神像的地方给布勒开辟了一座三层楼高的大厂房。在这个得到皇家特许的厂房里，布勒还发明了另一项在当时流行的家具装饰技艺，即被称作布勒镶嵌法工艺，即用铜和贝壳作为材料。布勒是家具制造与设计业的最早品牌，也是最早的家具工匠，那些着意模仿凡尔赛风格的人一眼便可认出他的作品。从一开始，拥有一件布勒家具便被认为拥有了凡尔赛的格调。

在漂亮的上漆术和繁复的镶嵌法之外，还有第三种可以成为经典法国装饰同义词的工艺：镀金。在路易十四之前，家具并不耀眼；没有人试图让木头发出珠宝般的光彩。到了1669年，菲利普·卡菲耶，国王的另一位家具匠，为一块同样非同寻常的古董斑岩做了一个非同寻常的底座（这块红紫色的石头被打磨得光彩照人）。他于是用这块斑岩做了一张桌子。这张桌子很好地诠释了在路易十四时期收藏与装饰如何相得益彰。

这块亮丽的斑岩以前是路易十四的前财政大臣尼古拉斯·富凯一项古怪而又充满魅力的收藏品。在以挪用公款罪把富凯投入监狱后，国王得到了这块斑岩。路易十四不再像富凯一样仅仅把它当作单纯的古董来展示，而把它做成了桌子，当然不仅仅是一张桌子。卡菲耶的底座几乎胜过了斑岩本身：底座上的图案是在繁复的背景下丘比特嬉戏的情景，而这是最早的一件上光家具。路易十四和他的皇家家具工匠发明了经典的法国家装风格——光面家具。即使在钻石的包围里，在烛光里，在凡尔赛宫熠熠生辉的镜子里，这种家具也不会黯然失色。路易十四的收藏风格也很有前瞻性，他要求漂亮的古董也具有实际功用，并追求室内装潢的整体性。

关注法国风格的人很快便发现了收藏界的变化，并努力描述这一新发展的特征。洛雷在1664年对圣日耳曼集市的记述中（正是路易十四下令制作镀金桌子之前五年）宣布，人们开始购买 *antiquailles*（无价值的旧家具）；为了表现这个词的非同寻常，洛雷还补充说这些旧家具不是一般人用的。洛雷解释说，集市里卖出的旧家具绝对是高档货。

今天，我们可以说在1664年的圣日耳曼集市里，人们开始了有着远大前景的活动：古董交易。但在当时，没有人会使用"古董"一词，因为这个词已经被用在了卢浮宫的古希腊、罗马雕塑上。直到法兰西帝国末期，"古董"才摆脱了原来的意思，开始了现代用法。事实上，在圣日耳曼古董集市的黄金时期便开始出现了另外一个词汇（今天仍活跃在法语里）。人们开始用动词"古董交易"（brocanter）来描述古董贸易活动，用名词"古玩店"（brocanteur）来指称古董商的店铺。商人们将圣日耳曼集市人工街道上的店铺搬到了巴黎街头，他们也成了最早的古董商。

在1715年的巴黎旅游指南中，路易·利热对古董商进行了描述。多亏有了当时著名的古董商埃蒂姆·弗朗西斯·热尔塞，我们才知道古董交易的详情。热尔塞请他的朋友、路易十四时期最著名的画家安东尼·瓦托，为他在巴黎圣母院附近的商店画了广告画。瓦托的画作是最早描绘奢侈品购物以及古董购物的作品。在这幅画中，人们为热尔塞的商品着迷；其中一位妇女正在欣赏一面化妆镜以及盛放在马丁漆具中的各种高档化妆品，这家商店拥有各种各样令人炫目的物品，每一件都是装饰客厅或者卧室的最佳选择。有些物品是旧的，有些是新的，而有些则很明显被故意做得很古旧。

随着古董词汇的发展，当时指南书中用来描述热尔塞以及古董商的词汇逐渐退到次要的地位。今天，高级商人被称为古董商（antiquaire），而brocanteur所经营的则类似于17世纪的antiquailles，亦即无价值的二手家具。当然，对于让·洛雷在1664年所称的"高档古董"，在古董业里，所谓的高端和低端是经常变化的。一旦将旧货新货、真货假货，以及人工抛光的物品混在一起看，发生什么事都不足为奇。比如，被一个人丢弃的废物可以成为另一个人时髦客厅的亮点，这就是《巡回鉴宝》节目每周都在教导我们的。在一个时代里毫无价值的旧家具能够成为下一个时代的高级古董——特别是当古董集市里的商人们得到它时。

第十三章

"最甜美的花朵国王"
——香水、化妆品、古龙水

"The Most Sweetly Flowered King": Perfume, Cosmetics, and la Toilette

时尚大餐、时装、珠宝、香槟——从17世纪60年代起,在奢侈品经济的各个领域里,法国一直占据着举足轻重的地位。在法国制造的奢侈品里,有一类物品直到今天仍然是时尚生活中不可或缺的一部分。它到目前都没有被我们提及,这就是香水。没有哪种高端产品能够像诱人的上等香水一样与法国紧密联系着。"法国香水"很久以来都是一个固定的词汇,用来指称充满魔力而又神秘的香味。这个词汇暗示着,只有法国人才能制出这种如此诱人的味道,它可以令每个女人更加魅力十足,并且让每一场合光彩四溢。尽管法国现在已经不再完全掌控高端的香水业,今天仍有人认为只有法国制造的香水才具有魔力十足的味道。下面的故事讲述了法国怎样险些忽略了香水对于时尚的重要性,又怎样险些与香水业这一具有持久魅力的行业失之交臂。法国香水的故事开始于路易十四的统治时期。

整个文艺复兴时期直到17世纪早期，意大利一直在香水方面独领风骚。全欧洲最有权势的王公、最时尚的女王都依赖于意大利香水那香香甜甜的味道艺术。17世纪，法国开始在奢侈品贸易方面崭露头角。当香水业开始面向广大顾客之时，时尚大餐尚未开始，制镜业也刚刚起步，法国人很快便比此前这一行业的统治者意大利商人更加引人注目。

17世纪的香水商人出售很多种商品："香水"在那时泛指任何具有香味的物品。当有人谈到制造或者购买香水时，他们可能想的是在点燃后才能发出香气的香熏，或者花香，或者香粉，或者肥皂，或者带香味的手套——这些全都不是17世纪的发明。在文艺复兴时期人们就在用这些东西了。到了17世纪，人们开始用现代方法来推销这些带香味的商品。新的推销方法刚刚采用时，法国人便开始崭露头角了。第一次，一系列有关香水业的严肃图书出版了，这些书颇具影响力，作者都是香水业的从业者，他们的产品也供销售。另外，报纸和当时的导游书都在不断报道着巴黎最好的香水商和化妆品商的动态，以及最具魅力的美容产品和最迷人的香水。

所有这些都使巴黎成为一个时尚之都；在那里，俊男靓女及周围的环境全部香气四溢。自此，香味被更多也更广泛地使用了。香水市场开始了，法国商人收获了巨额利润。到了1680年前后，对于任何关注高档世界的人来说，法国似乎注定要迅速成为香水业这一高回报贸易的唯一中心。

香水推广有一大关键：全欧洲都知道它的法文名称：la toilette（化妆）。这一词汇出现在1680年前后，人们以此指称贵族们每天早上出门前的准备过程。化妆的过程既复杂又漫长，有人估计需要足足三个小时才能完成化妆（这还是男人的用时）。化妆的每一步，从头饰到肌肤，再到涂抹化妆品以及香水，都需要香水商人的高价商品，而这些商品的使用量男女鲜有差别。在路易十四时期的巴黎，注重打扮的男人非常多，所有这些都意味着美容业确实是一桩大生意。

贵族妇女，有时也包括贵族男人，一直都有繁复的化妆过程。从17世纪60年代后期到80年代早期，化妆过程有了非常重大的改变。促成这一改变的主要原因是有了大镜子，人们可以在镜子前面自己化妆，而不用仆人随侍左右以保证每一个环节都不出错。从此，化妆的人能够更好地掌控化妆过程了；从此，很多贵族开始把化妆纳入自己的奢华生活中。

在凡尔赛时代，化妆的过程犹如小范围的私人聚会。正如圣西蒙伯爵打趣的，去"看别人化妆"，仿佛去博物馆参观或者去观赏演出。凡尔赛宫最时尚的人喜欢在穿新款服装的时候显摆自己。17世纪70年代末，法国贵族倾向于休闲服装，这使得内衣第一次成了时尚，并出现了闺房装风潮。裁缝们开创了女式薄衣以及内衣外穿的风潮。化妆成为时装女王们试穿女式薄衣的展示舞台。人们会在化妆时聚在一起：聊聊生意谈谈政治，传传闲话调调情，于是处于萌芽状态的化妆品和香水业就得到了一个令人艳羡的舞台。追时髦的人会向朋友们推荐能使皮肤更加白皙的新乳霜。每个人都能够拥有专门为她设计的香水。

这种化妆风潮的开始，正是时装市场发明时装季和配饰概念的时候。我先拥有了某种商品；你也想得到它——某种新乳霜很快便能成为每个人的必需品。当时媒体刊登的化妆品广告推动了这一过程的发展。1667年8月13日，查尔斯·罗宾耐特在简讯中报道了一种去疤术（现代去疤的前身），他说这种做法能够将"粗糙的皮肤"变成"像百合和玫瑰一样娇嫩"。这种广告的反对者嘲笑它为"皮肤再生术",因为这些广告里的模特脸在最初总显得特别粗糙。罗宾耐特鼓励读者"赶快"去找美容师——"只需看看店牌就可以找到了"。美容的流行使得法国美容师们的收入大增。而且,美容和化妆的流行也为化妆品舞台提供了一个稳定的大环境。

化妆与当时飞速发展的潮流密切联系着,这一潮流就是需要在以前用途庞杂的房间里为时尚开辟出单独的空间。在新法国风格发明之前,没有化妆间或者化妆台,也没有专门为化妆而设的空间。"化妆"一词最初指一块布料,铺在一张很普通的桌子上,这样所有的头饰或者面部护肤品都可以摆在上面,贵族们在有化妆布的地方梳妆打扮。由于受到布料大小的限制,护肤品并没有充分发挥出它们的潜力。后来在1682年,路易十四搬到了凡尔赛宫。国王的化妆过程成为全城最热门的话题。凡尔赛宫里贵族们的时装画一个接着一个地竞相出现,人们纷纷模仿他们如何化妆。这样,化妆的黄金时代便开始了。先前被称作"一小块布"的化妆过程很快便有了广阔的空间。

在17世纪最后几十年里,人们逐渐认识到:化妆需要一个属于自己的空间。化妆台发明了,还有与卧室相邻、专门用来化妆的化妆间。在整个欧洲,新出现的化妆间与法国各种奢侈品一样火热。还记得那幅画吗?梅利伯爵夫人,那个平民出身的时装女王,骄傲地坐在新发明的家具——化妆台前(桌上铺着豪华的桌布)的情景?那是在凡尔赛宫的房间里,就是她用路易十四的钱反复装修的那个房间。总之,这位伯爵夫人就是化妆所引发的大肆消费的典型代表:她被包围在镜子、装着香水的容器和装满面霜的坛子之中。

在海峡的那一端,法国商人有一个有权有势的女主顾。她据称是查理二世的法国情妇——普茨茅斯公爵夫人路易·德·凯鲁阿尔。在1683年10月4日的日记里,约翰·伊夫林回忆了去皇宫白厅的一次经历。他和国王及仆人们一起,参观了公爵夫人的化妆。他的记述很明显地表现了凯鲁阿尔夫人是当时英国正在崛起的一位时装女王,她将更衣室变成了奢侈品的展示会——而对于在法国出生的凯鲁阿尔来说,真正的奢侈品只有法国货。

伊夫林在1683年告诉我们,凯鲁阿尔将她的更衣室"拆倒重建"了至少两次,"以满足她铺张又昂贵的乐趣",也为了跟上化妆的最新奢侈标准。伊夫林所看到的是受到当时圣日耳曼集市影响以及早期法国古董商所推崇的一种室内装修风格。这间更衣室中有被法国人称为"中国式的"的物品,以及伊夫林所称的"日本式的柜子和屏风",此外这里还有时髦的桌子、时钟以及银器。

挂在墙上的哥白林壁毯,是1662年路易十四创立的工厂的产品。"无论是设计,还是细腻的做工,"伊夫林说,"都是我所见过的最杰出的。"(想想现在科兹洛夫花费6000美元的浴帘就被认为是最过分的奢侈花费。)壁毯上描绘的是"凡尔赛、圣日耳曼以及法国国王的其他宫殿"。在伊夫林看来,对于奢侈品的热衷是查理二世统治的阴暗面,而凯鲁阿尔夫人则太过腐化了;她不只在骄傲地炫耀自己的奢侈品,也炫耀着她所追求的凡尔赛式的室内装潢。

我们会发现在这样的场景里有一个因素被人们遗漏了:水。这是因为在17世纪,水并不是化妆的必需品。尽管每天都必须洗手和洗脸,但洗澡却是非常少见的。在17世纪70年代,路易十四在凡尔赛宫里有了第一间浴室,其中包括两个大理石浴缸。但是,并没有证据显示出这个浴室的利用率。18世纪后期以前,欧洲人——和古希腊、罗马不同,也和他们生活在穆斯林世界、中国及日本的同时代人不同,沐浴并不是他们的一种享受,而是折磨。

在17世纪的巴黎,人们只有当必须要洗澡的时候,才会去澡堂。有些澡堂的名声并不太好,在那里有人替你擦身,还可能有非常秘密的性服务。最好的澡堂提供各种各样的服务,和今天的温泉很像。有带香气的洗澡服务，甚至还有脱毛浴。

对于 17 世纪的法国人来说，无论男人还是女人，光滑的身体比经常沐浴更能证明一个人的清洁。在 1691 年的词典中，安东尼·菲勒蒂埃义正词严地写道："爱干净的人们会去澡堂脱毛。"路易·居永的《医学教程》出版于 1664 年，到世纪末仍然经常再版。他在书中提出脱毛的重要性，以及哪些部位的体毛应该被除去。

在这本为普通读者撰写的医学畅销书的第一章里，作者主要讲述了头部的疾病。在讨论偏头痛和病症之前，居永医生用了很长的篇幅探讨了当时最受关注的问题："怎样去除不适部位的毛发"。有些需要脱毛的部位是我们可以想到的——比如妇女面部的毛发。但无论男女，手上和胸上都不能有毛发，这是"违反自然规律"的"畸形"，会"破坏人的美丽和健康"。今天，那些希望浑身上下都特别光滑的人会依靠激光和超声波等高科技手段来脱毛。17 世纪的脱毛者也很有办法；他们用膏药、蜡、脱毛油以及以龟血、狗尿或者生石灰等为主要成分的脱毛膏。

在路易十四时期，巴黎提供脱毛服务最有名的澡堂是由弗朗西斯·康坦经营的，人们都称他为拉维耶纳。国王对拉维耶纳非常宠爱，任命他为第一贴身男仆；拉维耶纳一直住在凡尔赛宫，直到 1710 年去世。17 世纪最擅长记录传闻的圣西蒙写下了路易十四对拉维耶纳这位侍浴者的喜爱。"在他恋爱时"（路易十四婚前以及婚后都有很多情人），国王经常去拉维耶纳的澡堂"洗澡"。有意思的是，国王"无法实现对每一项物品的欲求，但却能够在拉维耶纳的澡堂里享受到自我满足"。如果我们能够相信圣西蒙的话，路易十四对性的渴望和他对食物的渴望一样强烈。他在那里享受特殊的浴疗服务，以保持他的自尊和名誉。（当时没有一个香料商可以提供圣西蒙所讳称的安慰配方。）

圣西蒙的记录让我们清楚地看到，对路易十四来说，沐浴与性爱紧密地联系在了一起。为了吸引另一个女人，他要去沐浴；没有人会为妻子而费这种周折。圣西蒙说，路易十四在沐浴脱毛之后，要人为他喷洒香味剂。"没有人像他这样喜欢香味。"年轻的国王对香味的热衷，部分因为他太习惯于被包围在香味之中。那时，沐浴在日常生活里几乎没有任何位置，人们只是洗手和洗脸，身上的味道要么顺其自然，要么就用喷涂香水来遮掩。在这种情况下，商人们自然会去开发各种香味商品。

直到 16 世纪中期，"perfume"（今指香水）仅指烧东西时冒出来的烟（不一定有香味）。后来，perfume 开始指所有散发香气的物品，比如肥皂和香粉，法国人开始用它来遮盖体味。17 世纪初，那些制作散发香味物品的人被称为香味商。1624 年，制作香味手套的人被称作"香味手套制造商"，这是法国香水业得到的最早的正式认可。

1656 年 3 月，路易十四颁发了专利证书，确立了香味商人行会的合法地位，法国香味业正式诞生了。国王对香味商人的认可，有着很大的经济意义。在 17 世纪早期，法国成为欧洲香味物品最大的消费国，香精的使用和滥用达到了前所未有的程度。和往常一样，路易十四和科尔贝对法国财政拮据很是不安，他们决心使法国成为香味业的中心。

在法国东印度公司的管理下，印度洋的法属岛屿、巴黎大区、波旁之岛（今毛里求斯和留尼汪）都开始种植芳香植物。法国芳香植物的品质堪称一绝，香味业至今仍然津津乐道于波旁王朝时期的广藿香和香根草。1673 年，科尔贝颁布了商业法，旨在规范他所努力推动的奢侈品行业。这一律法使香味手套商行会跻身于六大商业组织之中，这样他们就可以免税购进来自印度洋的新香料。最后，科尔贝选中了普罗旺斯的格拉斯作为芳香植物的生产中心。在 16 世纪中期，格拉斯地区成为香水业的重镇。在科尔贝的关照下，17世纪末，格拉斯地区具有了至今仍在扮演的角色：制造从茉莉花、紫罗兰、橙花等花朵中提炼的精油（格拉斯最早于16世纪开始种植茉莉花），以及1670年刚刚从墨西哥引入欧洲的晚香玉精油。

在政府的支持下，法国的香味业发生了改变。17世纪早期，法国生产的香味商品，正如欧洲其他地方出产的一样，都是以异国动物的香味为主：麝猫香（原产于非洲和亚洲的一种外形似猫的哺乳动物的麝香）、龙涎香（鲸鱼肠内分泌的一种物质），以及原产于中亚和东北亚和雄鹿相似的一种麝的麝香。到17世纪末，法国香水制造商更加钟爱薰衣草和橙花等芳香植物。于是，就在法国厨师们摆脱外国原料的同时，法国的香味制造商们也在开发法国的独特风格。

17世纪后期，香味商品的商店遍布巴黎。尼古拉斯·布莱尼的巴黎旅游指南中介绍了所有最时髦的去处。很自然，这些商店集中在美发师的聚集地——圣奥诺雷。每家商店都有自己拿手的香味产品。圣米歇尔桥附近的商人以出售香粉及肥皂出名，克鲁瓦街的香味商则以百花香著称。要想买到橙花水，则要去卢浮宫附近奥波尔的"橙花"商店。为了绕开中间商并得到最好的花香精油（茉莉花是必需的一种香味），就要直接去找从普罗旺斯来的商人，去他们在卢浮宫附近的圣杰曼娄赛华教堂拐角处开的店，还可以直接去格拉斯，从法国最著名的批发商安东尼·阿塔德手中购买。到18世纪初，另一个阿塔德，即让·阿塔德建立了香味业的第一家蒸馏间，后来几经易手，但直到1996年这家蒸馏间一直都在格拉斯存在着。

这个世纪最负盛名的香味商西蒙·巴伯（Simon Barbe）所做的并不只是推销香味产品及其原材料，他还出版了最详尽的早期香味业纲要。巴伯在位于格拉威尔的商店里出售自己的产品；顾客们寻着印有"金羊毛"（Le Parfumeur）字样的店牌便可以找到他的店铺。巴伯在1693年出版的《法国香味商》一书有着和《法国厨师》、《法国甜点师》一样的初衷——宣告法国香味传统已经确立。和早期的烹饪书一样,《法国香味商》通过为香味业制定明确的规范而闻名于世:"这种艺术因运用了确实可行的规范,从而达到了极致的完美。"

在《法国香味商》及其后出版的《皇家香味商》(1699)中,巴伯向读者介绍了各种使身体散发香味的办法。首先是香味肥皂。(科尔贝刚刚对意大利的肥皂工业发起了挑战;他用高工资成功吸引了大批工人到普罗旺斯开创肥皂业。)其次,巴伯也让人们认识了香味业的其他产品:手套、手帕,以及带香味的扇子。他还发明了很多百花香的配方,并说明为什么时髦的小袋百花香被人们带到身上后就被称为"香包"了。有些妇女甚至在内衣里塞入带有香味的小衬垫;这些小衬垫使她们的胸更加挺拔(有的手册称之为"矫正缺陷")。

此外还有在头发和假发上所使用的香粉,这是香味工业利润最大的一个领域。1689年,香味手套制造商给他们的行会又加了第三个名称:香粉商行会。由于对香粉的大量需求,香粉业成了挣大钱的行业。此处,香粉有着双重角色:它不仅增加了香味,而且还能染发。(17世纪的妇女也会用面团或者润发油染发。)很多妇女用香粉将她们的头发挑染成金色或红色。

在17世纪末期受到欢迎的头发颜色,就是我们在欧洲贵族画像中无数次见到过的灰白色。对于灰白色头发的热衷使时尚迷们陷入了矛盾。他们不得不在时尚发色和流行的假发中进行选择。当时的假发制造商抱怨说根本找不到高质量的灰白色头发,因此灰白色假发的价格本身就很昂贵。为使头发变成灰白色,大多数妇女就会用银色香粉来染发。

为了拥有完美的灰白色头发,用香粉来染发是必需的。香粉商会把大量的香粉抛到空中。做发型的贵族则需要找好位置,以使飘落的香粉刚好撒落到他们的头上。(18世纪，香粉商染发时，会在长棍上绑上大粉扑，并用风箱来帮忙。) 为了不必每天重复这样的过程，妇女们在睡觉时会戴着一种新的白色丝质发套，这种发套把她们的头发和所有稀有的、带香味的银白粉末统统"关"在一起。

对于今天的读者来说，巴伯对香味世界的贡献是很令人惊奇的。他谈得最少的正是我们今天香料的使用方法，也就是在皮肤上喷涂香水。巴伯的书缺乏前瞻性，不具有《法国厨师》和《法国甜点师》之于烹饪、《制玻璃艺术》(*The Art of Glassmaking*) 之于玻璃制造业那样的意义。他的书并没有宣布香味技术新时代的到来。香水和奢侈品业中的其他领域不同（从香槟酒到制鞋再到咖啡馆），并没有在路易十四统治期间得到发展，也没有凭借某位市场或者技术天才使之达到现代化。那些富有的游客在17世纪去巴黎购物时也没提到过巴黎的香水可以让他们在第一时间理解香水的意义。对于香味商品，游客们在法国商品之外还有其他的选择，而法国的香味商品和半个世纪前相比也并无不同。香水在17世纪最后几十年之所以没有成为现代意义上的香料，原因正在于路易十四。17世纪70年代以后，路易十四就不再用香水了。

圣西蒙公爵说在路易十四统治的早期，"没有人像他一样如此热衷于香味"。那时，路易十四被称为"最像一朵香花的国王"，最受国王宠爱的香水商马夏尔 (Martial) 对路易十四有着很深的影响。马夏尔迅速蹿红，成为名人和当时最优秀的香味商。媒体报道他的行踪，好像他与付给他巨资的贵族们一样身份显赫。莫里哀说当法国贵族听到马夏尔这个名字时，会自然联想到香味商马夏尔而不是那位罗马诗人马夏尔。("马夏尔会写诗？我以为他只会做香味手套。")

从17世纪70年代初期开始，法国在这方面的差距就开始显现了。1671年8月19日，塞维涅公爵夫人抱怨说即便一片香纸都能让她女儿（最追时髦的人）恶心。1673年6月，德维兹在号称法国时尚风向标的《梅屈尔·加朗》上告诉读者们，"香料已经完全无用，太冲的香味让人头痛。有品位的人现在只用被称为'皇家香袋'的小香袋"。这个"带着皇家名称"的香袋证明"有品位的人"总能知道潮流的走向。17世纪末，香味业的情况更加糟糕。1699年，《街头生活新批评》指出糟糕的原因在于"很多男人现在都用喷雾，而鲜花的味道则不再吃香"。巴黎的待客之道也有了很大改变，富有的主人不再用鲜花装点房间了。

所有一看到玫瑰花就要晕倒的贵族、所有闻到一点点香味就会偏头痛的时装女王们都做着凡尔赛时代宫廷里绅士淑女们一直在做的事：他们追随着国王的生活方式。1692年，吉安-帕奥罗·马拉纳写下了描写巴黎上流社会生活的《一个西西里人向他的朋友记述巴黎》，他在书中解释了为什么香料恐惧症会愈演愈烈。他告诫外国游客，在巴黎"可以领略到各种感官享受，只有味道除外。由于国王不喜欢香味，每个人都不得不痛恨香味。妇女们看到鲜花就要假装晕倒"。路易十四再也不是以前那个"仿佛一朵香花的国王"。圣西蒙再次说，在他统治末期，没有人"（对香味）比他更恐惧"。

《国王健康日记》使我们了解了不少有关国王惧怕香味的故事。这本书详细记述了1647—1711年间与国王健康有关的每一件事，从灌肠到肿瘤都被一一记录了下来，通常配有详细的图示。1705年12月初，医生记录了很引人关注的一条：国王"看了几张带着浓香的旧纸，他被强烈的气味镇住了，还伴有头晕"。1713年，路易十四的嫂子在信中证实了医生的分析，并说出当时发现的唯一的治疗方法：国王刚一闻到香味，"那张纸很快便被烧掉"，这样就可以止住头疼。在路易十四统治末期的1715年，圣西蒙写道，在最后几十年里，国王"饱受头疼和抑郁症的折磨……他受不了任何香味，他身边的每个人都很小心地不带一丝香气"。

圣西蒙将路易十四闻到香味就会头疼和头晕,归结到他的青年时期。国王当年寻欢作乐时,"使用了过多的香料"。圣西蒙解释说,年轻的国王让侍浴者拉维耶纳使他全身充满了香气,之后他再"吃春药",使自己与情妇们达到"极度的满足"。是否"那些有着浓香的旧纸张"让上了年纪的国王想起了年轻时的滥情?是不是所有关于滥用药物以及滥情的记忆使得国王患上了抑郁症?

国王的头疼病和抑郁症经常表现为歇斯底里,他的病症对法国香水业的影响是实实在在的。没有官方的支持,路易十四时代的法国香味业没有实现任何技术突破,而法国奢侈品业的其他方面都在18世纪初完成了转型。因此,法国几乎丧失了对香味世界的掌控。法国人并不是第一个使用高浓度酒精来制作现代意义上的香水的人,他们也不是掌握将高浓度酒精与鲜花相混合的技术的第一人。他们在发展现代意义上的香水业上落后了(现代香水包括鲜花的精华以及其他带香味的物质)。现代的古龙水由一个移民德国的意大利人吉安·巴勃罗·费米尼斯(Gian Paolo Feminis)发明,他于1709年在科隆推销他的非凡之水。现代意义上的香水是德国人首创的——想想这给法国人的自尊心带来怎样的打击。

下面发生的事可以肯定,这种局面很快得到了扭转。在路易十五的统治下,法国香味业发起了反击。很快,凡尔赛宫成为香水的宫廷。法国时尚精华的最后一个领域也终于完成了转型。1759年,由于对皮革征收了新税,从而使17世纪法国香味工业的摇钱树——香味手套变得非常昂贵,销售额猛降。从此,法国的香味制造商不再是手套制造者、香浴商、香粉商,而是香水商。最后,法国人终于将精力集中于散发香味的水上——现代意义的香水。

第一个香水王朝是由法杰恩(Fargeon)家族在18世纪初建立

的。让－路易·法杰恩是王室宠爱的香水商，即便1789年大革命时期，他仍向被囚禁的王室成员提供薰衣草水。1775年，让－弗朗西斯·乌比冈开了一个名叫"花篮"的商店——这家店除了圣宝莱大街以外还能够开在哪里呢？王室1791年计划逃离法国时，玛丽·安托瓦内特最后的手势就是把她的香水瓶拿到霍比格恩特（Houbigant）去灌香水，以便在路上使用。霍比格恩特至今算是最古老的香水制造商。科尔贝协会，一家包括七十多个法国公司的行业协会成立了。协会下属的公司全部经营高级奢侈品，其中有很多依然是今天法国主要的香水商，例如成立于1828年的娇兰（Guerlain）。

同时在科隆，吉奥瓦尼·玛利亚·法里纳（Giovanni Maria Farina）在1732年接过了他叔叔的事业，掌管起庞大的家族产业。法国公司香邂格蕾（Roger & Gallet）在1884年买下了法里纳的公司。从此，法国人开始推销最早的古龙水——让－马里·法里纳水（Jean-Marie Farina）。路易十四当初的错误已经被补救，香水业彻底形成了法国风格。今天，法国香水成为标志性的商品，就像法国时装和法国大餐一样。

请记住那些带有魅力四射名字的经典香水：朱莉夫人女士香水（Jolie Madame）以及夜巴黎女士香水（Soirde Paris），它们拥有时尚巴黎人的优雅，也拥有巴黎夜生活的光彩浪漫。过滤后装在瓶子里的香水，就像基因一样期待爆发并施展神奇的魔力。巴黎的风情、时尚的精华，都包含在这小小的紫罗兰色的瓶子中。如果没有神秘的巴黎作为后盾，现代香水业是否还能推销那充满迷幻的香味呢？

尾声

"最辉煌的派对"
——凡尔赛风格的娱乐方式

想一想在大都会博物馆举办的盛大派对：奢侈品古董商搭建起展台来炫耀各种最好的商品；纽约最负盛名的厨师在迷你餐馆里准备着标志性的大餐；而百老汇的歌星们用歌声引来成千上万衣冠楚楚的客人前来品尝美食；还有投入了几百万美元的室内装潢吸引你的目光。你开始能够想象到在1700年1月和2月的巴黎贵族们举办时尚派对时的景象了。

1700年的狂欢节上，时尚先锋们争相发明着最新颖最时尚的派对观念。用最早的社交新闻记者让·多诺·德维兹的话说，"宫廷在那时最能享乐"。1月7日，国王用一场以"中国皇帝"为主题的舞会拉开了狂欢节的序幕。凡尔赛仿中国式的室内装潢构成了晚会完美的背景。在舞会中，一个装扮成中国皇帝的演员在一顶中国式的轿子旁走来走去，而身着中国服装的演员们则夹杂在宾客之中。

布戈涅公爵夫人刚刚在三年前与国王的曾孙举行了盛大的婚礼，现在也跃跃欲试。1月21日，她举办了一场假面舞会，很多女士穿着华丽的衣服，装扮成女神或者森林之神；很多人都身着黑色的天鹅绒衣裙。天鹅绒在当时被认为是最理想的衣料，适合镶嵌钻石的各种豪华设计。（有一位假面客人把头发做得高高的，即便在流行高发型的当时也让人望尘莫及；她的头发上有一对鹿角，不断地碰到吊灯。）第二晚，凡尔赛改成了乡村风格，前一晚的女神摇身一变，成了纯粹的"高级村妇"。

1月27日，国王又举行了一场盛大的舞会。那天晚上，布戈涅公爵夫人要变换三套行头：她先扮成弗洛拉女神，然后扮成了挤奶女工，而后是一位妇人。（那时她只有15岁，这意味着她要装扮成25岁的样子。）这位小公爵夫人是那个时代的戴妃。年迈的国王很喜欢她，认为她为宫廷带来了新鲜的空气。她显然要将自己置于法国新时尚的潮头，并成为凡尔赛新千年一代的第一女主人。

1月末时，这位公爵夫人向一位既有影响力又很时尚的妇女发起了挑战。她"请大法官夫人为她开个舞会"。玛丽·德·曼普欧的丈夫庞查特兰公爵是新上任的法国大法官，是国王以外最有权力的人。（后来也成了财政大臣科尔贝的继任者，集大法官威廉·伦奎斯特和阿兰·格林斯潘的职位于一身。）大法官夫人想证明自己是完美的政治家夫人，同意八天后举办舞会——这是纯粹的女主人的展示会。

为了一鸣惊人，大法官夫人发明了一种将几种娱乐形式融为一体的晚会。晚会取得了非同寻常的效果，即便像圣西蒙这样对她丈夫不屑一顾的人也称"这个派对是最为时尚壮观的"。德维兹详述了舞会的细节：客人们从"布满镜子和灯光"的房间步入大法官府邸，府邸里的私人小戏院里上演着戏剧；接着是令人无法抗拒的：凡尔赛风格的晚宴和购物场景。

宾客们离开剧院,进入到一个完全不同的房间。他们仿佛走进了好莱坞式的圣日耳曼微缩摄影棚。圣西蒙在描述这个新世纪的第一场大派对时,强调了购物场景——仿建的摊位以及房间里的中国器具:"这里有中国店、日本店等等,出售各种精致、漂亮、与众不同的物件,而店主不要钱:所有商品都是给布戈涅公爵夫人以及其他夫人的礼物。"这些其实是派对赠品或者礼物包。

接着,便是当天的晚餐了。五个提供餐饮的摊位——圣日耳曼集市里供人们休息的小摊也被很忠实地仿建了。每个摊位都由一个演员主持,供应美食和饮料。还有一位甜点厨师,当然是法式厨师。有一位刚从普罗旺斯来的商人,带来了各种各样的橘子。还有一家高档糖果铺,店里有各种水果、坚果、焦糖以及当时所知的各种糖果。咖啡馆自然由身穿亚美尼亚服装的演员来操持,而这位软饮料商人还操着一口意大利腔。他供应着各种鸡尾酒,有硬有软,和早期的时髦咖啡馆里的一模一样。在这里,演员扮演着真实生活中步入巴黎咖啡馆里的名流们,而商店门口则挂着"普罗考佩"的金字招牌。

各个店铺内的装潢也称得上奢华。长长的桌子上摆放着各式外国货,用各种瓶子——水晶的、银的及朱红色的——装着。这些闪亮的东西在巴黎剧院的主要设计者让·巴雷的精心设计和灯光的照耀下,显得格外耀眼。每家商店的屋顶都挂着灯,而点睛之笔却是从旁边照射进来的灯光。店铺间隔的柱子上挂着上百盏蜡烛,与众多闪亮的平面交相辉映。最后的光源来自无数面镜子,都是法国皇家制镜厂做出来的最大的镜子,每家店铺的后墙上都挂着一面镜子。根据德维兹的描述,那里如此明亮,以致"你的眼睛承受不了从四面投来的炫目的光"。

接着,商人们(全部都是国王合唱队的成员)唱着歌邀请宾客们品尝商店里的美味，这是大法官夫人招呼大家享用小吃的仪式，也是巴黎大型派对的传统。她将购物体验也融入了小吃之中，宾客们收到的小吃是扎着漂亮缎带的小吃包裹。派对再现了普罗考佩咖啡馆等人们日常生活中经常光顾的娱乐场所。当在这些地方流连之后，宫廷贵族们开始了夜晚最后一项活动：舞会。他们确实跳了整整一晚，据最后一批离开的圣西蒙说，那时已经过了第二天早上8点。（他们的家都不远，因为大法官府邸距城堡只有一步之遥。）

毫无疑问，这个夜晚为庞查特兰公爵夫人奠定了著名女主人及政治家夫人的声望。除了科尔贝继任者的夫人，还有谁能够把午夜小吃变成好莱坞风格的夸张之作，用来炫耀法国咖啡馆、巴黎时尚餐馆、巴黎甜点、法国皇家制镜工艺、巴黎时髦商店、奢华的购物环境，以及巴黎闻名的夜生活呢？而这一切又都辉映在成就了巴黎夜生活的仿制的巴黎街灯之下。

堪与《纽约时报》和《华盛顿邮报》相匹配的德维兹的《梅屈尔·加朗》，让外省及外国读者详尽了解到大法官府邸在2月里举办的这场大型派对。和他们一样，今天的读者也醉心于最新的名人婚礼，或者在波士顿伊莎贝拉·斯图亚特·加德纳博物馆及芝加哥艺术学院举行的盛大展览。由于大法官夫人选择的主题，这个派对也像是为巴黎、巴黎风格以及巴黎奢侈品打的广告，这种高级娱乐形式绝对吸引人们争相仿效。来看看巴黎这座新型都市，去那里购物、享用咖啡或者世界上最美味的甜点，而购物和餐饮环境如此时尚，只有亲眼见过的人才会相信。你将在那里追随社交宠儿布戈涅公爵夫人的脚步；如果做不到，你总能把凡尔赛带到你居住的城市——把自己的积蓄倾囊而出，去买法国镜子、法国制造的中国风格的物品、镶着钻石的法国服装以及法国甜点。

德维兹最后强调说大法官夫人的这个派对"大受称赞"，称赞她的人中无疑包括路易十四。那一晚就是一场演出，足能打动路易十四这个法国时装、法国珠宝商和法国时尚鞋匠的宣传者。1700年2月的那个小型的圣日耳曼集市证明法国王室35年来的投资得到了回报。现在，路易十四训练有素的臣子们可以积极有效地推广法国的新形象；这就是法国财政大臣的职责所在，也是科尔贝所引以为豪的。

这种派对同时也是高雅、辉煌、时尚风格的展示，令所有今天的派对组织者艳羡，也是凡尔赛时代所规定的奢侈生活标准至今仍然很好地存在着的明证。

鸣谢

Acknowledgements

有些感谢是很容易表达的，我就从这里开始。我要感谢图书馆及博物馆的工作人员，我在他们那里为这本书做了很多研究。巴黎的阿森纳图书馆有着价值最高的收藏，那里的几位图书馆的馆长曾经常亲自为我排忧解难。撒拜恩·克伦为烹饪方面的问题及17世纪晚期的版画提供了相当多的咨询。保罗·鲁尼亚克出色地处理着图书馆复杂的书目系统。同样，在宾夕法尼亚大学范·贝尔特图书馆六楼工作的所有人都为本书尽了相当大的努力。特别要感谢约翰·波拉克，他总是微笑着为我解决难题；格里格·贝尔则为本书的图片提供了帮助。

在伊泽尔河畔罗芒的国际鞋博物馆工作的尼克·黑池伯格回答了关于制鞋历史的诸多问题。装饰艺术博物馆的芭芭拉·斯帕达奚妮-戴帮助我查询了从时装娃娃到烹饪艺术等多方面的资料。摩纳哥国家博物馆已故的秘书长安妮·波尔多提供了关于时装娃娃的丰富史料；她的继任者比亚特里克·布兰奇延续着波尔多夫人对学者的慷慨传统。维多利亚与阿尔伯特博物馆设计和造型部主管玛丽·该亚特为处于绝望中的我提供了非常高效而慷慨的支持。巴黎博物馆的法比涅·法鲁尔和安妮·萨戈洛打开让·马修斯做的那把雨伞时，给了最令我激动的惊喜。大都会艺术博物馆时装学院提供的路易十四时代的遗物，使我获得了特别的直观体验。我要感谢科林·贝利，弗里克美术收藏馆馆长，他也为此项目尽了努力。巴斯服装博物馆的吉尔·胡金思及阿姆斯特丹史基浦博物馆的比安卡·杜莫迪尔帮助我追溯了时装娃娃的历史。

我打扰了很多朋友及同事，向他们提出了不少问题并索求资料，其中一些人是被我过多惊动和打扰的：赫尔布·布劳、安·琼斯、克里斯蒂安·茹奥、彼得·斯塔利布拉斯，他们很乐于回答我各种各样的问题，从文艺复兴时代欧洲最美的女人，到20世纪90年代最重要的时装摄影师，等等。朱德·胡博特慷慨地安排了他所珍藏的善本书的影印事宜。罗杰·查迪尔、罗伯特·德斯西蒙、乔·法瑞尔、波特·马尔科尔、巴贝特·莫美索以及圣戈班的迪迪尔·庞杜为本书核对资料，在此一并感谢。乔安·杜比尔帮助我考虑方方面面的问题。

感谢那些帮助我审读早期部分样稿、给我反馈意见，并回答我的疑问的人：朗斯和玛丽当纳森·埃文斯夫妇、格文·伊德尔曼、尤尔索拉·霍布森、玛利亚·门诺卡尔、杰里·辛格尔曼。现在开始列举超乎想象地慷慨帮助过我的人——没有哪个朋友能够像阿兰·齐穆考夫那样细致和严谨。其他人也许就放过了，但阿兰总会向我提出这样的问题："你不知道某某是怎么制造的，是吧？"当我承认知道得并不确切时，他会把一摞书放在桌子上，让我感觉就好像进了烹饪学校的训练营。然后他会审读我修改过的稿子，看看我是否改对了。对于阿兰，我还得感谢他贡献出大量的时间和精力来帮我处理图片事宜。艾娃·玛格丽特·卡尔霍恩和阿里安·达姆拉米安也在图片问题上给了我很多帮助。彼得·加夫内帮助我处理数字图片。此外还要感谢范尼·露西勒·杰宁、大卫·哈尔特、乔安·格古斯、拉尔夫和爱伦罗森夫妇以及罗恩·斯里布尼克对我一贯的支持。

加里·霍林思海德－斯特里克和马丁·博克尔尼是最好的研究助手。我实在想不出还有哪个助手要经常面对如此多的古怪问题，而他们两人却总是能够把一切处理妥当——今天被派去查阅纽约的生活水平，而明天又要去核对关于防水用具的发明，但他们依然认为这都很正常。我要感谢弗里德·希尔斯对这本书的一贯的信心，并在出版过程中对本书一直的监督和保护。迪恩·萨姆·普雷斯顿以及宾夕法尼亚大学帮助我最终完成了这一研究课题。

玛利亚·门诺科尔，我一直的好友，介绍我和爱丽丝·马特尔相识后，开启了关于本书的一系列活动。从一开始，爱丽丝便极其出色。最初，她帮助我重新界定了关于奢侈品发明这个研究项目。她还知道如何发挥我的潜力，比如如何让某一论点更加清晰，甚至一个我苦思冥想而不得的词汇。爱丽丝是我见过的最热情也是最严格的读者，没有人像她这样对本书投入了如此巨大的热情，没有人像她这样合作起来如此愉快。

参考书目

Sources and Bibliography

要想清楚地注明参考书目，没有注释是不行的。下面就是17世纪关于奢侈品贸易的著作的简要书目。

我发现路易十四时期所有的出版物，特别是下面将要列出的出版物是最能够容括我所感兴趣的问题的：17世纪的报纸、简讯和小报；17世纪晚期和18世纪初期的巴黎指南书；那个时期游客去法国的感受；17世纪晚期和18世纪初期的法国喜剧；当时的通信和回忆录。这些作品的作者通过不同的方式记录下当时正在发生的变化；对于路易十四时代的那些新奇而重要的物品及发展情况，他们有着高度的敏感。而外国游客对巴黎之行的记述则详细描述了其他国家当时所没有的各种商品及购物体验，因此这些被视为法国的发明。

报纸帮助我们理解新法国风格是如何形成

的，并怎样迅速主导了市场。在路易十四之前，在法国很少有新闻能够广泛公开地传播。17世纪50年代前，在公众场合流传的基本都是手稿。1652—1672年间，法国媒体迅猛发展，以前以手稿形式发行的简讯开始出现了印刷版；越来越多的记者发表他们对当时各种事件的报道。当这些出现以后，消息的传播速度比口口相传时期快了很多；新颖的想法可以很快传遍全国。法国媒体如此发展是因为当时法语是全世界的通用语言，正如今天的英语一样；法语报纸行销欧洲，这样就把法国时尚变化的新闻传播给更加广泛的受众。

从一开始，早期的法国记者比他们的欧洲其他国家的同行们都更加注重现在所谓的时尚报道：他们积极报道在法国兴起和宣传推广的新时尚。法国记者们在报道战争的同时，至少也喜欢报道宴会的情况。实际上，报纸在宣传着大餐、服装、室内装修等法国时尚。艾德姆·伯索特、拉格拉维特·德美罗拉斯、让·洛雷、查尔斯·罗宾内特等人出版的早期简讯和小报反映了17世纪五六十年代法国时尚的状况。从1672年到路易十四末期，早期报纸中最为著名的是让·多诺·德维兹主办的《梅屈尔·加朗》，这份报纸不仅提供了最为详细的关于巴黎时尚的报道，同时也积极推销着这些时尚并影响着时尚的发展。每个月，德维兹都会推出上百页篇幅的报道，这是本书涉及的几乎所有领域的丰富资料来源。此外，路易十四最后几年里由艾迪生和斯蒂尔主编的《观察者》报，为我描绘了英国人眼中经典的法国时尚及发明。

外国游客所写的法国游记也发挥了很大作用。由约翰·伊夫林、马丁·里斯特尔及约翰·洛克所写的游记，以及玛丽·沃特利·蒙太古夫人在巴黎旅行期间所写的书信，都向我们展现了在游客心中什么是法国当时最令人叹为观止的商品。伊夫林在旅居伦敦时所写的日记记录了英国顾客们所渴望的法国货，萨缪尔·佩浦西的书信也是如此。吉安－帕奥罗·马拉纳于 1692 年所写的信——《一个西西里人向他的朋友记述巴黎》，在 1700 年以意大利语发表，后被翻译为多种语言。他的这封信与当时的巴黎导游书有着直接的关系：马拉纳解释了巴黎和其他欧洲首都的不同之处，并告诉外国游客们哪些是不能错过的景点及体验。

从 17 世纪 70 年代末到 18 世纪初，是巴黎旅游书的第一个黄金时期。(这以后，这种书就一落千丈，直到 19 世纪才重新走俏。) 弗兰克斯·克尔赖特 (1676，1677)、吉尔曼·布莱斯 (1684)、克劳德·索格兰 (1716) 的巴黎城旅游书是关于路易十四时期巴黎城被重新改造的最好介绍。乔其姆·克里斯托弗·内梅兹的导游书于 1718 年首先在德国出版，1727 年被翻译为法语，帮助年轻的外国游客筹划巴黎的旅行。书中包括很多实用的旅游信息：去哪里住宿、在哪里用餐、在哪里购物及买什么。内梅兹的导游书及其他被作者称为"地址簿"的导游书 (索格兰的导游书于 1708 年出版，尼古拉斯·布莱尼的书于 1691 年和 1692 年出版)，是关于巴黎奢侈品贸易情况的最为详细的介绍。布莱尼的导游书列举了各式各样最为著名的商人：从香水、珠宝到美食；他详细解释每位鞋匠的不同之处；他还告诉读者这些店铺的位置以及这些商品的价格。总而言之，这些导游书表现了路易十四时期巴黎商业的活跃景象，也同时展现了奢侈品购物在巴黎城里的分布情况。

回忆录——特别是圣西蒙无可比拟的对于路易十四宫廷的内部记录，还有当若侯爵写的极少虚夸的记录，以及书信 (塞维涅公爵夫人的信涉及了本书中几乎每一个话题；帕拉丁公主经常留意法国宫廷发生的古怪事情)，这些都向我们展示了时尚顾客们日常生活中使用的奢侈品；正是这些顾客推动着巴黎的购物业的发展。这些回忆录也同时揭示了新的发明和新的制度如何改变了巴黎人的生活。

我描述了一些17世纪的绘画，但并没有复制它们。原因很简单：让我感兴趣的细节用黑白两色很难表现出来。但是，路易十四后期几位出色画家的肖像画，特别是尼古拉斯·德·拉吉利埃的画作（如果能看到原作的话），向我们提供了很多在英法宫廷里流行的奢侈品的信息。

时装版画最为详细地介绍了新的奢侈品以及新的时尚如何使法国宫廷焕然一新。18世纪初，这样的版画有上千幅。（一些时装版画，比如在第2章和第4章里描绘德奥罗内伯爵夫人的画，都是手绘的。这些画没有被复制，因为其中的重要细节在黑白图里是无法看到的。）和报纸一样，时装版画也完全是在打广告：它们是为了炫耀巴黎最新的时尚。这些版画向我们详细描绘了那些我们在书中读到的、有些只在时尚博物馆里保存的服装，在现实生活中到底是如何穿着的。这些画还告诉我们17世纪的时尚巴黎人如何将不同的服装和配饰搭配在一起成为一整套时装。对这段时装史上短暂但又关键的时期感兴趣的人来说，时装版画不可不看。除了服装，时装版画还展示了其他新事物：最新的时尚食物和饮料、家居装潢和室内装修的新风格，甚至新的词汇。在时装版画的说明里，有些用词直到10年以后才被词典正式收入并接受为法语语汇。

一项新的发明或者新的概念出现后，通常都会发明出一个新词汇来指称它们。我们都知道，当发明被接受后，发明出来形容它的词汇就会被收入词典。很高兴的是，17世纪晚期是法国词典学的一个黄金时期，那时出现了三部最伟大的法语词典，分别由皮埃尔·里什莱（1680）、安东尼·菲勒蒂埃（1690）和法兰西文学院（1694）出版。这三部词典在18世纪都经过了修订，可能有多次修订，因此我们便有可能去追溯香槟酒在法国的发展，比如mousser一词以前被用以描述酒带泡沫和气泡的特性，后来又用以指称香槟酒的演变过程。

在 17 世纪晚期的欧洲，法语是通用语言。当欧洲人谈及奢侈品和高档时装时，都会用法语的词汇，而他们的本国语其实早已经发明出指称这些物品的词汇了。法国以外出版的书——1690 年出版的《佛普词典——化妆品疑难及外国名称手册》(*Fop Dictionary, an Alphabetical Catalogue of the Hard or Foreign Names and Terms of the Art Cosmetick*)（很显然是由约翰·伊夫林的女儿玛丽主编的）就是最好的例子——这本书用法语写成，从书中可以看出新时尚对于法语所产生的影响。

路易十四时期，法国所发表的论文涵盖了从香槟到镜子等各个领域，这些可能是路易十四的臣民们认为法国在各个领域都拥有处于领先地位的发明（至少是重新发明）的最好见证。在本书所涉及的几乎各个领域里，至少都有一本 17 世纪出版的书在力图向广大读者呈现法国所取得的进步。我一直认为这些书是最可信的资料，既可以帮助我理解这个领域在 17 世纪里的发展有着怎样的独创性，又可以帮助我认识到这对当时的法国风尚有着怎样的意义。

我很大程度上依靠 17 世纪的广告以了解每项发明是如何展示在早期的公众面前的。这种生命短暂又易碎的材料已经没有多少留传到今天。令人惊奇的是，一些本来在 17 世纪巴黎建筑物上张贴的早期海报及宣传页都被保留到了现在。如果不是有了早期街灯系统的通告，这样的信息在今天就很难得到了。

最后，19 世纪晚期的几位法国历史学家的文集——亨利·德阿勒曼、亨利·哈佛、朱勒斯·基什拉——都是 17 世纪法国时装和室内装潢风格方面不可或缺的参考书。这些书在本书多个章节里都给予我很大的帮助，但我只在下面的参考书目中提及过一次。阿尔弗雷德·富兰克林的名字本应出现在本书每一章的参考书目里，他的 23 卷本《历史上的私人生活，1887—1901》融汇了数量惊人的资料。

我在书中尽可能标出信件或者杂志的时间。所有引用的内容都出自可信的现代版本，如没有标准的现代版本，则引自第一版；如果有可靠的17世纪英文译本，则会引用该译本；如果不然，英文翻译则出自我本人。

下面是各章最有价值的参考书。

Introduction

Bernard, Leon. *The Emerging City: Paris in the Age of Louis XIV.* Durham, N.C.: Duke University Press, 1970.

Chung, C., J. Inaba, R. Koolhaas, S. Leong, eds. *The Harvard Design School Guide to Shopping.* Köln and London: Taschen, 2001.

Fauconnet, François, ed. *Les Boutiques à Paris.* Paris: Editions du Pavillon de l'Arsenal, 1997.

Hunter-Stiebel, Penelope, ed. *Matières de rêve / Stuff of Dreams.* Portland Art Museum, 2002.

Payless Shoes. Barkley Evergreen and Associates.

Postrel, Virginia. *The Substance of Style: How the Rise of Aesthetic Value Is Remaking Commerce, Culture, and Consciousness.* New York: Harper Collins, 2003.

Roche, Daniel, et al. *La Ville promise: mobilité et accueil à Paris (fin XVIIe–début XIXe siècle).* Paris: Fayard, 2000.

Voltaire [François-Marie Arouet]. *The Age of Louis XIV.* Trans. Martyn Pollack. New York: Dutton, 1966.

Chapter 1

Boucher [first name unknown]. *Champagne le Coiffeur.* In *Les Contemporains de Molière,* ed. Victor Fournel. Vol. 3. Paris, 1863–65.

Lebas, Catherine, and Annie Jacques, eds. *La Coiffure en France du moyen age à nos jours.* Paris: Delmas International, 1979.

Tallemant des Réaux, Gédéon. *Historiettes.* Ed. Antoine Adam. 2 vols. Paris: Gallimard, 1961.

Thiers, Abbé Jean-Baptiste. *Histoire des perruques.* Avignon: Louis Chambeau, 1689.

Chapters 2 and 3

Allemagne, Henry d'. *Les Accessoires du costume et du mobilier depuis le treizième siècle jusqu'au milieu du dix-neuvième siècle.* 3 vols. Paris: Schemit, 1928.

Arnold, Janet. *A Handbook of Costume*. London: Macmillan, 1973.
Crowston, Clare. *Fabricating Women: The Seamstresses of Old Regime France*. Durham and London: Duke University Press, 2001.
Delpierre, Madeleine, ed. *La Mode et les poupées*. Paris: Musée de la Mode et du Costume / Palais Galliéra, 1981.
Grivel, Marianne. *Le Commerce de l'estampe à Paris au dix-septième siècle*. Geneva: Droz, 1986.
Quicherat, Jules. *Histoire du costume en France depuis les temps les plus reculés jusqu'à la fin du dix-huitième siècle*. Paris: Hachette, 1875.
Roche, Daniel. *The Culture of Clothing: Dress and Fashion in the Ancien Régime*. Trans. Jean Birrell. Cambridge, Eng.: Cambridge University Press, 1994.
Weigert, Roger-Armand. *Bonnart: Personnages de qualité*. Paris: Editions Rombaldi, 1956.

Chapter 4

Lacroix, Paul, Alphonse Duchesne, and Ferdinand Seré. *Histoire des cordonniers et des artisans dont la profession se rattache à la cordonnerie*. Paris: Librairies Historique, Archéologique et Scientifique de Seré, 1852.
McDowell, Colin. *Shoes: Fashion and Fantasy*. London: Thames and Hudson, 1989.
Sejourné, Jean, ed. *Le Présent des bottes sans coûture fait au roi par le sieur Nicolas Lestage, Maître Cordonnier de sa Majesté*. Bordeaux: Jean Sejourné, 1666.
Swan, June. *Shoes*. London: B. T. Batsford, 1982.
Wilson, Eunice. *A History of Shoe Fashions*. London: Pitman Publishing, 1969.

Chapter 5

Coron, Sabine, et al., eds. *Livres en bouche: Cinq siècles d'art culinaire français*. Paris: Bibliothèque Nationale de France/Hermann, 2001.
Flandrin, Jean-Louis, and Massimo Montanari, eds. *Histoire de l'alimentation*. Paris: Fayard, 1996.
Michel, Dominique. *Vatel et la naissance de la gastronomie*. Paris: Fayard, 2000.
Peterson, T. Sarah. *Acquired Taste: The French Origins of Modern Cooking*. Ithaca and London: Cornell University Press, 1994.
Sabban, Françoise, and Silvano Serventi. *La Gastronomie au Grand Siècle*. Paris: Stock, 1998.
Wheaton, Barbara. *Savoring the Past: the French Kitchen and Table from 1300 to 1789*. Philadelphia: University of Pennsylvania Press, 1983.

Chapter 6

Bologne, J.-C. *Histoire des cafés et des cafetiers.* Paris: Larousse, 1993.

La Roque, Jean de. *Voyage de l'Arabie heureuse.* Appendix: "Traité de l'origine et du progrès du café." Paris: André Cailleau, 1716.

Leclant, Jean. "Le Café et les cafés à Paris (1644–1693)." *Annales: Economie. Société. Civilisation* 6 (January-March 1951): 1–14.

Weinberg, Bennett Alan, and Bonnie K. Bealer. *The World of Caffeine: The Science and Culture of the World's Most Popular Drug.* New York and London: Routledge, 2001.

Chapter 7

Bonal, François. "Les Débuts du Champagne." In *Vins de Champagne et d'ailleurs.* (Médiathèque d'Epernay). Paris: Direction du Livre et de la Lecture, 2000: 17–22.

Gandilhon, René. *Naissance du champagne: Dom Pierre Pérignon.* Paris: Hachette, 1968.

Godinot, Jean. *Manière de cultiver la vigne et de faire le vin en Champagne.* 1718. Ed. F. Bonal. Langres: D. Guéniot, 1990.

Manceaux, Jean-Baptiste. *Histoire de l'abbaye de Hautvillers.* 3 vols. Epernay: L. Doublat, 1880.

Chapter 8

Balfour, Ian. *Famous Diamonds.* London: Christie, Manson and Woods, 2000.

Landman, Neil, Paula Mikkelsen, Rudiger Bieler, and Bennet Bronson. *Pearls: A Natural History.* New York: Harry Abrams, 2001.

Morel, Bernard. *Les Joyaux de la Couronne de France.* Paris: Albin Michel, 1988.

A Sparkling Age: 17th-Century Diamond Jewellery. Antwerpen: Diamantmuseum, 1993.

Tavernier, Jean-Baptiste. *Les Six Voyages.* 3 vols. Paris: Gervais Clouzier, 1676–1679.

Chapter 9

Frémy, Elphège. *Histoire de la manufacture royale des glaces au XVIIe et XVIIIe siècle.* Paris: Plon-Nourrit et Cie, 1909.

Hamon, Maurice, and Dominique Perrin. *Au Coeur du XVIIIe siècle industriel: Condition ouvrière et tradition villageoise à Saint-Gobain.* Paris: Editions P.A.U., 1993.

Haudicquer de Blancourt. *L'Art de la verrerie, où l'on apprend à faire le verre, le cristal, . . . et les miroirs.* Paris: Claude Jombert, 1718.

Havard, Henry. *Dictionnaire de l'ameublement.* 5 vols. Paris: Librairies-Imprimeurs Réunis, 1894.

Pris, Claude. *La Manufacture royale des glaces de Saint-Gobain: une grande entreprise sous l'ancien régime.* 3 vols. Lille: Service de Reproduction des Thèses de l'Université de Lille III, 1975.

Chapter 10

Defrance, Eugène. *Histoire de l'éclairage des rues de Paris.* Paris: Imprimerie Nationale, 1904.

Fournier, Edouard. *Les Lanternes.* Paris: Dentu, 1854.

Herlaut, Commandant. "L'Eclairage des rues à Paris." In *Mémoires de la société de l'histoire de Paris et de l'Ile de France,* vol. 43, pp. 129–265. Paris: Honoré Champion, 1916.

Schivelbusch, Wolfgang. *Disenchanted Night: The Industrialization of Light in the Nineteenth Century.* Trans. Angela Davies. Berkeley/London: University of California Press, 1988.

Chapter 11

Crawford, T. S. *A History of the Umbrella.* New York: Taplinger Publishing, 1970.

Fairchilds, Cissie. "The Production and Marketing of Populuxe Goods in Eighteenth-Century Paris." In *Consumption and the World of Goods.* Ed. John Brewer and Roy Porter. London and New York: Routledge, 1993.

Farrell, Jeremy. *Umbrellas and Parasols.* New York: Drama Book Publishers, 1985.

Leloir, Maurice. "Les Accessoires de costume: Parasols et parapluies." *Bulletin de la société de l'histoire du costume,* no. 5 (October 1908): 103–11; no. 6 (January 1909): 129–37.

Chapter 12

Bonnaffé, Edmond. *Le Commerce de la curiosité.* Paris: Champion, 1895.

Dancourt, Florent. *La Foire Saint-Germain.* Paris: T. Guillain, 1696.

Fromageot, Paul. "La Foire Saint-Germain." *Bulletin de la société historique du VIe arrondissement de Paris* IV (1901): 185–248.

Regnard, Jean-François, and Charles Dufresny. *La Foire Saint-Germain.* Grenoble, 1696.

Walford, Edward. *Frost Fairs on the Thames.* London: Wyman, 1882.

Chapter 13

Barbe, Simon. *Le Parfumeur français.* Lyons: Thomas Amaulry, 1693.

Barbe, Simon. *Le Parfumeur royal.* Paris: Simon Augustin Brunet, 1699.

Eamon, William. *Science and the Secrets of Nature: Books of Secrets in Medieval and Early Modern Culture.* Princeton: Princeton University Press, 1994.

Le Roi, J. A., ed. *Journal de la santé du roi Louis XIV l'année 1647 à l'année 1711 écrit par Vallot, d'Aquin et Fagon, tous trois ses premiers médecins.* Paris: A. Durand, 1862.

Meurdrac, Marie. *La Chymie charitable et facile en faveur des dames.* 1666. Paris: CNRS, 1999.

Morris, Edwin T. *Fragrance: The Story of Perfume from Cleopatre to Chanel.* New York: Charles Scribner's Sons, 1984.

新知
文库

01 《证据:历史上最具争议的法医学案例》[美]科林·埃文斯 著 毕小青 译
02 《香料传奇:一部由诱惑衍生的历史》[澳]杰克·特纳 著 周子平 译
03 《查理曼大帝的桌布:一部开胃的宴会史》[英]尼科拉·弗莱彻 著 李响 译
04 《改变西方世界的 26 个字母》[英]约翰·曼 著 江正文 译
05 《破解古埃及:一场激烈的智力竞争》[英]莱斯利·罗伊·亚京斯 著 黄中宪 译
06 《狗智慧:它们在想什么》[加]斯坦利·科伦 著 江天帆、马云霏 译
07 《狗故事:人类历史上狗的爪印》[加]斯坦利·科伦 著 江天帆 译
08 《血液的故事》[美]比尔·海斯 著 郎可华 译 张铁梅 校
09 《君主制的历史》[美]布伦达·拉尔夫·刘易斯 著 荣予、方力维 译
10 《人类基因的历史地图》[美]史蒂夫·奥尔森 著 霍达文 译
11 《隐疾:名人与人格障碍》[德]博尔温·班德洛 著 麦湛雄 译
12 《逼近的瘟疫》[美]劳里·加勒特 著 杨岐鸣、杨宁 译
13 《颜色的故事》[英]维多利亚·芬利 著 姚芸竹 译
14 《我不是杀人犯》[法]弗雷德里克·肖索依 著 孟晖 译
15 《说谎:揭穿商业、政治与婚姻中的骗局》[美]保罗·埃克曼 著 邓伯宸 译 徐国强 校
16 《蛛丝马迹:犯罪现场专家讲述的故事》[美]康妮·弗莱彻 著 毕小青 译
17 《战争的果实:军事冲突如何加速科技创新》[美]迈克尔·怀特 著 卢欣渝 译
18 《最早发现北美洲的中国移民》[加]保罗·夏亚松 著 暴永宁 译
19 《私密的神话:梦之解析》[英]安东尼·史蒂文斯 著 薛绚 译
20 《生物武器:从国家赞助的研制计划到当代生物恐怖活动》[美]珍妮·吉耶曼 著 周子平 译
21 《疯狂实验史》[瑞士]雷托·U. 施奈德 著 许阳 译
22 《智商测试:一段闪光的历史,一个失色的点子》[美]斯蒂芬·默多克 著 卢欣渝 译
23 《第三帝国的艺术博物馆:希特勒与"林茨特别任务"》[德]哈恩斯-克里斯蒂安·罗尔 著
   孙书柱、刘英兰 译

24 《茶：嗜好、开拓与帝国》[英]罗伊·莫克塞姆 著　毕小青 译
25 《路西法效应：好人是如何变成恶魔的》[美]菲利普·津巴多 著　孙佩妏、陈雅馨 译
26 《阿司匹林传奇》[英]迪尔米德·杰弗里斯 著　暴永宁、王惠 译
27 《美味欺诈：食品造假与打假的历史》[英]比·威尔逊 著　周继岚 译
28 《英国人的言行潜规则》[英]凯特·福克斯 著　姚芸竹 译
29 《战争的文化》[以]马丁·范克勒韦尔德 著　李阳 译
30 《大背叛：科学中的欺诈》[美]霍勒斯·弗里兰·贾德森 著　张铁梅、徐国强 译
31 《多重宇宙：一个世界太少了？》[德]托比阿斯·胡阿特、马克斯·劳讷 著　车云 译
32 《现代医学的偶然发现》[美]默顿·迈耶斯 著　周子平 译
33 《咖啡机中的间谍：个人隐私的终结》[英]吉隆·奥哈拉、奈杰尔·沙德博尔特 著　毕小青 译
34 《洞穴奇案》[美]彼得·萨伯 著　陈福勇、张世泰 译
35 《权力的餐桌：从古希腊宴会到爱丽舍宫》[法]让-马克·阿尔贝 著　刘可有、刘惠杰 译
36 《致命元素：毒药的历史》[英]约翰·埃姆斯利 著　毕小青 译
37 《神祇、陵墓与学者：考古学传奇》[德]C. W. 策拉姆 著　张芸、孟薇 译
38 《谋杀手段：用刑侦科学破解致命罪案》[德]马克·贝内克 著　李响 译
39 《为什么不杀光？种族大屠杀的反思》[美]丹尼尔·希罗、克拉克·麦考利 著　薛绚 译
40 《伊索尔德的魔汤：春药的文化史》[德]克劳迪娅·米勒-埃贝林、克里斯蒂安·拉奇 著　王泰智、沈惠珠 译
41 《错引耶稣：〈圣经〉传抄、更改的内幕》[美]巴特·埃尔曼 著　黄恩邻 译
42 《百变小红帽：一则童话中的性、道德及演变》[美]凯瑟琳·奥兰丝汀 著　杨淑智 译
43 《穆斯林发现欧洲：天下大国的视野转换》[英]伯纳德·刘易斯 著　李中文 译
44 《烟火撩人：香烟的历史》[法]迪迪埃·努里松 著　陈睿、李欣 译
45 《菜单中的秘密：爱丽舍宫的飨宴》[日]西川惠 著　尤可欣 译
46 《气候创造历史》[瑞士]许靖华 著　甘锡安 译
47 《特权：哈佛与统治阶层的教育》[美]罗斯·格雷戈里·多塞特 著　珍栎 译
48 《死亡晚餐派对：真实医学探案故事集》[美]乔纳森·埃德罗 著　江孟蓉 译
49 《重返人类演化现场》[美]奇普·沃尔特 著　蔡承志 译

50 《破窗效应：失序世界的关键影响力》［美］乔治·凯林、凯瑟琳·科尔斯 著　陈智文 译

51 《违童之愿：冷战时期美国儿童医学实验秘史》［美］艾伦·M.霍恩布鲁姆、朱迪斯·L.纽曼、格雷戈里·J.多贝尔 著　丁立松 译

52 《活着有多久：关于死亡的科学和哲学》［加］理查德·贝利沃、丹尼斯·金格拉斯 著　白紫阳 译

53 《疯狂实验史Ⅱ》［瑞士］雷托·U.施奈德 著　郭鑫、姚敏多 译

54 《猿形毕露：从猩猩看人类的权力、暴力、爱与性》［美］弗朗斯·德瓦尔 著　陈信宏 译

55 《正常的另一面：美貌、信任与养育的生物学》［美］乔丹·斯莫勒 著　郑嬿 译

56 《奇妙的尘埃》［美］汉娜·霍姆斯 著　陈芝仪 译

57 《卡路里与束身衣：跨越两千年的节食史》［英］路易丝·福克斯克罗夫特 著　王以勤 译

58 《哈希的故事：世界上最具暴利的毒品业内幕》［英］温斯利·克拉克森 著　珍栎 译

59 《黑色盛宴：嗜血动物的奇异生活》［美］比尔·舒特 著　帕特里曼·J.温 绘图　赵越 译

60 《城市的故事》［美］约翰·里德 著　郝笑丛 译

61 《树荫的温柔：亘古人类激情之源》［法］阿兰·科尔班 著　苜蓿 译

62 《水果猎人：关于自然、冒险、商业与痴迷的故事》［加］亚当·李斯·格尔纳 著　于是 译

63 《囚徒、情人与间谍：古今隐形墨水的故事》［美］克里斯蒂·马克拉奇斯 著　张哲、师小涵 译

64 《欧洲王室另类史》［美］迈克尔·法夸尔 著　康怡 译

65 《致命药瘾：让人沉迷的食品和药物》［美］辛西娅·库恩等 著　林慧珍、关莹 译

66 《拉丁文帝国》［法］弗朗索瓦·瓦克 著　陈绮文 译

67 《欲望之石：权力、谎言与爱情交织的钻石梦》［美］汤姆·佐尔纳 著　麦慧芬 译

68 《女人的起源》［英］伊莲·摩根 著　刘筠 译

69 《蒙娜丽莎传奇：新发现破解终极谜团》［美］让-皮埃尔·伊斯鲍茨、克里斯托弗·希斯·布朗 著　陈薇薇 译

70 《无人读过的书：哥白尼〈天体运行论〉追寻记》［美］欧文·金格里奇 著　王今、徐国强 译

71 《人类时代：被我们改变的世界》［美］黛安娜·阿克曼 著　伍秋玉、澄影、王丹 译

72 《大气：万物的起源》［英］加布里埃尔·沃克 著　蔡承志 译

73 《碳时代：文明与毁灭》［美］埃里克·罗斯顿 著　吴妍仪 译

74 《一念之差：关于风险的故事与数字》[英]迈克尔·布拉斯兰德、戴维·施皮格哈尔特 著 威治 译

75 《脂肪：文化与物质性》[美]克里斯托弗·E.福思、艾莉森·利奇 编著 李黎、丁立松 译

76 《笑的科学：解开笑与幽默感背后的大脑谜团》[美]斯科特·威姆斯 著 刘书维 译

77 《黑丝路：从里海到伦敦的石油溯源之旅》[英]詹姆斯·马里奥特、米卡·米尼奥-帕卢埃洛 著 黄煜文 译

78 《通向世界尽头：跨西伯利亚大铁路的故事》[英]克里斯蒂安·沃尔玛 著 李阳 译

79 《生命的关键决定：从医生做主到患者赋权》[美]彼得·于贝尔 著 张琼懿 译

80 《艺术侦探：找寻失踪艺术瑰宝的故事》[英]菲利普·莫尔德 著 李欣 译

81 《共病时代：动物疾病与人类健康的惊人联系》[美]芭芭拉·纳特森-霍洛威茨、凯瑟琳·鲍尔斯 著 陈筱婉 译

82 《巴黎浪漫吗？——关于法国人的传闻与真相》[英]皮乌·玛丽·伊特韦尔 著 李阳 译

83 《时尚与恋物主义：紧身褡、束腰术及其他体形塑造法》[美]戴维·孔兹 著 珍栎 译

84 《上穷碧落：热气球的故事》[英]理查德·霍姆斯 著 暴永宁 译

85 《贵族：历史与传承》[法]埃里克·芒雄-里高 著 彭禄娴 译

86 《纸影寻踪：旷世发明的传奇之旅》[英]亚历山大·门罗 著 史先涛 译

87 《吃的大冒险：烹饪猎人笔记》[美]罗布·沃乐什 著 薛绚 译

88 《南极洲：一片神秘的大陆》[英]加布里埃尔·沃克 著 蒋功艳、岳玉庆 译

89 《民间传说与日本人的心灵》[日]河合隼雄 著 范作申 译

90 《象牙维京人：刘易斯棋中的北欧历史与神话》[美]南希·玛丽·布朗 著 赵越 译

91 《食物的心机：过敏的历史》[英]马修·史密斯 著 伊玉岩 译

92 《当世界又老又穷：全球老龄化大冲击》[美]泰德·菲什曼 著 黄煜文 译

93 《神话与日本人的心灵》[日]河合隼雄 著 王华 译

94 《度量世界：探索绝对度量衡体系的历史》[美]罗伯特·P.克里斯 著 卢欣渝 译

95 《绿色宝藏：英国皇家植物园史话》[英]凯茜·威利斯、卡罗琳·弗里 著 珍栎 译

96 《牛顿与伪币制造者：科学巨匠鲜为人知的侦探生涯》[美]托马斯·利文森 著 周子平 译

97 《音乐如何可能？》[法]弗朗西斯·沃尔夫 著 白紫阳 译

98 《改变世界的七种花》[英]詹妮弗·波特 著 赵丽洁、刘佳 译

99 《伦敦的崛起：五个人重塑一座城》［英］利奥·霍利斯 著　宋美莹 译

100 《来自中国的礼物：大熊猫与人类相遇的一百年》［英］亨利·尼科尔斯 著　黄建强 译

101 《筷子：饮食与文化》［美］王晴佳 著　汪精玲 译

102 《天生恶魔？：纽伦堡审判与罗夏墨迹测验》［美］乔尔·迪姆斯代尔 著　史先涛 译

103 《告别伊甸园：多偶制怎样改变了我们的生活》［美］戴维·巴拉什 著　吴宝沛 译

104 《第一口：饮食习惯的真相》［英］比·威尔逊 著　唐海娇 译

105 《蜂房：蜜蜂与人类的故事》［英］比·威尔逊 著　暴永宁 译

106 《过敏大流行：微生物的消失与免疫系统的永恒之战》［美］莫伊塞斯·贝拉斯克斯－曼诺夫 著　李黎、丁立松 译

107 《饭局的起源：我们为什么喜欢分享食物》［英］马丁·琼斯 著　陈雪香 译　方辉 审校

108 《金钱的智慧》［法］帕斯卡尔·布吕克内 著　张叶、陈雪乔 译　张新木 校

109 《杀人执照：情报机构的暗杀行动》［德］埃格蒙特·科赫 著　张芸、孔令逊 译

110 《圣安布罗焦的修女们：一个真实的故事》［德］胡贝特·沃尔夫 著　徐逸群 译

111 《细菌》［德］汉诺·夏里修斯 里夏德·弗里贝 著　许嫚红 译

112 《千丝万缕：头发的隐秘生活》［英］爱玛·塔罗 著　郑嬿 译

113 《香水史诗》［法］伊丽莎白·德·费多 著　彭禄娴 译

114 《微生物改变命运：人类超级有机体的健康革命》［美］罗德尼·迪塔特 著　李秦川 译

115 《离开荒野：狗猫牛马的驯养史》［美］加文·艾林格 著　赵越 译

116 《不生不熟：发酵食物的文明史》［法］玛丽－克莱尔·弗雷德里克 著　冷碧莹 译

117 《好奇年代：英国科学浪漫史》［英］理查德·霍姆斯 著　暴永宁 译

118 《极度深寒：地球最冷地域的极限冒险》［英］雷纳夫·法恩斯 著　蒋功艳、岳玉庆 译

119 《时尚的精髓：法国路易十四时代的优雅品位及奢侈生活》［美］琼·德让 著　杨冀 译